经济所人文库

吴太昌集

中国社会科学院经济研究所学术委员会 组编

中国社会科学出版社

图书在版编目（CIP）数据

吴太昌集/中国社会科学院经济研究所学术委员会组编.—北京：中国社会科学出版社，2019.1
（经济所人文库）
ISBN 978 - 7 - 5203 - 3565 - 2

Ⅰ.①吴⋯　Ⅱ.①中⋯　Ⅲ.①经济学—文集　Ⅳ.①F0 - 53

中国版本图书馆 CIP 数据核字（2018）第 254341 号

出 版 人	赵剑英
责任编辑	王　曦
责任校对	季　静
责任印制	戴　宽
出　　版	中国社会科学出版社
社　　址	北京鼓楼西大街甲 158 号
邮　　编	100720
网　　址	http：//www.csspw.cn
发 行 部	010 - 84083685
门 市 部	010 - 84029450
经　　销	新华书店及其他书店
印刷装订	北京君升印刷有限公司
版　　次	2019 年 1 月第 1 版
印　　次	2019 年 1 月第 1 次印刷
开　　本	710×1000　1/16
印　　张	17.25
字　　数	233 千字
定　　价	99.00 元

凡购买中国社会科学出版社图书，如有质量问题请与本社营销中心联系调换
电话：010 - 84083683
版权所有　侵权必究

中国社会科学院经济研究所学术委员会

主　任　高培勇

委　员　（按姓氏笔画排序）

　　　　　龙登高　朱　玲　刘树成　刘霞辉
　　　　　杨春学　张　平　张晓晶　陈彦斌
　　　　　赵学军　胡乐明　胡家勇　徐建生
　　　　　高培勇　常　欣　裴长洪　魏　众

总　序

作为中国近代以来最早成立的国家级经济研究机构，中国社会科学院经济研究所的历史，至少可上溯至1929年于北平组建的社会调查所。1934年，社会调查所与中央研究院社会科学研究所合并，称社会科学研究所，所址分居南京、北平两地。1937年，随着抗战全面爆发，社会科学研究所辗转于广西桂林、四川李庄等地，抗战胜利后返回南京。1950年，社会科学研究所由中国科学院接收，更名为中国科学院社会研究所。1952年，所址迁往北京。1953年，更名为中国科学院经济研究所，简称"经济所"。1977年，作为中国社会科学院成立之初的14家研究单位之一，更名为中国社会科学院经济研究所，仍沿用"经济所"简称。

从1929年算起，迄今经济所已经走过了90年的风雨历程，先后跨越了中央研究院、中国科学院、中国社会科学院三个发展时期。经过90年的探索和实践，今天的经济所，已经发展成为以重大经济理论和现实问题为主攻方向、以"两学—两史"（理论经济学、应用经济学和经济史、经济思想史）为主要研究领域的综合性经济学研究机构。

90年来，我们一直最为看重并引为自豪的一点是，几代经济所人孜孜以求、薪火相传，在为国家经济建设和经济理论发展作出了杰出贡献的同时，也涌现出一大批富有重要影响力的著名学者。他们始终坚持为人民做学问的坚定立场，始终坚持求真务实、脚踏实地的优良学风，始终坚持慎独自励、言必有据的学术品格。他们是经济所人的突出代表，他们的学术成就和治学经验是经济所最宝贵的财富。

抚今怀昔，述往思来，在经济所迎来建所90周年之际，我们编选出版《经济所人文库》（以下简称《文库》），既是对历代经济所人的纪念和致敬，也是对当代经济所人的鞭策和勉励。

《文库》的编选，由中国社会科学院经济研究所学术委员会负总责，在多方征求意见、反复讨论的基础上，最终确定入选作者和编选方案。

《文库》第一辑凡40种，所选作者包括历史上的中央研究院院士、中华人民共和国成立后的中国科学院学部委员、中国社会科学院学部委员、中国社会科学院荣誉学部委员、历任经济所所长以及其他学界公认的学术泰斗和资深学者。在坚持学术标准的前提下，同时考虑他们与经济所的关联。入选作者中的绝大部分，都在经济所度过了其学术生涯最重要的阶段。

《文库》所选文章，皆为入选作者最具代表性的论著。选文以论文为主，适当兼顾个人专著中的重要篇章。选文尽量侧重作者在经济所工作期间发表的学术成果，对于少数在中华人民共和国成立之前已成名的学者，以及调离经济所后又有大量论著发表的学者，选择范围适度放宽。为好中选优，每部文集控制在30万字以内。此外，考虑到编选体例的统一和阅读的便利，所选文章皆为中文著述，未收入以外文发表的作品。

《文库》每部文集的编选者，大部分为经济所各学科领域的中青年学者，其中很多都是作者的学生或再传弟子，也有部分系作者本人。这样的安排，有助于确保所选文章更准确地体现作者的理论贡献和学术观点。对编选者而言，这既是一次重温经济所所史、领略前辈学人风范的宝贵机会，也是激励自己踵武先贤、在学术研究道路上砥砺前行的强大动力。

《文库》选文涉及多个历史时期，时间跨度较大，因而立意、观点、视野等难免具有时代烙印和历史局限性。以现在的眼光来看，某些文章的理论观点或许已经过时，研究范式和研究方法或许已经陈旧，但为尊重作者、尊重历史起见，选入《文库》时仍保持原貌而未加改动。

《文库》的编选工作还将继续。随着时间的推移，我们还会将更多经济所人的优秀成果呈现给读者。

尽管我们为《文库》的编选付出了巨大努力，但由于时间紧迫，工作量浩繁，加之编选者个人的学术旨趣、偏好各不相同，《文库》在选文取舍上难免存在不妥之处，敬祈读者见谅。

入选《文库》的作者，有不少都曾出版过个人文集、选集甚至全集，这为我们此次编选提供了重要的选文来源和参考资料。《文库》能够顺利出版，离不开中国社会科学出版社领导和编辑人员的鼎力襄助。在此一并致谢！

一部经济所史，就是一部经济所人以自己的研究成果报效祖国和人民的历史，也是一部中国经济学人和中国经济学成长与发展历史的缩影。《文库》标示着经济所90年来曾经达到的学术高度。站在巨人的肩膀上，才能看得更远，走得更稳。借此机会，希望每一位经济所人在感受经济所90年荣光的同时，将《文库》作为继续前行的新起点和铺路石，为新时代的中国经济建设和中国经济学发展作出新的更大的贡献！

是为序。

于2019年元月

编者说明

《经济所人文库》所选文章时间跨度较大，其间，由于我国的语言文字发展变化较大，致使不同历史时期作者发表的文章，在语言文字规范方面存在较大差异。为了尽可能地保持作者个人的语言习惯、尊重历史，因此有必要声明以下几点编辑原则：

一、除对明显的错别字加以改正外，异形字、通假字等尽量保持原貌。

二、引文与原文不完全相符者，保持作者引文原貌。

三、原文引用的参考文献版本、年份等不详者，除能够明确考证的版本、年份予以补全外，其他文献保持原貌。

四、对外文译名与今译名不同者，保持原文用法。

五、对原文中数据可能有误的，除明显的错误且能够考证或重新计算者予以改正外，一律保持原貌。

六、对个别文字因原书刊印刷原因，无法辨认者，以方围号□表示。

作者小传

吴太昌，男，1947年12月生于江苏如皋，1981年进入经济所工作。

吴太昌于1970年3月毕业于北京大学俄语系，1981年9月毕业于中国社会科学院研究生院经济系中国资本主义发展史专业，同年到中国社会科学院经济研究所工作，主要从事中国经济史研究。历任助理研究员、副研究员（1988年）、研究员（1993年）。曾任经济所副所长（1988年）、党委书记兼副所长（1998年）、党委书记兼所长（2008年）。

吴太昌在经济史研究方面的主要代表作有：论文《国民党政府资源委员会垄断活动述评》《抗战时期国民党国家资本在工矿业的垄断地位及其与民营资本比较》《略论中国封建社会经济结构对资本主义发展的影响》《抗战时期后方交通运输业的发展及国民党国家资本的垄断》《国民党政府的易货偿债政策和资源委员会的矿产管制》《抗战期间的后方商业》等，主编、合著《中国近代商业史论》《中国近代经济史（1927—1937）》《中国国家资本的历史分析》等。

吴太昌的主要研究领域有：一、中国封建社会经济结构与资本主义萌芽及发展；二、近代国家资本；三、国民党政府时期资源委员会与工矿业、对外贸易、交通运输业、商业。在《略论中国封建社会经济结构对资本主义发展的影响》《中国国家资本的历史分析》《中国资本主义发展史》等著作中，提出西周至春秋的领主制经济、战国时代至清代的地主制经济是中国封建经济形态的两个阶段,延续了两千多年,尤其以唐代中叶以后进入典型和成熟的地主制经济阶段,有别于欧洲等地。其特性有:(1)土地制度多样性和土地经营分散性,形成了农业与家庭手工业相结合的自给自足的自然经济,"耕织结合"同时以商品经济为补充和从属。由此而建立的中央集权封建国家具有三方面经济职能:从事水利、交通、国防等公共工程的建设和管理,通过赋税和各项经济政策干预社会的再生产,直接经营手工业和商业。(2)商业资本的发展具有对于小农经济和小商品生产的寄生性、对于地主经济的依附性和融通性,这大大削弱了商业资本对封建经济结构的解体作用,而且促进了土地兼并和大土地所有制的发展,形成了封建经济结构的坚固性。(3)官营工商业本质上不是商品经济而是变态的自然经济,是特殊的混合型经济,通过对劳动力控制和对市场限制,限制了民间手工业发展,阻碍其向工场手工业过渡。以此为背景形成的明清资本主义萌芽和中国资本主义发展道路,完全不同于西方国家,一开始就是国家资本主义与民间资本主义并进,不经过典型的自由资本主义阶段即伴随大工业产生而进入垄断阶段,这是由封建社会经济结构固有特性所决定的。

近代中国封建经济结构加速解体,从洋务运动开始导致封建官营工业向资本主义全面过渡,形成国家资本主义的初级形态。与西方国家资本主义产生于生产集中、社会化高度发展不同,中国国家资本与封建经济结构及地主经济密切结合,维持封建经济结构的延续。近代中国半殖民地半封建经济结构的基本特征是外国资本、本国资本和封建经济三位一体,为资本主义的国家垄断化提供了前提和条件。国民党国家垄断资本的发展和膨胀,是中国资本主义发展史上真正具有规模的原始积累过程,它是产业不发达的产物,又阻碍了产业发展,不利于中国资本主义的充分发展。资本主义经济在社会经济中所占比重很小,农村的经济结构和生产结构没有发生本质变化。半封建的资本主义,无论是国家资本还是民族资本,都不能承担打破半殖民地半封建经济结构,摆脱帝国主义控制和压迫的任务，使中国走上资本主义道路。

吴太昌在《国民党政府资源委员会垄断活动述评》《抗战时期国民党国家资本在工矿业的垄断地位及其与民营资本比较》《抗战时期后方交通运输业的发展及国民党国家资本的垄断》《国民党政府的易货偿债政策和资源委员会的矿产管制》《抗战期间的后方商业》等中，多方面论述了国民党政府以资源委员会为主的机构，从抗日战争全面爆发前到战时，对重化工业、矿业（特别是有色金属矿业）、交通运输业、商业贸易的垄断和经营，以及国民党政府产业垄断资本的形成。指出资源委员会作为国民党国家资本最重要的垄断机构之一，它的产生和发展过程体现了国民党国家垄断资本进行残酷的原始积累的过程，是大资产阶级在帝国主义和封建地主阶级支持下，以对社会经济的全面控制和垄断来挽救和维护半殖民地半封建经济结构。资源委员会生产和经营活动是整个国民党国家资本垄断活动的一个缩影。国家垄断资本的膨胀和发展加剧了旧中国半殖民地半封建社会的各种矛盾，使得买办的、封建的生产关系和社会生产力之间的冲突不断扩大，崩溃不可避免，为新民主主义革命的过渡准备了必要的物质条件，是半殖民地半封建的旧中国向社会主义新中国过渡的必由之路。作为《中国近代经济史（1927—1937）》主编之一，坚持以国民党政府，而非南京政府、南京国民政府、民国南京政府等称呼当时的政权，表明对客观历史及客观叙述历史的立场和观点。

目 录

国民党政府的易货偿债政策和资源委员会的矿产管制 …… 1
国民党政府资源委员会垄断活动述评 …… 23
抗战时期国民党国家资本在工矿业的垄断地位及其与
　　民营资本比较 …… 50
略论中国封建社会经济结构对资本主义发展的影响 …… 85
抗战时期后方交通运输业的发展及国民党国家
　　资本的垄断 …… 110
近代中国钨、锑、锡业发展简史 …… 124
抗战后方国家产业垄断资本的形成 …… 136
抗战期间的后方商业 …… 178
中国近代商业史论 …… 192
中国国家资本的历史分析 …… 209
编选者手记 …… 258

国民党政府的易货偿债政策和资源委员会的矿产管制

国民党政府资源委员会的前身为国防设计委员会,成立于1932年11月1日,1935年4月易名"资源委员会"(以下简称资委会)。1936年以前,资委会并无企业活动,仅为一调查、统计、研究机关。1935年11月,国民党政府在英美帝国主义的支持下实行法币政策,完成了对金融的垄断和独占。其后,国民党垄断资本便逐步向商业及工业等领域扩张,资委会也就成为它进行工业垄断的主要机构。资委会是为适应国民党政府易货偿债政策的需要以对钨、锑进行管制而开始其企业活动的。在它的整个活动中,对钨、锑、锡、汞等所谓"特种矿产"的管制和经营始终是其中心工作之一。资委会的管制活动是失败的,它对外不能争得国家权益,对内不能促进生产发展,达到开发和利用国家资源的目的,结果恰恰是阻碍了矿业的发展。其中的教训是值得分析的。

一

希特勒上台以后,法西斯德国疯狂地扩军备战,急切需要钨、锑等战略物资。但德国及其属地均不出产钨、锑,所需之钨、锑主要来自中国。1935年4月德国政府派遣特使克兰(Klein)来华求见蒋介石,商谈以贷款易货的方式向国民党政府出售军火、兵工厂设备和重工业设备的合约,蒋介石欣然允诺,立即授意孔祥熙通过克兰与德国政府经济部长沙赫特(Shaht)签订了"中德经济合作"的条约。但孔祥熙认为这笔交易无利可图,并没有去正式实行。德国人急不可耐,又去催促蒋介石履行合约。蒋介石于1935年6月在成都召见当时的资委会秘书长翁文灏(蒋介石自兼资委会委员长),让资委会去想办法具体实行这个合约。翁文灏感到此事已由孔祥熙经办,不便接手,拖延未办。1935年10月蒋介石又打电报给翁文灏,令他从速去南京办理国民政府与德国易货借债事宜。翁文灏要孔抄一份国民党政府与德国签订的合约给他,孔祥熙告诉翁:"德国人要我们先送东西给他们,然后他们才送东西来,这样我们要先垫款,通货膨胀吃不消。"翁文灏只好打电报给蒋介石,说孔另有方针,无从办理。蒋介石立即回电说:"不要考虑任何其他意见,一切照我的意见切实办理。"①

孔祥熙当然不是害怕通货膨胀,他是觉得双方直接以货易货,无回扣可拿,捞不到现利,不过孔祥熙这段话反映了德方所提条件之苛刻。但蒋介石急于取得法西斯德国的军火供应,以增强国民党政府的军事实力,进行反革命内战(蒋介石召见翁文灏时,就正在四川亲自督战,组织对长征红军的堵截),巩固独裁统治。于是在蒋介石的急令之下,翁文灏与克兰开始谈判,谈判不通过正常外交途径,绕开双方大使秘密进行。1935年12月底双方达成原则协议,并决定由国民党政府派代表团去德国商洽具体事宜和签署易货借款协定。经蒋介石批准,1936年2月以资委会委员顾振为团长的国民党政府代表团赴德进行秘密访问。②

德国方面对这桩交易极为重视,它不仅急于通过国民党政府获得钨、锑等战略物资长期和稳定的供应来源,同时还企图通过与国民党政府在军事、经济等方面的合作扩大德国的影响和控制。克兰1936年2月22日在国民党代表团抵德前夕自柏林发给翁文灏的电报证明了这一点。来电声称:

---

① 以上所引资料均据原资委会副主任委员吴兆洪《我所知道的资源委员会》(中国社会科学院经济研究所《中国资本主义发展史》编写组藏抄件,下同)。

② 吴兆洪:《我所知道的资源委员会》。

……

2. 代表团之特种委托（指向德国购买军火——编者）当尽现有存量立予供应。

3. 翁秘书长一切委托，已由国防部交付国立机关遵办，务于最短期实施完备，以资供应。又敝方所供献器械自以最新最优者为标准。

4. 承示钨砂样品 200 斤，伫候到达，关于三月间允赐敝方钨砂、农产一节，敝国防部及民食部谨致感谢之忱。

5. 中德合作必由平等信义亲善途径以求实现，对于此点务恳蒋委员长赐予确信，敝方自应使委座满意。……①

可见法西斯德国对于中国农矿产品的需要和国民党政府对军火的需要都是同样急迫。因此，国民党代表团到达柏林后，德国政府破格接待，双方态度极为热切，经过很短时间会谈，即由沙赫特与顾振签订了一个一亿金马克的信用借款合同。合同规定，在一亿金马克的限度内，国民党政府可以向德国购买军火、兵工厂及重工业设备，由国民党政府以钨、锑、桐油、生丝、猪鬃等农矿产品抵付；借款年息五厘。合同仍然保留了原中德经济合约的规定，国民党政府须先将农矿产品启运交付（德方并不付现），然后德国才供给军火和器材。这就是说，德国人款未借出，国民党政府就得先还本了。

双方还达成进行技术合作的协议，由德国帮助资委会建设钨铁厂和钢铁、电工器材等厂。② 资委会从这笔借款中共获得了9819114 马克的款项用于购买工矿设备和进行技术合作，其余百分之九十以上的款项都由国民党政府用于购买军火和兵工厂设备。③

---

① 国民党政府财政部档案（3）470，转引自陈真编《中国近代工业史资料》第三辑，生活·读书·新知三联书店1961年版，第714—715页。
② 吴兆洪：《我所知道的资源委员会》。
③ 资委会档案（28）（2）385，《德国信用借款（1936）》。

德国政府为了专门办理对国民党政府的交换货物和技术合作等事宜，特别设立了一个以克兰为首的合步楼公司（HAPRO），常驻中国。国民党政府为相应予以配合，决定农产品的收购和运交由"中央信托局"办理，矿产品的收购和运交则由"资委会"办理，同时宣布对桐油、猪鬃等农产品和钨、锑等矿产品实行贸易管制，以便利易货偿债活动。资委会由此进入企业活动时期。

钨、锑的产销过去基本上是由地方官僚资本所控制的，也是地方政府财政收入的主要来源。资委会感到没有地方政权的支持，钨、锑管制是难以施行的，因此与江西、湖南等省政府商定，钨、锑的收购和运销统由资委会负责，经营所得盈利则由地方政权和资委会各半分配，以此取得了地方官僚资本对钨、锑管制的支持。随后资委会即在江西设立了"钨业管理处"，在湖南设立了"锑业管理处"，开始实施国民党政府的钨、锑管制政策。

以上事实充分说明，钨、锑管制政策是国民党政府奉行买办政策的产物，是适应法西斯德国掠夺中国战略资源的需要而产生的，国民党政府企图通过对钨、锑等资源的垄断和出卖，换取帝国主义的军火供应及对国民党政权的支持。

以国民党政府与德国易货为开端，几个大国对中国的矿产资源展开了激烈的争夺，纷纷以贷款易货的方式攫取中国的矿产品。当时欧洲的形势日趋紧张，各国都程度不同地进行战备活动，购取和储存重要战略物资。苏联政府和国民党政府于1938年3月、1938年7月和1939年6月分别签订了三个贷款易货协定，由苏联政府贷给国民党政府总值二亿五千万美元的款项，供中方购买苏联生产的工业品和设备之用，年息三分，中方以钨、锑、锡、桐油、丝绸、茶叶等农矿产品各半偿付本息[①]。随之锡、汞的产销也纳入资委会的管制范围。中苏易货偿债协定和中德易货偿债协定的性质是不同的，苏联主要还是为了支援中国人民的抗日战争，当然通过易

---

① 《中外旧约章汇编》3。

货偿债这种形式获得本国所需要的农矿产品，这也是符合苏联本身的战略利益的。

伦敦是钨、锑等矿品国际市场的中心。德国控制欧洲自由市场和苏联直接从中国得到大量钨、锑等矿产供应之后，英国也竭力维护其在钨、锑国际市场上的垄断地位。抗日战争开始以后，上海、广州、汉口等对外贸易中心相继沦陷，钨、锑等矿产的外销日渐困难，这时英国便利用它在钨、锑国际贸易中传统的优势地位，乘机从国民党政府手中攫取了钨砂的代理外销权。1938年11月资委会与英商福公司签订代理钨砂出口贸易合同，委托该公司代理江西、湖南、广东三省所产钨砂的出口贸易。[①] 合同还无理规定，赣、湘、粤三省钨砂无论由该公司代售或由资委会直接对外易货均须分别给予佣金。[②] 1939年英国和国民党政府签订的信用借款合同也援引苏德前例，采取易货偿债的方式由国民党政府以农矿产品各半交售英国支付本息。[③]

美国是世界钨、锑、锡的最大消费国，对其他国家大量取得中国矿品反应强烈。1939年5月3日美国驻华使馆临时代办就资委会与英商福公司签订代理钨砂出口贸易合同一事，向国民党政府外交部递交了一份照会，照会称："本大使馆已由报章及其他方面得悉，中国政府已允一外国公司独家代理中国出产钨砂之销售。据本大使馆所知，按照此项办法，一美国公司如愿购买中国钨砂，必须向中国政府或该外国公司购买。在此类情形之下，本代办须通知贵部长者，即中国出产之钨砂乃美国特别关心之物产，本代办不得不感关切，深恐中国钨砂出口与销售之权利既为一外国公司所独占，则于美国公司之欲购得此项材料者自有妨害……本国政府认为专利及其他在国际贸易上一切无理由之限制其性质均属有害，而应尽力避免。本国政府此项意见尤适用于钨砂，盖以此项货物在美国各项

[①] 资委会档案（28）4142，《资委会委托福公司代售钨砂案》。
[②] 《资委会国外贸易事务所1941年度业务报告》，油印本。
[③] 资委会档案（28）（2）392，《易货基金案》。

经济活动上乃一重要之因素。故本代办敬请贵国政府慎加考量,避免采取因此足以妨碍美国利益之任何办法。请查照复,以便转报本国政府。"①

对于这样一份无视中国主权、蛮横至极的照会,国民党政府不敢据理驳斥。外交部接到照会后急忙致函经济部要求解释:"此次来照所称我国政府已允一外国公司独家代理销售钨砂一节,当系指上年十一月间资委会与英商福公司所订代理钨砂出口贸易合同而言。如照该合同内第三条之规定加以解释,是否足以消除其成见,未可逆料。相应舍同原照会副本一份,谘请查照详核见复。"经济部也不敢怠慢,除具文谘复外交部外,并立即行文知照资委会,训令"该会再与福公司交换函件,声明所有钨砂贸易,除停售敌国外,对于其他各国,都应恪守九国公约及中美条约之规定,不得有违背约章之办法,以资妥善;并将办理情形具报为要"。②

与此同时,美国也开始了大规模的备战活动。1939年5月美国国会通过储备重要军需原料法案,规定自1939年7月1日起之四年内,每年以二亿五千万美元购储十七种重要军需品原料,第一年之款项将全部用于购买钨、锡、铬、锰、橡胶五种原料。③ 美国利用第二次世界大战开始后欧洲各国的困境,采取一系列行动,大规模地掠夺中国的矿产资源,逐渐控制了钨、锑等矿产品的国际贸易。1940年3月15日中美签订了"售购华锡合同",合同规定自1940年5月1日起至1947年5月1日止,中方在七年内售予美方头等华锡(须保证99%之净度)总额为四万吨(每吨三千磅),关于锡品价格合同规定"应该照该批锡货抵达美国口岸一周之前、两周之间'纽约平均市价',每磅减低一美分计算,倘当时纽约市场无华锡之市价,则应依照当时海峡殖民地锡品之平均市价计算,

---

① 资委会档案(28)4142,《资委会委托福公司代售钨砂案》。
② 同上。
③ 吴志翔:《美国钨砂市场概况》,载《资委会月刊》一卷九期(1939.12)。

惟须减去（甲）当时华锡与峡锡通行价差，及（乙）每磅美金一分。"① 这一规定实际上就是承认由美国单方面定价。1940年4月20日双方又签订"华锡借款合约"，美国进出口银行对中方在美采购代理人——美国世界贸易公司作商业性质之信用放款，其总数以两千万美元为限额，世界贸易公司将所得银行贷款如数用以为中方购运美国农产品和工业品。合约承认："该合同之实施，将使美国消费者对于锡品的供应获得专一可靠之来源，同时可使美国商品在华销路维持发展，增进美国对外贸易，并裨益其国内经济。"②

1940年10月22日中美签订"钨砂借款合约"和"钨砂合同"，规定美国进出口银行于1940年12月31日以前借给国民党政府中央银行二千五百万美元之贷款，五年内分期清还，供给美国总值三千万美元之钨砂，价格一如售锡合同，合约还规定"贷款如须用以购买农工产品及原料，则所需程限内，应在美国境内采购原料和成品"③，以维护美国垄断资本的利益。

1941年1月31日国民党政府和美国签订了范围更广的"金属合同"，2月4日双方再订"金属借款合约"，规定中方在七年内交美方总值为六千万美元之钨、锑、锡，美国进出口银行将一次或分批以五千万美元为度，贷款予中央银行。其他条件一如前两个合约和合同。④

"售锡""钨砂""金属"三项合约和合同的签订，使得美国完全垄断了中国钨、锑、锡等矿产品的产销。至此，中国的钨、锑、锡等矿产资源已拍卖完毕，实际上已经不存在归资委会支配的矿品，因此资委会1941年3月呈文经济部，要求取消原来和英商福公司签订的代理钨砂出口贸易合同，内称："以目前钨砂之产量及运输情形而论，每期运达出口口岸之钨砂量，除供易货及偿债

---

① 《中外旧约章汇编》3。
② 同上。
③ 同上。
④ 同上。

外，几无余量可资外销。……及今情势变迁，外销暂时停顿，该合同成立之基本条件实已不复存在，最近与该公司洽商取消该项合同，为补偿该公司提前取消合同受损起见，并提议一次付给该公司美金十万元。"[①] 1941年3月1日起该项合同宣布取消，美国所"照会"的这桩公案也就彻底"了结"，此后数年资委会即无自销矿产，只是专门办理对美、英、苏等国的易货偿债事宜了。

二

资委会的矿品对外贸易活动分为易货偿债和自销两类。易货偿债活动是直接为债权国所控制的，当然不可能有利于中国矿产品贸易条件的改善。而资委会所谓的矿品自销也并非将矿品直接运销各消费国家，仍然只是在上海、广州、香港、汉口等地将钨、锑售与外商，再由外商转销欧洲市场，因此，资委会并没有改变钨、锑外销为外商所操纵的基本状况。不过应该指出，在资委会钨、锑对外贸易的初期，由于易货活动还不占主要地位，也由于资委会钨、锑经营的国家垄断性质以及国际市场需求的急迫，贸易条件曾经得到一定程度的改善，外国资本对中国钨、锑贸易的控制程度稍有抑制。以往外商利用国内矿品销售的分散，经常任意抑低收购价格，在正常的商业利润之外攫取高额垄断利润，严重限制了中国矿业资本的积累。资委会实行自销以后，外商操纵矿产品出口价格的局面有所改变，国外贸易事务所所长郭子勋对此曾记载说："当驻沪贸易事务所开办之初，外商密切联络，不与交易，思欲借以抑低砂价，然后成交。时内地钨砂源源到沪，而银行支撑亦有限度，业务情形相当严重。及后洋商以需货甚殷，不能久持，乃分别来所接洽交易。开办初期之难关，至是始安然渡过。我国钨砂对外交易之条

---

① 资委会档案（28）4142，《资委会委托福公司代售钨砂案》。

件，亦于此时得以逐渐改善矣。"①但这种变化只是很短暂的现象。

1937年后期易货偿债的矿品逐渐增多，至1938年，钨砂用于易货的部分已占外销总量的82.5%，易货锑品亦占锑品外销总量的80%，资委会矿品外销的"自主权"越来越少了。这时国民党政府的易货对象主要还是德国，资委会在1936—1938年运交德国的钨砂在一万吨左右，纯锑亦达五千余吨。如此大量的矿品供应，使得德国除满足本国的消费和储备外，还有相当余量转销其他欧洲国家，从中牟取垄断利润，欧洲矿产品自由市场也因此而逐渐为德国所控制。1938年11月，由于日寇封锁出口口岸，资委会又为英国所乘，将钨砂的外销权委于英商福公司，这样资委会矿品对外贸易的自主权就基本上丧失了。

第二次世界大战开始后，各国军备急需，钨、锑、锡等矿品的价格急剧上涨。钨、锑、锡等矿产品价格大幅度上升，这在整个第一次世界大战期间曾经是一个持续的现象，因此美国在第二次世界大战爆发后急于控制国际市场矿产品的价格，以保证垄断资本对于本国所短缺的钨、锑、锡等矿产的大量需求。由于德国潜艇对大西洋的封锁，英国处境困难，钨、锑、锡等矿品交易的中心逐渐向纽约转移，以后随着中美三项金属合约的签订，中国偿债的钨、锑、锡等矿品大批进入美国市场，美国便基本上取得了对钨、锑国际贸易的控制以及对国际锡市场一定程度的控制。1941年开始，美国市场的钨、锑、锡价格逐步趋于稳定，8月，美国政府宣布锡价统制，规定了每磅0.52美元的最高限价②；至12月日本发动太平洋战争，美国政府又宣布对钨、锑、汞、铅、锌等十三种军需原料之输入采取专营办法，置于政府统制之下，并规定了各种矿品的最高限价，如钨砂的最高限价为每短吨单位24美元，纯锑的最高限价为每磅0.13美元，两个月后因需求过于紧张，纯锑限价又调整为

---

① 郭子勋：《国外贸易事务所成立经过》，载《资委会月刊》二卷一期（1940.1）。
② 《资委会国外贸易事务所1941年度业务报告》，油印本。

每磅 0.145 美元。① 此后在整个战争期间美国钨、锑、锡的限价再无变动。

抗日战争后期，中国钨、锑、锡等矿产的生产和运输都极为困难，生产成本和出口成本迅速增加，但资委会易货偿债矿产品价格却不能提高。从表 1 可以看出，1941—1945 年中国交美偿债矿品的价格始终在美政府限价之内，都低于第二次世界大战爆发后及 1940 年的国际市场价格。美国 1945 年的物价总指数较 1939 年提高了 37.2%，工业品价格指数提高了 22.4%，而金属和金属制品的价格指数却只提高 5%。资委会对此颇为不解，感到"在各项物价上涨中，反以矿品价格之上涨为低，此实系本次大战中之特殊现象"，同时又把这种现象产生的原因归结为各国战时对物价统制，认为"战时各国对矿品市场及价格之统制，影响矿品在国外市场之售价"②。资委会的这种分析是不符合实际情况的，就是前一句话也只有部分正确。

表1　　　　　　　　资委会对美偿债矿品价款表③

矿别	年度	数量（公吨）	价款（美元）	折合单价
钨砂	1941—1944	16814.4	27495674.84	21.19 美元/短吨单位
锑品	1941—1945	1882	451856.65	0.1089 美元/磅
锡品	1941—1943	11078.5	12448160.38	0.51 美元/磅

资料来源：资委会档案（38）（2）1352，《对美偿债矿品成本计算》。

战时各交战国基本上都实行物价统制，但能否有效地进行统制，关键在于商品是否有稳定可靠的供应渠道。以英国为例，伦敦矿品市场在战争开始不久就由政府加以统制，钨砂最初的统制价格是每英吨单位（以每英吨含 WO_3 百分之一为单位，一英吨等于

---

① 《资委会国外贸易事务所1942年度业务报告》，油印本。
② 同上。
③ 为保持著者行文原貌，文中涉及的表格样式、数据除有考证外均不作修改。下同。

2240 磅）50 先令，低于纽约市场当时的价格。因为英国的钨砂主要由缅甸等属地供给，在太平洋战争以前，这种供应基本上是稳定的，统制价格一直维持在 50—60 先令。1942 年 5 月日本占领缅甸，英国被迫将其他属地的钨砂收购价格提高至每英吨单位 100 先令以刺激生产。随后国内市场的统制价格即达到每英吨单位 140 先令①，比最初的统制价格提高 180%，比纽约市场的统制价格高 12%；纯锑最初的统制价格为每英吨单位 70 英镑，1940 年以后统制价格阶梯上升，由 81、87、101、118 英镑上升到 1943 年的每英吨单位 120 英镑，折合每英磅 0.216 美元②，比最初的统制价格提高 71.4%，较纽约市场的统制价格高出 50%；1939 年 9 月纯锡的统制价格是每英吨单位 230 英镑，1941 年 12 月统制价格已订为每英吨单位 275 英镑，1944 年年初又调整为每英吨单位 300 英镑（折合每英磅 0.54 美元）③，较最初的统制价格提高 30%。以英国 1939 年的物价总指数为 100，则 1940—1944 年各年的物价总指数分别为 133、148、155、157、162。④ 可见钨、锑、锡等矿产品平均价格指数的增长远远超过了物价总指数的增长，英国垄断资本并没有美国垄断资本那样的幸运。

从另一个方面来说，各国物价统制只适用于国内市场和本国的殖民地，在对其他国家的贸易中是无效的。如英国市场上钨砂的统制价格是每英吨单位 140 先令，但这并不能使英国以更低的价格进口外国钨砂，实际上英国是以更高的价格从其他国家进口钨砂然后仍按限价售与消费厂家来维持这种统制价格的。葡萄牙是欧洲唯一重要而又未受战火波及的产钨国家，英国与德国竞购葡萄牙钨砂，曾有抬高收价至每英吨单位 56 英镑 12 先令（合 1132 先令，为英

---

① 《资委会国外贸易事务所 1943 年度业务报告》，油印本。
② 《资委会国外贸易事务所 1941 年度业务报告》《资委会国外贸易事务所 1942 年度业务报告》《资委会国外贸易事务所 1943 年度业务报告》《资委会国外贸易事务所 1944 年度业务报告》，油印本。
③ 同上。
④ 同上。

国统制价格的八倍多）的情况，1943年1—9月葡萄牙输出钨砂5209吨，价额为6394552英镑，单价高达每公吨单位378先令①，折合每英吨单位384先令，是英国统制价格的2.7倍，折合每短吨单位69美元，是美国统制价格的2.9倍。中葡之间同种商品贸易结果的差异竟如此之大。

美国收购玻利维亚锡砂也属于这种情况。1942年6月底美玻修订合同，将玻利维亚锡砂的价格由原价每磅（含锡量）0.485美元提高至0.60美元，增价效率回溯至1942年1月1日，并将交货地点由纽约改为南美口岸。美国以此保证了炼锡厂的原料供给，但锡厂冶炼成纯锡后（实际上含锡一磅的锡砂并不能炼出一磅纯锡）仍按每磅0.52美元的限价售与消费厂家。与此同时中国要求提高纯锡收价却遭到美方拒绝。②1944年7月1日玻利维亚锡砂的价格又提高到每磅0.62美元；1944年12月复增至每磅0.635美元，并由美方再给予生产者每磅0.015美元之津贴。③而这时中国锡品的贸易情况却更为惨淡。1944年云南锡业急剧衰落，资委会为维持锡业生产，向美国提出以金易锡的办法，即由美方按市场价格折合成黄金支付中国锡款，因为中国国内黄金市价比美元官价高出甚多，这样在国内汇兑中厂商所得可以增加。美国国内黄金与美元比价一定，因此这种办法于美国无损。美方接受了资委会提出的办法，但却乘机压低中国锡品的收购价格。据资委会文件记载，1944—1945年运美易金的锡品的价格折合美元计算只有每磅0.417—0.424美元④，大大低于美国政府的限价，更不用说与玻利维亚锡砂的价格相比了。

---

① 《资委会国外贸易事务所1941年度业务报告》《资委会国外贸易事务所1942年度业务报告》《资委会国外贸易事务所1943年度业务报告》《资委会国外贸易事务所1944年度业务报告》，油印本。

② 《资委会国外贸易事务所1942年度业务报告》《资委会国外贸易事务所1943年度业务报告》《资委会国外贸易事务所1944年度业务报告》，油印本。

③ 同上。

④ 资委会档案（28）（2）388，《资委会外贸所文件》。

美国政府为了维持矿品统制价格,还采取了津贴国内生产者的办法。美政府为刺激国内钨砂生产,1942年11月至1944年5月对国内生产成本较高的新矿和小矿所产钨砂的收购价格始终是每短吨单位30美元,但拨售消费厂家则仍按24美元之限价[①],以保持市场价格的稳定。按照金属三合约的规定,中国运美偿债的矿产品是只能按纽约市场的价格结算的。所以,归结起来,中国钨、锑、锡等矿产外销价格不能提高的根本原因在于资委会没有对外贸易的主权,易货偿债,受制于人;而美国政府对钨、锑、锡市场的有效统制也正是操纵中国矿产贸易的结果。

第二次世界大战结束以后,世界钨、锑、锡等矿品市场的供求形势颇为紧张。各国纷纷解除物价统制,矿品价格迅速上涨,1946年6月欧洲市场纯锑的价格达到每磅0.23美元以上,纯锡的价格则升至每磅0.66美元。[②] 美国政府继续采取限价政策,1946年1至11月10日,纯锑的限价在每磅0.15美元左右,纯锡的限价仍为每磅0.52美元。[③] 美国政府为维持这种统制,沿用了战时津贴的老办法,以保证垄断资本的高额利润。如美玻新合约中,玻利维亚锡砂的价格自1946年1月1日起又提到每磅0.65美元,仍是南美口岸交货;[④] 美国锡品的出口价格也三次宣布提高,3月间增至每磅0.58美元,6月间增至每磅0.61美元,9月间增至每磅0.64美元,而国内市场限价坚持不变。[⑤] 这样资委会钨、锑、锡等矿产品的外销就面对着两个不同的市场,一个是价格步涨的国际自由市场,另一个是美国政府统制的纽约市场;资委会自销的矿产品以国际自由市场的价格出售,对美苏偿债的矿产品(对苏偿债的矿产

---

① 《资委会国外贸易事务所1942年度业务报告》《资委会国外贸易事务所1943年度业务报告》《资委会国外贸易事务所1944年度业务报告》。
② 《资委会驻美代表办事处概况(1946.7)》,《资委会公报》十卷四、五期(1946.11)。
③ 《资委会国外贸易事务所1946年度业务报告》。
④ 同上。
⑤ 同上。

在第二次世界大战开始后就改为以纽约市场价格为结价标准了）则按照纽约市场的价格结售。

资委会虽也曾迭次与美国政府交涉努力改变这种状况，但在1947年5月美国完全取消矿品限价以前，这种局面没有显著改善。资委会驻美代表办事处1946年7月的报告中说："在此种国际矿品市场畸形发展状态下，本组（按：指办事处贸易组）目前主要工作，一方面为接触国外市场，与国内总所保持密切联系，俾得供应少量矿品；另一方面，根据国际市场之市价，向美政府要求提高锑锡之售价，进行交涉，尚称顺利，冀于最短期内改订价约。"① 实际上美国政府采取拖延政策，迟迟不与资委会改订价约。由于美国市场限价与国际市场脱节太多，矿品进口骤减。限价已经难以维持，美国政府不得不准备大幅度提高限价，这时才故作姿态地与资委会签订新的价约。资委会和美国关于售锑的修正合约于1946年10月22日签订，规定中国在1947年3月31日前交美方纯锑3000吨，单价每磅0.22美元，上海或香港交货；售锡修正合约于1946年10月28日签订，规定中方在1947年3月31日前交美方纯锡（A级）500吨，单价每磅0.62美元，交货地点同上。②

新约初订，资委会颇有些自慰，但11月10日美国政府即宣布将纯锑的限价由每磅0.15美元提高到0.24875美元（12月17日又宣布提高到每磅0.29635美元），将纯锡的限价由每磅0.52美元提高至0.70美元，不久又宣布取消纯锡的限价。③ 手段何其卑劣也。资委会完全为美国所愚弄，着实吃了一个大亏。而且与此同时，国际市场矿品价格又涨，1946年年底资委会自销纯锑的价格已达每磅0.32—0.33美元，自销纯锡的价格达到每磅0.80美元，交货地

---

① 《资委会驻美代表办事处概况（1946.7）》，《资委会公报》十卷四、五期（1946.11）。
② 资委会档案（28）50，《资委会驻美代表办事处1946年度工作报告》。
③ 《资委会国外贸易事务所1946年度工作报告》。

点也都是上海或香港。① 购买这些锑锡的除英、法、加拿大公司外，多数是美国公司，因为并不是所有的美国公司和厂家都可以从政府那里得到限价矿品供应的，这也正是纽约市场限价难以维持的原因之一。

1946 年度资委会外销钨砂 3873 公吨，全部用于偿债，每吨单位价格还不足 15 美元；纯锑用于对美偿债的为 2000 公吨，单价每磅 0.21 美元，自销纯锑 2425 公吨，平均单价每磅 0.29 美元；纯锡对苏偿债 1103 公吨，单价每磅 0.55 美元，对美易金纯锡 200 公吨得价款 270600 美元，折合单价每磅 0.615 美元，对美自销纯锡 30 公吨得价款 53245 美元，折合单价每磅 0.80 美元。② 两个市场的价格差异如此分明，可见资委会矿品外销损失之大了。这里还须指出，战后国际市场上钨、锑、锡等矿产品价格上涨的速度仍然是远远低于工业国家工业品价格上涨速度的，而美国等又以大大低于国际市场的价格结算中国的偿债矿品，因此中国在进出口贸易中实际承受了三重损失。上述事实再一次说明，资委会钨、锑、锡等矿品对外贸易失败的根本原因在于丧失了贸易主权。

三

中国的钨、锑、锡生产基本上处于资本主义工场手工业形态，有些甚至尚未脱却农村手工业和个体农民家庭副业的形骸。历来由于封建地主经济、商业资本、地方军阀和地方官僚资本以及帝国主义的压迫，这种生产始终只是一种简单再生产的结构，企业自身不能积累，生产方法和生产技术很难得到改进，生产力十分低下。不改变这种落后的生产方式，中国资源的开发和利用是没有前途的。但国民党政府以掠夺为能事，根本无意于生产技术的改进和生产力

---

① 资委会档案（28）（2）392，《资委会外贸所文件》。
② 同上。

的提高，它通过资委会所进行的管制基本上没有触动原有的产销结构，只不过在这一结构中增加了一个居间垄断的国家统制机构而已。

根据管理事业条例，资委会本应负有举办国营矿厂之责。但实际上除增加了一些矿品提纯复炼设施以外，资委会在生产方面并没有取得实质性的进展。国民党政府每年拨付资委会的建设经费不过占国家总预算的1%左右，而其中用于金属业（不包括钢铁，指钨、锑、锡、锑、铜、铅、锌等）生产的又只有1%[①]，可见资委会根本没有经济力量去从事生产。江西钨铁厂由于德国人的有意拖延中途流产了。另一个也是唯一的由资委会自办的江西钨矿工程处，1937年年初开工，因缺乏资金和设备，开开停停，到1938年年底连一吨矿砂也没有生产出来，1939年仅产毛砂82吨，1940年产毛砂124吨，1941年产毛砂348吨，1942年下半年因生产成本太高而停工下马。其他与地方官僚资本合办的云南锡业公司、平桂矿务局、江华矿务局等也都经营惨淡、成效甚少，命运和民营矿厂一样。连资委会经济研究室的研究人员也认为，资委会在钨、锑、锡的管制和经营中"侧重于消极的管理，疏忽于积极的生产"。[②]

资委会实行钨、锑管制，既是商业垄断，也是工业垄断活动的开端。资委会一开始就把对钨、锑的管制和经营视为积累资本的重要手段，采取抑低矿品收购价格的政策，获得了大量的垄断利润。据资委会负责人钱昌照记载，1936年7月至1939年3月，资委会转作工业投资的钨、锑盈余达840万元，约占国民党政府同期拨付资委会的工业建设经费总额的30%[③]，而这只是资委会经营前期钨、锑总盈余的一小部分，其余部分则通过捐税和分成的办法为国民党各级政权所瓜分，或由资委会用于钨、锑管理机构。据统计，仅钨业管理处在1936年至1940年6月间的总盈余就达到五千九百

---

① 资委会编：《复员以来资源委员会工作述要》。
② 曹立瀛：《江西之钨业》（下），油印本（1941年3月）。
③ 钱昌照：《两年半创办重工业经过及感想》，《新经济》二卷一期。

多万元，超过该处同期总支出一倍以上，利润率为202%[1]，可见资委会对生产者掠夺之甚。

在资委会管制前期，通货膨胀尚未十分严重，这一期间世界市场的矿产品价格大体是上涨趋势，资委会的抑价政策主要着眼于攫取垄断利润，对矿工必要劳动的掠夺和对厂商正当工商利润的侵吞还没有达到后期那样的程度，因此钨锑生产尽管已经降到管制前的水平之下，但尚能勉强维持。1940年下半年通货膨胀开始进入恶性发展阶段，物价逐日上涨，钨、锑、锡等矿品的生产成本急剧增加，而资委会收购价格的变动却极为迟缓，收价逐渐低于矿品的产销成本。这时的抑价政策已经是更多地侵吞厂商的正当工商利润和掠夺矿工的必要劳动了，虽然钨、锑、锡等矿业并不存在销路问题，但在通货膨胀和价格管制的双重压迫之下，却比后方其他工业更早地进入了衰落期。

帝国主义的掠夺和国民党政府的低汇率政策则进一步加剧了这种压迫。第二次世界大战以后，资委会丧失了钨、锑、锡等矿产的贸易主权，尽管产销成本不断增加，却无力在国外市场提高价格；而按照国民党政府的外汇管理制度，资委会出售矿品所得外汇须以官定汇率结售与中央银行（偿债矿品只是账面上与财政部结算），这种官定汇率和市价是完全脱节的，因此1941年以后资委会矿品外销从账面上看即是连年亏损。如经济部在1941—1942年财政年度的工作报告中就说："年来国内各地物价急剧上涨，收购价格亦提高甚速，加以出口路线逐年加长，运价亦屡有增加，出口地点之成本类多超出国际市价，如钨砂在西南出口者尚不难相抵，在西北出口者均有赔累，锑之国际市场价格不及成本之半数，锡则仅及成本四分之一，输出既多赔蚀，而又运输艰难，出口不易。"[2] 1943年以后这种情况更趋严重，钨、锑、锡外销亏累愈甚。撇开资委会

---

[1] 曹立瀛、陈锡嘏：《江西之钨业》（上），油印本。
[2] 资委会档案（28）152，《经济部工作报告（1942.9）》。

矿品外销由于美国垄断国际市场而造成的真实损失不说，国内汇兑所造成的这种亏损则完全是虚假的，实际上这种外汇结算上的差额早已转到国民政府财政部手中，财政部为弥补资委会的亏损而须增拨的易货偿债基金只不过是区区小数。但国民党政府却声称"国库负担甚重"，以这种虚假的亏损作为进一步抑低矿产品收购价格的借口，致使钨、锑、锡的收价低于生产成本越来越多。（参见表2）

表2　　　　　钨、锑、锡生产成本和资委会收购价格比较表

单位：法币元/吨

时间	矿别	生产成本	收购价格	亏损额
1942.1	江西钨矿工程处钨砂	3658	2900	758
1942.6	江西钨矿工程处钨砂	4917	4300	617
1942.10	赣南西华山矿钨砂	7261	6300	961
1942.10	赣南盘古山矿钨砂	8757	5800	2957
1942.10	湖南钨砂	4531.96	3800	731.96
1941.7	湖南纯锑	1967	1500	467
1944.3	云南个旧纯锡	500000	110000	390000
1944.9	云南个旧纯锡	1200000	570000	630000

资料来源：根据资委会档案资料和报刊史料综合整理。

由于通货膨胀和价格管制的双重压迫，厂商在无利可图，甚至亏折本金的情况下当然只有停止或撤回对矿业的投资，转向土地或其他投机性事业，产业资金日渐枯竭，矿厂大批倒闭。尚可勉强维持生产的矿厂则不断加剧对矿工的剥削程度，使得矿工不能维持劳动力的简单再生产，甚至不能维持自身衣食，因此矿工大量逃亡，流回农村或流向其他行业，各矿都难以招徕矿工，劳动力问题和资金问题一样，成为矿业生产无法克服的困难。1943年钨、锑、锡各业即由衰落而进入崩溃阶段，1944年年底各业均陷于停顿。抗战胜利以后国民党政府各项政策依旧，钨、锑、锡生产恢复迟缓，始终处于低落状态。经济部在1946年5月的工作报告中承认："年

来外销矿产,普遍衰落,其主要原因是收价过低,而成本日高,致从事该业务之劳资双方,多转而外图。"① 资委会矿业处处长杨公兆 1947 年 7 月在资委会第一届委员会议上也说:"惟因国内物价上涨过剧,生产运输成本不断激增,而央行所订外汇率过高(法币价值高),致使各矿外销结汇所得,惟敷销货成本。且汇率调整需时,而产运成本逐日上升,处此情形之下,出口矿产之经办,至感艰辛。现正与央行洽商改善办法,期免生产窒息。"②

国民党政权已经走到尽头了,资委会对钨、锑、锡的管制和经营也随着国民党统治区经济的全面崩溃而彻底失败。表 3 是资委会钨、锑、锡管制和经营失败最充分的说明。

表 3　　资委会钨、锑、锡、汞历年收购和生产数量　　单位:公吨

年份	1936	1937	1938	1939	1940	1941	1942	1943	1944	1945	1946	1947	1948 年上半年
净钨砂	8860 (3—12月)	11926	12556	11509	9542	12392	11897	3937	3325	—	2638	6402	1531
锑品	—	14597	9464	11988	8471	7991	3510	429	204	—	426	1780	631
纯锡	—	—	—	1840 11—12月	15099	6995	7209	3769	1517	1878			5
精锡	—	—	—	662 11—12月	2317	9594	6794	7031	3525	3508	1202	1470	—
毛汞				169	91	121	163	118	103	62	—	—	
精汞					124	95	148	108	121	63			

注:1. 精锡一栏系指云南锡公司成色较差之纯锡重加精炼而得之锡,因而从产量计算上说是纯锡栏的重复,应包括在纯锡数中。精汞栏亦然。

2. 为比较资委会的经营,并将管制前一年钨、锑、锡的产量摘引如下:1935 年,钨产 14541 公吨,锑产 15185 公吨;1938 年,锡产 15440 公吨。参见白家驹编《第七次中国矿业纪要》。

资料来源:资委会编:《资源委员会沿革》,油印本,1948 年数引自经济部统计月报。

---

① 资委会档案(28)152,《经济部工作报告(1946.5)》。
② 载《资委会公报》十三卷二期(1947.8)。

四

综合以上分析，最后作两点概括。

（一）中国钨、锑、锡等矿产资源极为丰富，钨、锑生产均占世界首位，但本国不能利用这些宝贵的资源，只是作为一个单一的原料生产国消极地适应国际市场，为外国资本所控制，无论管制前后，中国钨、锑、锡等矿品的产销总是和帝国主义的操纵掠夺相联系的。倾销商品和掠夺廉价原料是帝国主义对殖民地和落后国家进行经济侵略的两把利刃，而贷款易货就是帝国主义利用国家垄断资本的力量加强这种侵略活动的重要形式。它通过两国政府间的协定扩大了对华商品的输出，同时也保证了对中国重要战略原料的控制和攫取。因此，国民党政府为适应易货偿债需要而采取的管制措施，既不能改善钨、锑等矿品的对外贸易，也无助于这些资源的开发和利用。

中国是一个经济落后的国家，对资本主义国家出口的主要是农矿等初级产品，长期以来由于帝国主义在国际贸易中利用垄断价格进行不等价交换，中国在对外贸易中处于不利地位。本来，国民党政府对重要农矿产品的贸易管制应该是有利于改变这种不平等地位的，因为中国桐油、猪鬃、钨、锑等农矿产品在世界的生产和贸易中均占首位，完全可以利用国家统制的力量控制这些产品的产销，以稳定或提高出口价格，打破帝国主义对市场的垄断，不断改善贸易条件。但是偿债性易货方式使得贸易管制可能具有的这种积极作用化为乌有。在偿债性易货活动中，国民党政府不能根据国际市场的需求变化减少或增加出口，以保证出口产品价格的稳定或提高，而是必须按照所缔结协定的要求如期和如数交付偿债产品，满足缔约国另一方对这些指定农矿产品的需要。这种易货方式进一步加深了国民党政府的买办化程度，使得国民党政府为偿还债款而受制于他国，外贸主权完全操诸外人之手。这样国民党政府重要农矿产品的对外贸易条件不仅得不到改善，而且在帝国主义以统制对统制的情况下，贸易条件会进一步恶化。资委会所管制矿品对外贸易的失败证明了这一点。

中国钨、锑、锡等矿品生产和贸易的衰败再一次说明，帝国主义的控制和掠夺是中国产业得不到发展的外部条件，不摆脱这种控制和掠夺，中国资源的开发利用以及国家的工业建设都是没有希望的。

（二）资委会对钨、锑、锡的贸易管制实质上是商业垄断，它不是矿业发达和集中的结果，而是矿业不发达、规模分散狭小易于为商业资本所控制的结果，这是旧中国半殖民地半封建经济结构的必然产物。这种垄断活动的实现并不只限于采用经济上的办法，更重要的是通过国家政权的力量，采用超经济的强制办法来实现的。垄断程度越高，超经济强制的程度也越高。在钨、锑、锡的管制活动中，国民党政府和资委会以垄断性的收购价格作为主要控制手段，对生产者和经营者进行了竭泽而渔、夺利抢本的最无耻的掠夺，这种超经济的掠夺正是钨、锑、锡业生产衰落和崩溃的根本原因。资委会的矿产管制活动充分体现了国民党国家资本的垄断性质，同时整个矿产管制的过程也是国民党国家垄断资本进行残酷的原始积累的过程。

国民党国家垄断资本的产生和发展并不表明中国社会经济的发展。这个垄断资本是中国产业不发达的产物，而它的膨胀则又阻碍了产业的发展，它既是中国半殖民地半封建经济不得发展的结果，又是中国社会经济不得发展的原因。国民党垄断资本的膨胀发展日益加剧了旧中国半殖民地半封建社会的各种矛盾，使得买办的、封建的生产关系和社会生产力之间的冲突不断扩大，这种生产方式的崩溃是不可避免的和必然的，资委会矿产管制活动的失败只不过是整个国民党国家资本垄断活动失败的一个缩影罢了。国民党垄断资本不仅剥夺了劳动者，甚至在一定程度上也剥夺了中小资产阶级，从而集中了巨大的社会财富，这就为新民主主义革命准备了充分的物质条件。历史证明,只有中国共产党领导的新民主主义革命和社会主义革命能够救中国,为社会生产力的发展开辟道路。

(原载《近代史研究》1983年第3期)

国民党政府资源委员会垄断活动述评

一　资源委员会的产生和它的初期活动

国民党政府资源委员会（简称资委会）的前身是隶属于参谋本部的"国防设计委员会"，这是蒋介石接受钱昌照、黄郛等建议而设立的，以笼络一批学者名流和实业界人士为国民党政权服务的一个调查、统计及研究设计机构。它成立于1932年11月1日，蒋介石兼任委员长，翁文灏、钱昌照任正副秘书长。其重要成员有：知名学者胡适、丁文江、翁文灏、傅斯年、蒋廷黻、何廉、陶孟和、周览、王世杰、钱端升、杨端六、肖纯锦等；金融实业界首脑吴鼎昌、张嘉璈、徐新六、范旭东、吴蕴初、刘鸿生、顾振等；国民党政府所属企业的技术及管理方面负责人沈怡、黄伯樵、钱昌祚、王崇值、吴健、王宠佑、颜任光、俞大维、洪中等；国民党军政、党务人员林蔚、黄郛、陈立夫、程天放、谢冠生、陈伯庄、钱泰、万国鼎等。[①] 国防设计委员会乃是适应蒋介石政府巩固其反动独裁统治的需要而产生的，它成立的本意并不在工业建设。其时，国防设计委员会仅仅是一个调查、统计和研究设计机关，它的主要活动在于经济和资源的调查研究。1934年该会又设立了三个技术室：一为矿室；二为冶金室；三为电气室；专作技术研究并试行制

[①]　以上据钱昌照《国民党政府资源委员会的始末》（载《文史资料选辑》第16集，下同）及吴兆洪《我所知道的资源委员会》（中国社会科学院经济研究所《中国资本主义发展史》编写组藏抄件）。

造。国防设计委员会基本上没有企业活动,但它在较为广泛的调查研究活动中积累了一定数量的经济和技术方面的情报资料,同时也招揽了一批科技和经济管理人员,这为以后国民党国家资本向产业的扩张准备了条件。

国民党国家资本是从金融垄断起家的,随着在金融领域垄断地位的加强,它便逐步向其他领域扩张,以实现金融资本和产业资本的结合,强化国民党反动统治的经济基础。1935年4月,国防设计委员会易名"资源委员会",并改隶军事委员会,蒋介石仍兼任委员长,翁文灏、钱昌照任正副秘书长。资委会的活动性质发生了重大的变化,根据组织条例,其职掌为:(1)关于人的资源及物的资源之调查、统计研究事项;(2)关于资源之计划及建设事项;(3)关于资源动员之计划事项;(4)关于其他有关资源之事项①。这是国民党国家资本大规模工业垄断的开端,资委会由此进入了企业活动时期。从资委会正式成立到1938年3月改隶经济部的这一时期中,资委会除继续从事经济和资源方面的调查、统计和研究工作外,它的企业活动可分为两个方面:一是实行矿产管制,垄断钨、锑的对外贸易;二是着手重工业建设。关于矿产管制和商业垄断活动,后面还要专门分析。关于重工业建设,据《资源委员会沿革》记载:"民国24年,本会拟就重工业建设五年计划,分冶金工业、燃料工业、化学工业、机器工业及电子工业五部门,预算计需经费2亿7千余万元。民国25年夏,政府指拨重工业经费一千万元后,本会乃筹设下列事业:(1)冶金工业:有中央钢铁厂、茶陵铁矿、灵乡铁矿、江西钨铁厂、彭县铜矿、阳新大冶铜矿;(2)燃料工业:有高坑煤矿、天河煤矿、万县煤矿、四川油矿、植物油提炼轻油厂、煤气车推行处;(3)机器工业:有机器制造厂;(4)电气工业:有电工器材厂、无线电机制造厂、电瓷制造厂及四川水力发电厂,以上共计筹建17单位。26年,预算中复经

---

① 资委会编:《资源委员会沿革》,油印本。

指拨2千万元，建设计划大体继续上年，事业稍有增改，如冶金工业增设湖南铅锌矿，化学工业增建氮气厂。……以上各种事业，大部分由国库拨款建设，小部分以钨、锑盈余为资金。"

从这一时期资委会的企业活动来看，国民党国家垄断资本的发展具有以下几个特点：第一，垄断活动集中在与军事工业密切相关的钢铁、冶金、燃料、电力、机械、电器、化学等基本工业领域，活动地区则是以江西、湖南、湖北为中心，并及四川、云南、陕西、甘肃等省。这些地区经济比较落后，反动统治相对薄弱，因此也正是中国共产党领导的人民革命运动最为活跃的地区，在红军各个主要根据地，新民主主义经济作为一种新的经济制度已经显示了它强大的生命力以及它对于生产力发展的巨大促进作用。国民党政府在这些地区以发达国家资本为名，开发资源和创设重工业，其根本目的在于控制这些地区的经济命脉，可以为其军事行动和政治统治提供物质支持，而更重要的是企图实现蒋介石的奢想，使阶级斗争"没有发生的客观条件"。显而易见，国民党政府在这些地区大规模筹设重工业，绝不是像他们自己事后所标榜的为抗日做准备，而完全是针对着新民主主义革命和新民主主义经济制度的。

第二，完全依赖帝国主义资本和技术。钱昌照说，资委会成立后"决定了三个办企业方针：（1）25年7月起创办重工业；（2）尽量利用外资；（3）尽量利用外国技术"①。如前所述，资委会拟定的重工业建设计划需经费2.7亿元，据钱氏讲，"除拟向国库请拨7200万元外，余均利用外资"。资委会拟具自办的炼钢厂、煤炼油厂、钨铁厂、机器厂、电工器材厂等都是利用外国贷款开始活动的，设备和器材全赖进口，在技术方面，钨铁厂与德国合作，炼钢厂与德、英两方合作，炼煤厂及氮气厂与德国合作，机器厂与瑞士合作，电工器材厂与德、英、美三方合作。这一时期，国民党国家资本主要的合作对象是法西斯德国，中德1亿马克借款合同、易货偿债协定、

---

① 钱昌照：《两年半创办重工业经过及感想》，《新经济》二卷一期。

技术合作协定都是由资委会主持签订的,但这些借款绝大部分用于购买军火和兵工厂器材,资委会仅从这笔借款中获得不足十分之一的9819440马克的款项用于购买工矿设备和进行技术合作。①

第三,计划庞大,成效甚少。这一时期资委会计划建设28个工矿企业单位,其中13个系从其他政府机构接受或与之合办以及收买私人资本而扩建的企业;真正自办的企业只有三个,即中央无线电制造厂、中央机器厂和中央电工器材厂,这些企业工程进展也很慢,抗日战争开始后又几经迁徙,1938年以后才逐渐形成生产能力;由于经费短绌和过分依赖外国资本,根本未建和中途流产未建成的企业达12个。如万县煤矿等八个企业都位于后方,其未建或停建的主要原因在于缺乏经费和经营不当;又如江西钨铁厂则是由于德国有意拖延而流产的,资委会为此白白耗费了大量的人力和财力,"资委会各厂矿情况调查"对此曾有记载:"该厂系资委会与德国合办事业之一。初由资委会与德国合步楼公司签订合同,由该公司担任设计机器及厂房、训练技术人员,和担任勘探厂址、安装机件等工作。其设备能力为每日制炼钨铁6.5吨。1936年夏,先经德国人杜尔教授前往江西吉安勘定厂址,同年8月资委会派杜殿英负责筹备,1937年2月开始建筑厂房,但因德国不按期交付机器,至8月13日日本侵略上海之战争爆发,该厂在上海存放之机器遂落在日本人之手,而该厂之建筑遂宣告破产。"② 总之,这一时期资委会在工矿建设方面垄断活动范围较广,但并没有取得实质性进展。

二 抗日战争时期资委会的垄断活动

抗日战争爆发以后的政治和经济形势为后方工业的发展提供了

---

① 资委会档案(28)(2)385,《德国信用借款(1936)》。
② 陈真编:《中国近代工业史资料》第三辑,生活·读书·新知三联书店1961年版,下同,第907页。

一定的有利条件，资委会的垄断活动也随之进入了迅速发展的时期。据《资源委员会沿革》记载："民国27年3月，中央政治机构全部调整，经济建设机关多经裁并改隶经济部，本会亦经改隶，其主要变更为：（甲）本会由筹划经济动员而兼事工业建设之机关，变为纯粹之国营工业建设机关。（乙）电力事业本由建设委员会办理者，并付本会办理。本会之职掌，按是年8月1日公布之组织条例，计有以下四端：（1）创办及管理经营基本工业；（2）开发及管理经营重要矿业；（3）创办及管理经营动力事业；（4）办理政府指定之其他事业。"这样，资委会就经国民党政府正式法定为工矿业的国家资本主义垄断组织。资委会改隶经济部后，又先后从原实业部、原建设委员会等机构接管了一批企业，至1938年年底止，资委会经营的企业达到63个①。这63个企业中，以经营方式言，资委会独资经营者40个，与其他政府机构或私人资本合办者23个；以业别言，工业15个（冶炼7，机械1，电工3，化工4），矿业32个（煤13，石油3，铁3，金5，其他金属8），电业12个，还有钨、锑管理、贸易及运输等非生产性企业4个，上述企业1938年已开工或开业者仅22家，处于筹备或试验期中者28家，中途已停顿者13家。

1938年10月国民党政府颁布《非常时期农矿工商管理条例》，其第五条规定：为适应非常时期之需要，经行政院核准，得将下列各企业分别收归政府办理或由政府投资合办：（一）关于战时必需之各矿业；（二）关于制造军用品之各工业；（三）关于电气事业。其后，资委会进一步加快了投资和建设的速度，扩大与其他政府机构或地方政府的合作，同时加强对民营企业的渗透，它的经营规模和垄断活动不断膨胀，至1942年6月止资委会投资已达6亿元，年底更高达8亿余元，约占当时后方近代工业资本（不包括军需工业）的40%，占后方公营工业资本的55%。由于战时币值的混乱

---

① 详见《资源委员会沿革》附表。

和资本计算方法的差异，特别是由于资委会大量设备和技术系以外汇进口，在低汇率政策下（法币估值过高）这部分资本的法币估值与实际价值相去甚远，资委会的资本额实际上要高得多[1]，因此就资本额来比较资委会与整个后方工业的发展是不够的，尽管如此，其膨胀之速也是很显然的。据资委会档案所载，1936年6月至1945年年底止，国民政府对资委会的预算内投资总额达到11.9亿余元，折合战前法币约合0.99亿元（参见表1）；这一时期资委会从历次外债中所得外汇共计15081490美元，610769英镑，[2] 折合战前法币约值6千万元，加上1941年前钨、锑外贸盈余所转的投资，估计1936—1945年资委会的投资总额当在1.8亿元（战前法币）左右，这里不包括历年的追加预算及其他预算外拨款。

表1　　　　　　　　资委会历年预算拨款数[3]　　　　　　单位：法币千元

时　　期	预算拨款数额(1)	趸售物价指数(2)	折合战前法币
1936年7月—1937年6月	5493	100	5493
1937年7月—1938年6月	18682	103	18137
1938年7—12月	9998	131	7633
1939年	23615	220	10735
1940年	74058	513	14437
1941年	232300	1296	17925
1942年	454060	3900	11643
1943年	508300	12541	4054

---

[1]　钱昌照在《重工业建设之现在及将来》一文（载《资委会公报》三卷三期）中指出，资委会"账面投资近6亿元，实际资产当然远过此数"。

[2]　资委会1946年财务报告，见资委会档案（28）（2）349，这部分外汇仅指用于在英美购置器材的外汇，1946年方列为追加预算，在此以前，已列为预算或追加预算的其他外汇难以考查其数额。

[3]　为保持著者行文原貌，文中涉及的表格样式、数据除有考证外均不作修改。下同。

续表

时　　期	预算拨款数额(1)	趸售物价指数(2)	折合战前法币
1944 年	1344339	43197	3113
1945 年	9251073	163160	5670
小计	11921920	—	98840
1946 年	90971150	378539	24033
1947 年	1161106169	2830107	41027
累计	1263999239	—	163900

资料来源：（1）资委会编：《复员以来资源委员会工作述要》，该栏不包括追加预算及其他预算外拨款。

（2）国民党政府编：《中华民国统计年鉴》（1948），指数以 1937 年 1—6 月为基期。

到抗战胜利前夕，资委会所属企业已经达到 131 个，抗战胜利后裁并了部分企业，同时又由军政部、经济部等机构接受了一些企业，至 1945 年年底，资委会共有附属企业 125 个，其中独资经营者 70 个，投资并主办者 38 个，投资不主办者 17 个；以上企业中生产性企业 110 个，矿产管理、贸易及其他非生产性机构 15 个[①]。抗日战争时期，资委会所属企业的职工也大幅度增加，表 2 所列的仅仅是工、矿、电各业生产性企业的职工人数，实际上在 1943 年的高峰时期，资委会的职员达到 12800 余人，工人约 7 万人，上述均不包括资委会所控制的钨、锑、锡、汞各业的工人，在生产鼎盛时期这些行业仅矿工就在 10 万人左右。资委会几个主要工矿部门的活动情况分述如下：

（1）**冶炼业**　抗战开始后，资委会筹建中央钢铁厂的计划流产，遂与兵工署合组钢铁厂迁建委员会，将汉阳、大冶、六河沟诸钢厂及原上海炼钢厂的设备拆运至重庆大渡口，建立了后方最大的钢铁厂。该厂由其附属的綦江铁矿和南桐煤矿供应原料，1940 年 5 月开炉炼铁，以后各主要设备陆续投产，1942 年方进入全部生产

---

①　详见《资源委员会沿革》（油印本）附表，原载《资源委员会公报》10 卷 34 期。

时期。抗战期间资委会在后方还筹建了几个钢铁企业,同时收买了协和、人和、大华等民营企业,几经组建,该会的6个主要钢铁企业在后方生产较具规模、设备较为先进的12家钢铁企业中占了半数（所余6家企业中的4家属于其他机构举办的公营事业）,其装备和生产能力也最强,炼铁能力占这十二家企业总能力的89%,炼钢能力占这些企业总能力的64%[1]。表3说明,资委会钢铁产量的增加很迅速,在后方钢铁生产中所占比重大幅度提高,1940年资委会生铁产量只占后方总产量的5%,以后逐年上升,1945年资委会生铁产量已占47%；钢产量1941年资委会的比重只有5.8%,而1944年、1945年资委会钢产量所占比重都达到57%,1943年曾高达68%。由于国民党政府的一系列反动经济政策和消极抗战政策的恶性影响,后方工业1943年起普遍陷于衰落,对钢铁的需求大减,年产区区几万吨铁、数千吨钢竟然找不到销路,加上原材料、动力供应不足和运输困难,后方钢铁业的生产更是不景气。资委会钢铁生产不景气的程度虽不及民营企业之甚,但生产能力的有效利用率也是很低的,1943年资委会各钢铁企业的炼铁能力为56000余吨,炼钢能力为42400吨,[2] 而该年资委会产铁20853吨,仅及生产能力的37%,产钢4646吨,仅及生产能力的11%,可见后方钢铁业生产之一斑。

表2　　　　　　　资委会生产性企业历年职工人数　　　　单位:人

时间	职员数	工人数	合计
1939年	1345	9327	10672
1940年	3273	24557	27830
1941年	5683	46603	52286
1942年	8719	56977	65696

[1] 王子佑:《抗战八年来之我国钢铁工业》,《资源委员会季刊》六卷一、二期。
[2] 资委会档案（28）（2）998,《钢铁事业概况（1943）》。

续表

时间		职员数	工人数	合计
1943 年		9168	60538	69706
1944 年		8313	50346	58659
1945 年		8258	55475	63196
1946 年	接收前	12257	60939	73196
	接收后	28310	189279	217589
1947 年 8 月		32791	228247	261038
1947 年 12 月		32917	190858	223775
1948 年 10 月		23833	162825	186658

注：工矿电以外之管理与其他事业职工未计。

资料来源：1939—1945 年及 1946 年接收后数据见资委会档案（28）1127 号卷，其他数据见《资委会公报》第 11、13、14、15 卷统计栏。

表3　　　　　　　　资委会历年钢铁产量　　　　　单位：公吨

年份	铁矿砂	生铁	钢料钢铁制品	钢铁合计
1937	6313	—	—	—
1938	14942	—	—	—
1939	55446	—	—	—
1940	57668	2494	—	2494
1941	38243	4437	116	4553
1942	60275	13468	1506	14974
1943	80670	20853	4646	25499
1944	35253	12523	7603	20126
1945	42594	22556	10206	32762
1946	151141（1）	1326	7536	8439
1947	18894（1）	5732	18507	32638

注：（1）为铁砂产量。

资料来源：1946—1947 年数据摘自《复员以来资源委员会工作述要》，第 33—34 页。其余数据摘自资源委员会编《资源委员会沿革》，油印本。

资委会在铜铅锌的生产方面，基本上都是接收旧有企业，生产方法和生产技术虽有所改进，但并没有显著变化，抗战期间仅仅是勉强维持生产，产量也很不稳定，年产一般只有数十至数百吨。资委会在钨、锑、锡、汞等"特种矿产"方面侧重于消极管理，生产方面没有什么实质性的成绩，除生产少量汞、钼、铋以及与地方政府合办的云南锡业公司、江华矿务局等企业生产部分纯锡外，其他矿产几乎没有，资委会主要从事商业性的购销活动。在上述各类矿品的提纯复炼方面资委会做了大量的技术性工作，对于提高矿品质量是有一定成绩的。

（2）**动力事业** 资委会先后设立煤矿26个（其中包括企业附属煤矿），但这些煤矿绝大多数（22个）是与私人资本和其他政府机构合营的。抗战期间，整个后方煤业生产起落不大，年产量大体在500万—600万吨，资委会在煤业生产方面成绩平平，1938年该会煤产量即达到50余万吨，以后除1939—1940年因湘、鄂、赣一些煤矿停业产量骤减外，1941—1945年产量在50万—70万吨，增长幅度不是很大，占后方煤炭总产量的比重约在11%—13%，比起1938年无显著变化（参见表4）。资委会所属各矿所产煤炭在后方煤业生产中所占比重不大，但该会所产煤炭85%用于工业能源和铁路运输，对后方经济的发展具有重要的影响。

表4　　　　　　　　资委会历年煤焦产量　　　　　　单位：公吨

年份	煤	焦	年份	煤	焦
1937	19808	81	1943	757964	53833
1938	504459	4019	1944	753066	51595
1939	192316	4477	1945	625000	44000
1940	306015	18260	1946	4486000	—
1941	517482	39697	1947	5622000	
1942	746301	69971			

资料来源：1946—1947年数据摘自《复员以来资源委员会工作述要》，第33页。其余数据摘自资委会编《资源委员会沿革》，油印本。

资委会 1938 年接办电力事业。后方战前电力工业基础薄弱，远不能满足战时对电力的需要，而电厂建设耗资甚巨，战时获取设备和原材料又很困难，私人资本投资新厂者甚少，因此资委会或自办，或与地方政府合办，先后新建电厂 19 家（不包括几个较小的水力发电厂），新增加的发电容量为 27891 千瓦，在一定程度上满足了战时后方经济发展的需要。1938 年资委会所属电厂的装机发电容量和发电量分别占后方发电总容量和发电总量的 6.3% 和 5.2%，1945 年该会在后方电厂发电容量和发电总量中所占比重分别提高到 32% 和 36%，在后方电力供应中具有重要的地位。根据表 5 计算，1938—1945 年，资委会所属电厂发电量的平均年增长率达到 51.4%，而同期整个后方电力平均年增长率为 18.5%，民营企业电力平均年增长率仅 8.8%[1]，电力事业是资委会发展最快的部门之一。

表 5　　　　　　　　资委会所属电厂历年发电量

年份	发电量（千度）	年份	发电量（千度）
1937	1533	1943	34776
1938	3840	1944	51683
1939	7045	1945	70136
1940	10992	1946	974201
1941	17301	1947	2004666
1942	24402		

资料来源：1946—1947 年数据摘自《复员以来资源委员会工作述要》，第 33 页。其余数据摘自资委会编《资源委员会沿革》，油印本。

战前中国不能生产石油，抗战开始以后，石油和石油制品的供应日趋困难，资委会乃大力投资于石油工业。战时资委会石油勘探和采炼分在四川、新疆、甘肃三省区。四川油矿勘探工作抗战前即

---

[1] 据国民党政府编《中华民国统计年鉴》（1948）资料计算。

已着手筹备，1938年开工钻井，以后续钻数井，始终未见油层，只是生产了一部分天然气（产量见表6）①。新疆独山子炼油厂系与苏联合作建设，该厂1940年完工，可日炼原油55000加仑，但所属各油井日产原油1000余加仑，只能又制小型炼炉一座维持生产②。1943年苏方停止合作，将各项采炼设备撤回国内，该厂再未能复工。资委会的石油企业中较有成就的是甘肃玉门油矿。1938年12月资委会组织甘肃油矿筹备组，由严爽、孙健初等率专家和技术人员于隆冬之际前往玉门矿区勘探。当时资委会缺乏勘探设备，在中国共产党的支持下，陕北油矿的两部钻机调往玉门③，使勘探得以顺利进行。经过勘探，1940年资委会决定对玉门油矿进行大规模开发，翌年3月正式成立了以孙越崎为总经理的甘肃油矿局，并开始在美国大量采购器材设备。太平洋战争爆发，资委会所购器材大部分陷入敌手。当日军入侵缅甸时，资委会曾经外交途径向英国方面接洽，愿以现款购置行将陷落的仰光炼油厂的设备，但遭英方拒绝，而后该厂全部毁于日军炮火。资委会复请求苏联就近供应一部分急要材料，亦未成功。在外援无门的情况下，玉门油矿自力更生，又调运四川油矿钻机和部分采煤钻机参加油田开发，续钻新井；同时多方搜寻材料，自制炼油设备，因陋就简，提炼原油。④ 玉门油矿地处戈壁荒漠，生活和生产条件都极为艰难，广大员工本着爱国抗战的精神艰苦创业，他们克服种种困难，不断改善设备，提高技术，逐年扩大生产，使石油和石油制品的产量迅速增长，抗战期间该矿共生产原油29万余吨（8000万加仑），提炼各种油料2000余万加仑，一定程度满足了后方部分地区经济发展和战争的需要。对于玉门油矿员工的爱国热忱以及他们开拓和发展石油工业的重大贡献，历史是应该给以公正评价的，有罪于抗战和有

---

① 郭可诠：《抗战八年来之油矿经营纪实》，《资源委员会季刊》六卷一、二期。
② 同上。
③ 原玉门油矿负责人邹明谈话记录。
④ 郭可诠：《抗战八年来之油矿经营纪实》。

罪于人民的只是国民党政府。

表6　　　　　　资委会液（气）体燃料历年产量

年份	汽油（千加仑）	煤油（千加仑）	柴油（千加仑）	石蜡（公斤）	原油（公吨）	天然气（千立方公尺）
1939	4	4	7	505	559	—
1940	73	32	62	5044	1662	—
1941	209	113	141	5180	12984	27
1942	1896	597	53	5400	60888	333
1943	3219	559	50	3627	67035	267
1944	4048	2158	155	13395	75723	273
1945	4305	1654	300	13540	7236	237
1946	5058	2304	1249（1）	不明	不明	不明
1947	8773	4031	3170（1）	不明	不明	54603

资料来源：1946—1947年数据摘自《复员以来资源委员会工作述要》，第33页。石蜡和原油产量摘自《十年来之中国经济》上册之《十年来之石油事业》。

抗战期间，后方为缓解液体燃料供应的困难，大力开发各种液体燃料的代用品，酒精工业和植物油（桐油等）裂炼工业勃兴一时。资委会率先利用西南蔗糖资源设厂生产动力酒精，先后设立酒精厂9家，最高年生产能力近400万加仑，1938—1945年，资委会各酒精厂共生产动力酒精1440万加仑，占后方酒精生产总量的28.6%，酒精工业是资委会化学工业的主要部分。资委会还创设了动力油料厂，利用桐油提炼汽油、煤油、柴油等，1939—1945年该厂共生产各种代用油料185万加仑，约占后方代用油生产总量的15%。抗战期间后方共生产各种液体燃料8307万加仑，资委会一家就生产了3625万加仑[1]，约占生产总量的44%，1942年以后其比重已达55%左右。

---

[1]　以上均据《资源委员会沿革》附表。

抗战期间资委会着力发展动力事业，据统计，1936—1945年该会用于煤炭、电力、石油三个部门的投资占其投资总额的64.7%（煤炭6.44%，电力42.45%，石油15.8%），加上化学工业方面用于酒精和动力油料的投资（整个化学工业投资比重为6.4%），资委会对动力事业的投资在其投资总额中的比重当达70%[1]。资委会所经营的动力事业对后方经济发展的影响是极为重要的，抗战期间资委会在后方经济中的垄断地位很大程度上也正是通过它对动力事业的控制体现出来的。

（3）机电工业　资金会在机械工业部门设有中央机器厂、宜宾机器厂、江西机器厂、江西车船厂等五厂，其中中央机器厂设备最为先进，生产规模也最大，是资委会机械工业的主要工厂。该厂抗战前即已开始筹备，在技术方面与瑞士几家机器厂合作，由瑞士方面提供设备、器材和进行技术培训，该厂原建在湖南湘潭，1938年春迁往昆明，次年9月投产，该厂主要产品有透平锅炉设备、蒸汽机、发电机、柴油机、手摇发电机、起重设备、车辆器材、纺织、印刷等工具机以及车、钻、磨、刨、铣等较为精密的工作母机，其数量有限[2]，但技术和质量在后方是水平最高的，一些大型机械设备及部分精密程度较高的产品是后方其他厂家不能生产的，该厂可以兼为同行企业提高装备。资委会的机械工业对于后方经济的发展，特别是对于后方机电工业的发展具有重要的影响。

中央电工器材厂、中央无线电器材厂、中央电瓷厂是资委会电器工业的三个基本企业。中央电工器材厂1936年7月即由恽震（后任总经理）等负责筹备，该厂分设四厂：第一厂电线厂，制造各类电线，系与英国三家电缆公司进行技术合作；第二厂管泡厂，制造电子管与电灯泡，系与美国阿克屈勒斯电子公司进行技术合作；第三厂电话机厂，制造有线电话器材，系与德国西门子公司进

---

[1] 据资委会编《复员以来资源委员会工作述要》附表《资委会历年预算分业拨款数额表》。

[2] 参见《资源委员会沿革》附表。

行技术合作；第四厂电机厂，系接收原建设委员会电机制造厂扩充而成，主要产品有发电机、变压器、开关设备、电表、75马力以下之各类电动机、干电池以及蓄电池等。[①] 中央电工器材厂是后方最大的电器制造工厂，技术和设备基本上都是引进的，该厂注意人才培训和现代化管理，能较好地消化先进技术，就当时环境来说，是与外国技术合作项目中最为成功的。抗战期间该厂产品的数量和质量均居后方同业之首位，以产值估计，该厂产值占资委会电器工业产值的75％，占后方整个电器工业产值的60％以上。中央无线电器材厂和中央电瓷厂也都是后方同类企业中规模最大的，产品都居于绝对垄断地位。资委会电器工业产品基本供给军用和交通运输业，民用产品较少。中央电工器材厂及中央无线电器材厂等很多重要原材料不能自给，依赖进口，一方面由于战时进口及运输困难，另一方面由于铜、锌等金属业发展缓慢，原料供应不继，各厂生产能力不能充分发挥，产量增长幅度受到限制[②]。

　　抗战前我国机电工业基础薄弱，而且机电企业侧重修理，制造业更为落后，据《中国国民所得》一书估计，1933年我国机电工业总产值约为37329千元（内机械业21389千元，电器业15940千元），不过占近代工业总产值的1％—2％。抗战期间，内迁工厂中以机电工业企业为最多，以后该业的发展也最为迅速，到1942—1943年高峰时，其产值已接近抗战前最高水平，资委会对于后方机电工业的发展是有重要促进作用的。该业产品品种繁杂，规格众多，难以一一比较，我们依据经济部和资委会的有关档案资料，参照1933年主要产品的价格对国民党统治区机电工业的产值进行了估算，由表7可知，资委会在机电工业特别是电器业的支配地位是极为明显的。

---

① 据郭德文、孙克铭《抗战八年来之电器工业》，《资委会季刊》六卷一、二期。
② 详见《资源委员会沿革》附表。

表7　　　　　　　国民党统治区机电工业产值估计　　　单位：法币千元

年份	机械业 产值	其中资委会产值	电器业 产值	其中资委会产值
1938	4050	162	1620	543
1939	10128	684	4051	2714
1940	15493	2324	6197	4524
1941	25223	5296	10089	8071
1942	29075	8243	11630	9304
1943	29830	9695	11931	9545
1944	24230	8481	10419	8856
1945	19936	8224	8971	8074
1946	74305	14861	33437	10031
1947	161831	16183	72824	14563

注：包括非军工企业代军事部门加工的军工产品的产值。

资料来源：本表根据经济部、资委会的有关统计和有关档案资料，参照巫宝三《中国国民所得》一书的价格，进行综合整理并估算而成。

抗战期间，资委会利用后方工业发展的有利条件，凭借国家政权的力量，取得了迅速的发展，表8说明，资委会生产指数的增长较整个后方工业生产指数的变化要高得多，特别是资委会的生产活动集中在资源开发以及基本生产资料工业部门，这样，它就有力地控制了后方经济的命脉，成为国民党政府最主要的垄断机构。资委会的膨胀和发展，奠定了国民党国家资本在工矿业的垄断地位。

表8　　　　　抗战期间资委会和后方生产指数比较表

年份	后方总指数	后方生产环比指数	资委会生产指数	资委会生产环比指数
1939	100.0	100.0	100.0	100.0
1940	142.3	142.3	166.0	166.0
1941	186.0	130.7	221.0	133.1

续表

年份	后方总指数	后方生产环比指数	资委会生产指数	资委会生产环比指数
1942	231.4	124.4	326.6	147.8
1943	287.7	124.3	393.2	120.4
1944	269.3	93.6	405.1	103.0
1945	242.6	90.1	431.0	106.4

资料来源：后方生产总指数据经济部计算，载《十年来之中国经济》下册；资委会生产指数系资委会按加工净值加权综合计算，见《资委会公报》十三卷一期。

三　资委会的膨胀和崩溃

抗战胜利以后，资委会的活动主要有以下几个方面，其一为收缩和调整战时后方存留的企业，其二为接收日伪产业，其三为改组接收企业和恢复生产。战后因经济和政治中心东移，后方军需民用骤减，市场随之缩小，资金及人员迅速向东部转移。这时资委会也把眼光转向等待接收的日伪产业，决定对后方已有的企业进行调整和收缩。资委会对战时后方存留的93个企业进行了调整，其中继续经营的企业有47个，但这些企业中只有电力、煤、石油及电工等业十余个规模较大的厂矿维持原状，其他的则分别加以归并紧缩；移交地方政府接办或租让民营的企业共13个，这些企业规模较小，产品尚为地方政府所需；停工结束或基本停工的企业达33个，其中约半数为小酒精厂，余者多为煤、钢铁、非铁金属等业的小厂矿。[①]

国民党政府接收日伪工矿企业的工作由经济部主持。经济部划分了苏皖浙、闽粤、湘鄂赣、东北、台湾、冀热察绥、鲁豫晋7个接收区，并将接收企业分为三类：（1）日伪在华资产；（2）被日寇掠夺的中国资产；（3）日寇掠夺后增加资产。除第二类查明原

---

① 资委会编：《复员以来资源委员会工作述要》。

主发还外，其余均由经济部会同日伪产业处理局分拨政府有关机构接收经营，或公开标卖。因翁文灏兼任经济部长，派往各区任接收大员的多为资委会系统的中上层骨干，与此同时，资委会也从后方企业抽调大批管理人员和技术人员随同接收新的企业。截至1946年年底，除东北和华北一部分地区未接收外，资委会接管的日伪企业共292个，其资产总值为法币11478亿元左右（参见表9），折合3.826亿美元，相当于战前法币约13亿元；另外，从这些企业接收了技术人员和管理人员近3000人，其中中级以上技术人员约800人。① 上述资产总值是由日伪产业局估算的，由于接收过程中的腐败和混乱，同时也由于恶性通货膨胀情况下的币值混乱，这个估算是大大偏低的。如据美国政府估算，经济部接收的日伪企业资产总值为18亿美元，② 这些企业除发还和较小企业标卖外，纺织系统企业另组中国纺织建设公司，其余规模较大的企业多为资委会所接管（以台湾糖业公司为例，该企业资产即达1.2亿美元），资委会接收的实际资产应该说是远大于上述估算的。

表9　　　　　　资委会接办日伪企业数和资产估价

区别	接收单位数（个）	资委会改组单位（个）	资产估价（法币元）
宁、沪	31	7	8466896969
武汉	6	3	3146181938
山东	17	5	11853751305
海南	5	3	7110351040
天津	39	15	27362385565
台湾	48	11	191226281105（台币5463418085元）

① 据吴兆洪《我所知道的资源委员会》。
② 同上。

续表

区别	接收单位数（个）	资委会改组单位（个）	资产估价（法币元）
东北	126	20	898668953679（东北流通券 78145126406 元）
合计	292①	64	1147843801605②

注：本表除海南外，都是所在地日伪产业局估价，大多依 1946 年 9 月 30 日市价估算。
资料来源：资委会档案（28）（2）791。

由于战争损坏，以及苏军从东北拆运大批机器设备回国，资委会所接收的日伪企业都受到程度不同的损毁，如台湾的企业破坏程度 30%—50% 不等，东北的很多厂矿更是残破不堪。在资金和人员不足的情况下，为尽快恢复生产，资委会对接收企业进行了改组和裁并，在各类事业组建了若干骨干公司及总厂，计有：（1）电力方面，设东北电力局总管东北电力生产，设冀北电力公司，统辖京、津、唐地区的电厂及输电网；设台湾电力公司总管台湾电业，其他较重要的电厂还有青岛电厂、广州电力有限公司、鄂南电气股份有限公司等；（2）煤业设有抚顺煤矿局、阜新煤矿有限公司、本溪煤铁公司、北票煤矿有限公司、营城煤矿筹备处、井陉煤矿公司、大同煤矿筹备处、淄博煤矿筹备处等；（3）石油方面，将东北、台湾、上海的石油企业与甘、川原有企业合组为中国石油公司，并另组建了中国油轮公司，有油轮 23 艘；（4）钢铁业，华北接收企业以石景山钢铁厂为中心合组华北钢铁公司，华中将武汉、大冶、萍乡等地的有关厂矿合组为华中钢铁公司筹备处，东北有鞍山钢铁公司、本溪煤铁公司等，华南有海南铁矿；（5）金属业主要有台湾金铜矿务局、台湾铝业公司、东北金属矿业有限公司（辖 8 个分厂）、华中矿务局（辖 5 个分矿）等；（6）机械业设有中央机器有限公司（辖上海、天津、沈阳 5 个分厂）、沈阳机车车辆制造公司

---

① 表中及正文表述中 292，疑有误。
② 原文数据疑有误。

及台湾机械造船公司等；（7）电工业设有中央电工器材厂（辖上海、汉口、天津、沈阳、抚顺等处7个分厂）、中央无线电器材有限公司（辖4个分厂）、中央有线电器材有限公司及中央绝缘器材公司等；（8）化工业，将天津3个酸碱厂合为天津化学工业有限公司，在沈阳组建沈阳化工厂（辖2个分厂）、沈阳橡胶厂（辖4个分厂），台湾设有台湾制碱有限公司、台湾肥料有限公司；（9）水泥业，将北京、锦西两处水泥厂合组为华北水泥有限公司，还设有辽宁水泥有限公司（辖2个分厂）、台湾水泥有限公司（辖3个分厂）；（10）造纸业分别组建有天津纸浆造纸有限公司、辽宁纸浆造纸有限公司、台湾纸浆造纸有限公司，共辖11个分厂；（11）糖业生产的唯一企业是台湾糖业公司。①

资委会将所属企业分为以上11个门类，至1947年年底，接收企业和原有企业经改组合为96个单位，所属厂矿为291个，员工总数223775人，其中职员32917人（技术人员13343人，管理人员19574人），工人190858人（技术工人94089人，普通工96769人），1947年8月高峰时员工总数曾达261038人（职员32791人，工人228247人）。资委会组织了庞大的企业集团，但生产恢复非常缓慢。与战时相比较，以上各业中，只有煤炭、电力的产量增长最为迅速（参见表4、表5），石油产品也有较大幅度的增长（参见表6）；钢铁业生产恢复迟缓，1946年产量远低于战时，1947年的产量也只大体与1945年相当（参见表3），钢铁总产量只及实际生产能力的12%，其他金属的生产则基本上陷于停顿，产量近乎零；机电工业接收了大批新企业，但生产能力只有少部分得到发挥，机械业的产量和产值较战时有一定增长，电工业产值虽然有所增加，但主要产品的产量多数呈大幅度下降；② 化工、水泥、纸、糖基本上是新辟事业（战时资委会只生产少量酸碱和水泥），难以比较，

---

① 据《资源委员会沿革》。
② 以上参见表7及《资源委员会沿革》《复员以来资源委员会工作述要》附表。

但这些部门开工率都不高,远远达不到生产能力。

究其原因,主要有两个方面。第一,国民党政府坚持反共反人民的政策,全力以赴打内战,它着眼于财政搜刮和增强军事实力,不可能拨出相当的资金用于工矿建设和恢复生产。资委会 1946 年和 1947 年所得的预算拨款只分别相当于战前法币 2403 万元和 4143 万元,由于资金太少,很多企业无法修复和补充设备,亦无足够资金周转,因而普遍开工不足,或者继续停工。[①] 第二,抗战胜利以后,美帝国主义以大量剩余物资和其他商品的输出独占了中国市场,美国的经济侵略活动严重限制了资委会生产的恢复和发展。内战爆发后,国民党政府的腐败和无能暴露无遗,战争的进展使得美国垄断资产阶级也不得不怀疑蒋介石政权是否能够维持下去,他们不愿意冒风险输出资本,抗战胜利前夕与国民党政府商定的三年内借款 20 亿美元用于中国工业交通建设(其中 11 亿美元用于重工业建设,9 亿美元用于交通建设)的协定,在拨付 6000 万美元之后即由美方单方面中止了。资委会依据上述协定拟就了庞大的重工业建设计划,与美国 18 家各类大企业签订了技术合作合同,并专门在美设立办事处办理有关事宜,但实际上资委会只是从中美第四次金属借款中得到 460 万美元的份额,[②] 支付了初步的技术合作费用,以后就无以为继了,所谓的计划和合同都成了纸上空谈。另外,美国竭力扶持日本军国主义,原先许诺的日本赔偿和拆运日本国内机器设备补偿中国的计划基本上没有兑现,资委会以日本机器装备所接收企业的指望也落空了。[③] 美国大规模的商品输出(包括美军走私)使得美货充斥中国市场,资委会的机电及钢铁、金属等业受此影响,生产最不景气,特别是电工业的不少设备颇好的企业无法进行正常生产,甚至成为美国企业的装配厂或代销商(因

---

① 参见陈真编《中国近代工业史资料》第三辑,第 1448—1464 页。
② 吴兆洪 1947 年 8 月财务报告,载《资委会公报》十三卷二期。
③ 钱昌照:《国民党政府资源委员会的始末》。

此产量下降而产值反有增长)。①

当然，由于资产的急剧膨胀和生产规模、生产范围的扩大，资委会1946年、1947年的产值较战前还是有了大幅度的增长，其生产指数以1939年为100，1946年、1947年则分别为2690、5480，②其主要产品电力、煤炭、石油、钢铁、酸碱、化肥、水泥、纸及糖等在近代工业都居于明显的垄断地位。③从1947年后期开始，随着人民解放战争的推进，国民党统治区日趋缩小，资委会的生产经过短暂的膨胀之后也随之进入了衰落和崩溃时期。日益恶化的经济状况和政治、军事状况互为因果，形成恶性循环，加速了国民党政权的崩溃，到1948年后期，除了电业还勉强挣扎维持外，资委会已经没有多少值得一提的生产事业了。

四 资委会的矿产管制和商业垄断活动

资委会的矿产管制和经营始于战前，是和国民党政府买办性的易货偿债政策相联系的。希特勒上台以后，法西斯德国扩军备战，急需钨、锑等战略物资。这些矿产主要来自中国政府1935年德国政府派遣特使克兰（Klein）来华求见蒋介石，商谈以易货方式向国民党政府出售军火、兵工厂和重工业设备的合约。蒋介石急于取得德国的军火供应和经济支持，以增强进行内战的军事实力，立即授意签订了《中德经济合作条约》，并指令资委会负责实行。资委会经与德方洽谈，签订了一亿马克的信用借款合同，由国民党政府以钨、锑、桐油、猪鬃等农矿产品支付购买德国军火、设备的借款本息。德方特设以克兰为首的合步楼公司（Hapro）常驻中国办理易货事宜，国民党政府为相应配合，指定中央信托局办理农产品的

---

① 参见资委会档案（28）5984，电工部门近况；《资源委员会公报》十四卷一期，生产要闻栏。
② 据《资委会公报》十三卷一期，1947年据1—4月统计计算。
③ 参见《资委会公报》十四卷二期，"资委会1947年生产概况"。

收购和运交,资委会办理矿产品的收购和运交,同时宣布对桐油、猪鬃、钨、锑等农矿产品实行贸易管制。①

德国大规模攫取中国矿产品活动引起其他大国的反应。苏联为摆脱从德国间接获得中国钨砂的被动状况,也为支援中国抗战,和国民党政府于1938年3月、1938年7月、1939年6月分别签订了三个贷款易货协定,苏方贷给中方总值2.5亿美元的款项,供中方购买苏联工业品,中方以钨、锑、锡、汞、桐油、丝、茶等农矿产品各半偿付本息。② 为对苏偿债,1939年经济部宣布锡、汞也纳入资委会管制范围。英国利用国民党政府抗战后的困境以及它在国际矿产贸易中的传统地位,1938年11月取得了中国钨砂的代理外销权。③ 1939年英国和国民党政府签订的信用借款合同也援引前例,中方以农矿产品各半偿付本息。④ 美国是世界钨、锑、锡的最大消费国,反应更为强烈。1939年5月3日美国驻华代办就英国公司获得中国钨砂代销权一事,向中国递交了一份照会,声称:"中国钨砂乃美国特别关心之物产,本代办不得不感关切,深恐中国钨砂出口与销售之权利既为一外国公司所独占,则于美国公司之欲购得此项材料者自有妨害……请贵国政府慎加考量,避免采取因此足以妨碍美国利益之任何办法。"⑤ 1939年5月美国会通过储备重要军需品原料法案后,美国开始大量购买战略矿产。1940年3月中美签订"华锡借款合约",中方供美华锡4万吨,美借款2000万美元给中国;1940年10月中美签订"钨砂借款合约",美借款2500万美元给中国,中方运交价值3000万美元之钨砂;1941年1月中美签订"金属借款合约",美借款5000万美元,中方运交价值6000万美元钨、锑、锡。三项合约都规定,借款只能用于购买美国产

---

① 吴兆洪:《我所道的资源委员会》。
② 《中外旧约章汇编》3。
③ 资委会档案(28)4142,《资委会委托福公司代售钨砂案》。
④ 资委会档案(28)(2)392,《易货基金案》。
⑤ 资委会档案(28)4142,《资委会委托福公司代售钨砂案》。

品，中方矿品依纽约市场价格结算。① 以上协定和合约签订后，资委会数年内基本上没有自销矿产，只是专门办理对美、苏、英等国的易货偿债事宜了。

资委会为经营矿产对外贸易，设立了国外贸易事务所。该所成立初期，由于易货活动还不占主要地位，也由于国营贸易机构的垄断性质以及国际市场需求的急迫，贸易条件曾经得到一定程度的改善，外商操纵矿品出口价格的局面有所改变。但这种变化只是很短的时期，1938年以后偿债矿品逐渐增多，资委会的外贸"自主权"也就越来越少了。第二次世界大战开始以后，国际矿产贸易的中心从伦敦转移到纽约，随着中国偿债矿品大批进入美国市场，美国便基本取得了对国际矿产贸易的控制。1941年美国政府宣布对钨、锑、锡、汞、桐油等13种军需原料之输入采取专营办法，置于政府统制之下，并规定了最高限价。② 战时中国矿品的生产和运输成本急剧增加，但资委会偿债矿品的价格却不能提高。据记载，1941—1945年中国交美偿债矿品的价格始终在美政府限价之内，③大大低于其他国家的市场价格，如1943年葡萄牙出口钨砂的价格是资委会钨砂价格的3.2倍。④ 美国政府为了维持矿品的统制价格，对于使用高价玻利维亚锡砂的厂家和国内钨砂生产者都采取了给予津贴的手段，而资委会提高矿品价格的要求却一再遭到美方拒绝。⑤ 第二次世界大战结束后，美国仍然坚持对矿产品市场实行统制，致使资委会矿产品的外销面对着两个不同的市场，一个是价格步涨的国际自由市场，另一个是美国政府统制的纽约市场。两个市场价格差异极大，如1946年资委会偿债纯锑的单价为每磅0.21美

---

① 《中外旧约章汇编》3。
② 《资源委员会对外贸易事务所1941年度业务报告》《资源委员会对外贸易事务所1942年度业务报告》《资源委员会对外贸易事务所1943年度业务报告》《资源委员会对外贸易事务所1944年度业务报告》，油印本。
③ 资委会档案（28）（2）1352，《对美偿债矿品成本计算》。
④ 《资委会国外贸易事务所1944年度业务报告》，油印本。
⑤ 同上。

元，偿债纯锡的单价为每磅 0.55 美元；而自销纯锑的平均单价为每磅 0.29 美元，自销纯锡的平均单价为每磅 0.80 美元，① 可见资委会矿品外销损失之大了。这里还需指出，第二次世界大战开始以后，对苏偿债农矿产品的价格就改为按纽约市场的价格结算（原约以伦敦市场的价格结算），苏联方面"安"享其成，从中取得的利益是相当大的。1936—1947 年，资委会共出口钨、锑、锡、汞等矿产品 169960 吨（战时为 140889 吨），价值约 19356 万美元（战时为 16620 万美元），其中易货偿债矿品总量为 123371 吨（战时为 107331 吨），占 72.6%，价值约 14744 万美元（战时为 12890 万美元）。资委会的经营损失当以亿元计。

中国的钨、锑、锡等矿业生产基本上处于资本主义工场手工业形态，有些甚至尚未脱却农村手工业和个体农民家庭副业的形骸。历来由于封建地主经济、商业资本、地方军阀和地方官僚资本以及帝国主义的压迫，这种生产始终只是一种简单再生产的结构，生产单位自身不能积累，生产方法和生产技术很难得到改进，生产力十分低下。但国民党政府无意于生产技术的改进和生产力的提高，它通过资委会所进行的矿产管制基本上没有触动原有的产销结构，只不过在这一结构中增加了一个居间垄断的国家统制机构而已。资委会的矿产管制实质上是商业垄断，它一开始就把对农矿产品的管制经营视为积累资本的重要手段，采取抑低农矿产品收购价格的政策，攫取了大量垄断利润。据钱昌照记载，1936 年 7 月至 1939 年 3 月资委会直接转作工业投资的钨锑贸易盈余达 840 万元，约占国民党政府同期拨付资委会的工业建设经费总额的 30%，② 而这只是资委会经营前期钨锑总盈余的一小部分，其余部分则通过捐税和分成的办法为国民党各级政权所瓜分，或由资委会用于矿产管制机构。据统计资料，仅钨业管理处在 1936 年至 1940 年 6 月的总盈余

---

① 资委会档案（28）（2）392，《资委会外贸所文件》。
② 钱昌照：《两年半创办重工业经过及感想》，《新经济》二卷一期。

就达到 5900 多万元，超过该处同期总支出一倍以上，① 利润率为 202%，可见资委会对生产者掠夺之甚。

由于通货膨胀以及价格和贸易管制的双重压迫，矿业生产陷入了绝境。厂商在无利可图甚至亏折本金的情况下当然只有停止或撤回对矿业的投资，转向土地或其他投机性事业，产业资金日渐枯竭，矿厂大批倒闭。自然条件较好、尚可勉强维持生产的矿厂则不断加剧对矿工的剥削程度，使得矿工不能维持劳动力的简单再生产，甚至不能维持自身衣食，因此矿工大量弃工逃亡，流回农村或流向其他行业，各矿都难以招徕矿工，劳动力问题和资金问题一样，成了矿业生产无法克服的困难。1943 年钨、锑、锡、汞各业即由衰落而进入崩溃阶段，1944 年各业均陷于停顿。资委会对外不能争得国家权益，对内不能促进生产发展，其矿产管制和经营活动是失败的。②

资委会是国民党国家资本最重要的垄断机构之一，它的产生和发展过程体现了国民党国家垄断资本进行残酷的原始积累的过程。国民党国家垄断资本的产生和发展并不表明中国社会经济的发展。它是大资产阶级在帝国主义和封建地主阶级支持下，企图以对社会经济的全面控制和垄断来挽救和维护半殖民地半封建经济结构的最后努力，它出现在新民主主义经济产生之后，完全是新民主主义经济的对立物。这个资本是中国产业不发达的产物，而它的膨胀则又窒息了产业的发展，它既是中国半殖民地半封建经济不得发展的结果，又是中国社会经济不得发展的原因。国民党国家垄断资本的膨胀和发展日益加剧了旧中国半殖民地半封建社会的各种矛盾，使得买办的、封建的生产关系和社会生产力之间的冲突不断扩大，这种生产方式的崩溃是不可避免的，资委会生产和经营活动的失败只不过是整个国民党国家资本垄断活动失败的一个缩影罢了。国民党国

---

① 曹立瀛、陈锡煆：《江西之钨业》（上），油印本。
② 本部分内容参见拙著《国民党政府的易货偿债政策和资源委员会的矿产管制》，《近代史研究》1983 年第 3 期。

家垄断资本不仅剥夺了劳动者，甚至在一定程度上也剥夺了中小资产阶级，从而集中了巨大的社会财富，这就为新民主主义革命向社会主义革命的过渡准备了必要的物质条件，这是半殖民地半封建的旧中国向社会主义新中国过渡的必由之路。历史证明，只有中国共产党领导的新民主主义革命和社会主义革命能够救中国，为社会生产力的发展开辟道路。这个真理不仅人民懂得，原资委会的广大管理人员和技术人员经过正反两方面的比较也逐渐认识到了。原资委会的广大管理人员和技术人员是爱国的，他们大多抱有实业救国的思想，抗战时期他们所表现出来的爱国热忱和创业精神是很值得称赞的。但他们把开发资源、举办工业、使国家富强起来的希望寄托在国民党政府身上，这只能是一种幻想。帝国主义的压迫、国民党政府的腐败以及资委会企业活动的失败从反面教育了他们，解放战争后期，他们中的大多数人认识到依靠帝国主义和国民党政府是不可能开发资源、建设国家工业的，他们从共产党人身上看到了新中国的希望。国民党政府崩溃前夕，资委会绝大多数管理人员（包括主要负责人）和技术人员站在人民方面，尽力避免国民党政府的破坏，将资委会的资产较为完整地交到人民手中，中华人民共和国成立后，他们在建设事业中贡献聪明才智，发挥了积极的重要的作用，人民不会忘记他们的功绩。

（原载《中国经济史研究》1986 年第 3 期）

抗战时期国民党国家资本在工矿业的垄断地位及其与民营资本比较

抗日战争以前，国民党国家资本的垄断活动首先集中在金融领域，在产业活动中，交通运输业有较快发展，工矿业基本上是继承了北洋政府的官办企业。随着在金融领域垄断地位的形成，国民党国家资本逐步向工业领域扩张，以实现金融资本和工业资本的结合，强化国民党统治的经济基础。1935年4月国民党政府将原属调查、统计和研究设计机构的国防设计委员会易名为"资源委员会"（简称资委会），赋予其资源开发和工矿建设之责，资委会由此进入企业活动时期，这是国民党国家资本大规模工业垄断的开端。但在抗战以前，资委会尚属初创阶段，并无多少实绩。据吴承明先生估算，至1936年年底国民党近代工业资本（包括各类公营资本）为3.2亿元法币（1936年币值），约占当时国内本国近代工业资本总额的15%[①]，这一比例与1933年相比没有明显增加。国民党国家资本在工矿业的垄断地位是抗战时期逐渐形成的，其情况兹述如下。

一 资委会的垄断活动

抗日战争爆发以后的政治经济形势为后方工业的发展提供了一定的有利条件，资委会的企业活动也随之进入了迅速发展时期。资

[①] 吴承明未刊稿《旧中国工业资本的初步估计》。

委会以其陆续内迁的企业为骨干，又先后从原实业部及建设委员会等机构接管了一批企业，在 1938 年形成了初步的生产能力。国民党政府 1938 年 8 月修订的《资源委员会组织条例》和 1938 年 10 月颁布的《非常时期农矿工商管理条例》都进一步强化了公营企业的垄断职能。其后，资委会进一步加快了投资和建设的速度，扩大与其他政府机构或地方政府的合作，同时加强对民营企业的渗透，它的经营规模和垄断活动不断膨胀，至 1942 年 6 月止资委会投资已达 6 亿元，年底更高达 8 亿余元，约占当时后方近代工业资本（不包括军需工业）的 40%，占后方公营工业资本的 55%。由于战时币值的混乱和资本计算方法的差异，特别是由于资委会大量设备和技术系以外汇进口，在低汇率政策下（法币估值过高）这部分资本的法币估值与实际价值相去甚远，资委会的资本额实际上要高得多[1]，因此就资本额比较资委会与整个后方工业的发展是不够的，尽管如此，其膨胀之速也是很显然的。据资委会档案所载，1936 年 6 月至 1945 年年底止，国民政府对资委会的预算内投资总额达到 1.9 亿余元，折合战前法币约为 0.99 亿元；这一时期资委会从历次外债中所得外汇共计 15081490 美元，610769 英镑，[2] 折合战前法币约值 6000 万元，加上 1941 年前钨、锑外贸盈余所转的投资，估计 1936—1945 年资委会的投资总额当在 1.8 亿元（战前法币）左右，这里不包括历年的追加预算及其他预算外拨款。

到抗战胜利前夕，资委会所属企业已经达到 131 个，抗战胜利后裁并了部分企业，同时又由军政部、经济部等机构接收了一些企业，至 1945 年年底，资委会共有附属企业 125 个，其中独资经营者 70 个，投资并主办者 38 个，投资不主办者 17 个；以上企业中

---

[1] 钱昌照在《重工业建设之现在及将来》一文（载《资委会公报》三卷三期）中指出，资委会"账面投资近 6 亿元，实际资产当然远过此数"。
[2] 资委会 1946 年财务报告，见资委会档案（28）（2）349，这部分外汇仅指用于在英美购置器材的外汇，1946 年方列为追加预算，在此以前，已列为预算或追加预算的其他外汇难以考查其数额。

生产性企业110个，矿产管理、贸易及其他非生产性机构15个（详见表1）。抗日战争时期，资委会所属企业的职工也大幅度增加，工、矿、电各业生产性企业的职工人数从1939年的10672人增加到1945年的63196人，实际上在1943年的高峰时期，资委会的职员达到12800余人，工人约7万人。上述均不包括资委会所控制的钨、锑、锡、汞各业的工人，在生产鼎盛时期这些行业仅矿工就在10万人左右。

抗战期间资委会的生产活动集中在冶金、动力、机电、化工等基本工业领域，在战争后期其年产量超过后方总产量50%取得垄断地位的产品有钢铁、各种有色金属、石油及石油制品、电器工业制品，年产量在30%左右具有重要支配地位的产品有电力、动力酒精、代用液体燃料、机械工业制品等。以1939年为基期，资委会1939—1945年的生产指数（按加工净值综合计算，不包括出口矿产品）分别为100、166、221、327、393、405、431，其增长较整个后方工业生产指数的变化高得多，特别是资委会的产业活动集中在资源开发以及基本生产资料工业部门，这样它就有力地控制了后方经济的命脉，成为国民党政府最主要的垄断机构。资委会的膨胀和发展，奠定了国民党国家资本在工矿业的垄断地位。[①]

二 地方政府资本的发展

从北洋军阀时期开始，中央集权统治削弱，地方割据现象趋于严重，各省特别是内地很多省份，地方政府和地方军阀势力在财政上相对独立，他们为了加强各自的经济和军事实力以谋求政治统治的巩固，纷纷投资于近代工业。内地各省（包括闽、粤、桂等沿海省份）产业素不发达，近代工业更是薄弱，抗战以前内地各省

[①] 本部分内容参见拙著《国民党政府资源委员会垄断活动述评》，载《中国经济史研究》1986年第3期。

表1　截至1945年12月底资委会支配的企业一览表①

单位：人

企业名称	地点	经营方式	主持人	参加经营者	成立年月	职员	工人	备注
(1) 冶炼工业								
资渝钢铁厂	四川巴县	○	郑葆成		1933年3月	238	226	原名资渝炼钢厂，1932年2月1日成立，1933年合并酸江、资和两钢厂后改今名
资蜀钢铁厂	四川巴县	○	高璟　许道生		1933年8月	86	171	
威远铁厂	四川威远	○	靳树梁　赵际昌		1930年1月	120	395	
电化冶炼厂	四川綦江	○	叶渚沛		1930年7月	160	267	由前纯铁炼厂及重庆炼铜厂合并改组而成
昆明电冶厂	云南昆明	○	阮鸿仪		1928年3月	47	108	原名昆明炼铜厂，1934年改今名
云南钢铁厂	云南安宁	△	严恩棫	云南省政府及兵工署	1932年7月	29	60	
江西炼铁厂	江西吉安	△	汤尚松	江西省政府	1930年3月			已停顿
钢铁迁建委员会	四川巴县	×	杨继曾	兵工署	1927年3月	651	5865	辖7个制造所及南桐煤矿、綦江铁矿
(2) 机械工业								
中央机器厂	云南昆明	○	恽震　季和		1928年9月	362	407	

① 为保持著者行文原貌，文中涉及的表格样式、数据除有考证均不作修改。下同。

续表

企业名称	地点	经营方式	主持人	参加经营者	成立年月	职员	工人	备注
宜宾机器厂	四川宜宾	○	王守泰		1930年7月	105	294	原名中央机器厂四川分厂，已停顿
甘肃机器厂	甘肃兰州	△	夏安世	甘肃省政府	1930年9月	44	170	已停顿
江西机器厂	江西泰和	△	徐有谘	江西省政府	1930年7月			已停顿
江西车船厂	江西泰和	△	陈薰	江西省政府	1929年11月			已停顿
四川机械公司	四川成都	×			1931年			
粤北工矿公司	广东坪石	△	王野白	广东省政府	1930年			已停顿
(3) 电器工业								
中央电工器材厂	云南昆明	○	恽震	湖南省政府、中央广播事业管理处	1928年7月	664	2072	辖5个分厂
中央无线电器材厂	云南昆明	△	周维斡		1927年4月	850	729	辖重庆昆明2个分厂，昆明分厂已停顿
中央电瓷制造厂	四川宜宾	△	任国常	交通部	1926年12月	84	131	辖衡阳分厂，后迁贵阳，1934年11月停顿
江西电工	江西泰和	△	袁行健	江西省政府	1931年7月			正结束中
华亭电瓷	甘肃华亭	○	温步颐		1930年8月			1934年12月结束
(4) 化学工业								
动力油料厂	四川重庆	△	徐名材 曹玉祥	兵工署	1928年8月	209	1006	

续表

企业名称	地点	经营方式	主持人	参加经营者	成立年月	职员	工人	备注
犍为焦油厂	四川犍为	○	陈梓庆		1929年5月			
北泉酒精厂	四川北碚	△	齐燮	液体燃料管理委员会	1930年5月	45	158	
四川酒精厂	四川内江	△	沈熊庆	四川省政府	1927年6月	52	204	
资中酒精厂	四川资中	○	张季熙		1928年6月	58	154	
泸县酒精厂	四川泸县	○	陆宝愈		1929年3月	77	189	
云南酒精厂	云南开远	△	黄人杰	云南省政府	1929年4月	27	27	
蚕城酒类厂	陕西蚕城	○	李永捷		1931年5月	17	84	
咸阳酒精厂	陕西咸阳	○	蔡宪元		1930年4月	15	72	
益门动力酒精厂	西康会理	×	常隆庆	西昌行辕及乐西公路工程处				辖泸沽支厂
重庆耐火材料厂	四川重庆	○	郁国城		1930年10月	36	44	
昆明化工材料厂	云南昆明	○	张克忠		1929年7月	42	28	原名化工材料厂
甘肃化工材料厂	甘肃兰州	△	沈觐泰	甘肃省政府	1932年11月	26	33	甘肃酒精厂改组
甘肃水泥公司	甘肃永登	△	张光宇	甘肃省政府及中国银行	1930年5月	22	8	
江西硫酸厂	江西	△	洪中	江西省政府	1930年8月			已停顿

续表

企业名称	地点	经营方式	主持人	参加经营者	成立年月	职员	工人	备注
贵州水泥公司	贵州贵阳	×		贵州企业公司				
江西水泥公司	江西泰和	×		江西省政府				
华新水泥公司	云南昆明	×		云南省政府及商股				
裕滇磷肥厂	云南昆明	△		云南经济委员会、中国银行	1931年7月			
（5）煤矿业								
建川煤矿公司	四川巴县	×	潘铭新	建设银公司	1930年11月	118	1413	
威远煤矿公司	四川威远	×	孙越崎	盐务总局及中福公司	1929年7月	128	2420	
嘉阳煤矿公司	四川犍为	×	孙越崎	中福公司及商股	1928年1月	189	2820	
四川矿业公司	四川成都	△	史维新	四川省政府及商股	1930年5月	71	633	
黔南煤矿筹备处	贵州都匀	○	王翼臣		1933年7月			
贵州煤矿公司	贵州贵阳	△	江山寿	贵州企业公司及商股	1930年5月	71	633	
明良煤矿局	云南宜良	△	王德兹	商股	1928年9月	158	678	
宣明煤矿公司	云南宣威	△	谭锡畴	云南省政府	1929年1月	16	38	
辰谿煤矿公司	湖南辰溪	△	孙守玉	商股	1929年10月	21	58	

续表

企业名称	地点	经营方式	主持人	参加经营者	成立年月	职员	工人	备注
湘江矿业公司	湖南永兴	×	朱谦		1932年10月			
天河煤矿筹备处	江西吉安	△	王镇	江西省政府	1926年2月			
甘肃煤矿局	甘肃兰州	△	刘兴亚	甘肃省政府	1932年12月	49	212	由永登煤矿局改组
甘肃煤矿公司	甘肃兰州	×	陶锡珍	甘肃省政府及四行	1931年1月			
(6) 石油矿业								
甘肃油矿局	甘肃玉门	○	孙越崎		1930年3月	631	5097	
四川油矿探勘处	四川巴县	○	王敬		1925年9月	90	338	
(7) 钢铝锌铁矿业								
川康铜铝锌矿务局	四川成都	○	谢树英		1933年7月			
康黔钢铁事业筹备处	贵州威宁	○	程文勋		1932年6月			
滇中矿务局	云南易门	○	董纶	云南省政府	1928年2月			原名易门铁矿局
滇北矿务局	云南会泽	○	孙延中	云南省政府	1928年3月			
(8) 钨锑锡矿业及管理处								
钨业管理处	江西大庾	○	张莘夫		1925年3月			辖湖南及广西两分处
锑业管理处	湖南零陵	○	刘基磐		1925年1月			
锑品制造厂	贵州贵阳	○	赵天从					
锡业管理处	广西桂林	○	徐韦曼		1928年2月			辖湖南分处

续表

企业名称	地点	经营方式	主持人	参加经营者	成立年月	职员	工人	备注
汞业管理处	湖南晃县	○	林济青		1930年5月			
云南出口矿产品运销处	云南昆明	○	徐厚孚		1928年11月			
云南锡业公司	云南昆明	△	缪嘉铭	云南省政府及中国银行	1929年9月			
平桂矿务局	广西八步	△	黄昶芳	广西省政府	1927年10月			
新疆钨矿工程处	新疆伊宁	○	韩春暄		1933年7月			已停顿
国外贸易事务所	四川重庆	○	郭子勋		1927年9月			辖纽约分所
（9）金矿业								
西康金矿局	西康康定	○	李丙口		1933年4月			
湘黔金矿局	湖南洪工	○	刘孝叔		1933年4月			
（10）矿产勘测事业								
矿产勘测处	四川重庆	○	谢家荣		1931年10月			
（11）电气工业								
万县电厂	四川万县	△	童舒培	四川省政府	1927年8月	62	189	
龙溪河水力发电厂	四川长寿	○	黄育贤		1926年7月	98	221	
泸县电厂	四川泸县	○	蔡增杰		1930年1月	57	176	

续表

企业名称	地点	经营方式	主持人	参加经营者	成立年月	职员	工人	备注
自流井电厂	四川自贡	△	吴运苑	四川盐务局	1929年11月	72	192	
犍江电厂	四川犍为	○	鲍国宝		1928年7月	108	384	
宜宾电厂	四川宜宾	○	叶家垣		1930年9月	96	352	
西昌电厂	西康西昌	△	李运燡		1930年5月	23	43	
昆湖电厂	云南昆明	○	桂延黄		1928年6月	133	372	
贵阳电厂	贵州贵阳	△	韩德华	贵州企业公司	1927年7月	67	190	
修文河水力发电厂工程处	贵州修文	○	陈亚光		1933年3月	5	51	
湘西电厂	湖南沅陵	△	杨以运	湖南省政府及商股	1928年1月	59	141	
湖南电气公司	湖南长沙	△	季炳奎	广西省政府	1930年7月			
柳州电厂	广西柳州	△	王监二		1931年11月			
汉中电厂	陕西南郑	○	顾文魁		1934年4月	23	126	
汉中水力发电厂工程处	陕西南郑	○	顾文魁		1928年11月	25	59	
天水电厂	甘肃天水	△	黄长谦	甘肃省政府	1931年9月	30	43	
天水水力发电厂工程处	甘肃天水	○	张昌龄		1932年11月	31	246	

续表

企业名称	地点	经营方式	主持人	参加经营者	成立年月	职员	工人	备注
兰州电厂	甘肃兰州	△	杨正清	甘肃省政府	1927年8月	65	220	
西京电厂	陕西西安	△	常荫集	陕西省银行 中国银行	1925年9月	80	265	
王曲电厂	陕西王曲	○			1932年2月			
西宁电厂	青海西宁	△	沙荫田	青海省政府	1929年11月	24	31	
西宁水力发电厂工程处	青海西宁	○	覃修典		1933年1月	15	18	
浙东电力厂	浙江金华	×	赵曾珏	浙江省政府	1928年7月	26	42	
都江电厂	四川灌县	△	童舒培					
巴县工业电力	四川巴县	×		商股				
富源水力发电公司	四川北碚	○	刘祖军					
安庆电厂	安徽安庆	×						
全国水力发电工程总处	四川长寿	○	黄育贤		1934年7月			

(12) 服务部分

| 运务处 | 贵州贵阳 | 莫衡 部禹襄 | | | 1930年 | | | |

续表

企业名称	地点	经营方式	主持人	参加经营者	成立年月	职员	工人	备注
电讯事务所	四川重庆		潘毅			1933年		
保险事务所			蔡致通			1933年		
昆明办事处	云南昆明		袁丕济			1926年		
上海办事处	上海		夏宪讲			1934年		
汉口办事处	汉口市		夏安世		1934年			
酒精业务委员会			赵熙雍					
钢铁业务委员会			李国鼎 恽霞		1934年			
驻美技术团			孙拯		1932年			
(13) 其他机关移交来或抗战结束后接管者								
武昌水电厂	湖北武昌	△	黄文冶	湖北省政府				
辰黔煤业办事处	湖南辰谿	○	孙守五		1927年8月	21	67	辰谿煤矿附属机构
中国联合制糖公司	四川内江	×	吴卓	中国银行				原系经济部投资，移交资委会
纳谿酒精厂	四川纳谿	○	高永祥		1931年1月	65	308	军政部移交资委会
广汉酒精厂	四川广汉	○	升峰		1931年9月			军政部移交资委会
遵义酒精厂	贵州遵义	○	汤元吉		1929年6月			军政部移交资委会
安顺酒精厂	贵州安顺	○	朱洪祖		1931年1月			军政部移交资委会

续表

企业名称	地点	经营方式	主持人	参加经营者	成立年月	职员	工人	备注
盘县酒精厂	贵州盘县	○	杜年全		1933年10月	5	5	军政部移交
上饶酒精厂	江西上饶	○	何之璋		1932年3月			军政部移交
南城酒精厂	江西南城	○	高铿		1931年11月			军政部移交
鹰潭酒精厂	江西鹰潭	○	王洪		1932年3月			军政部移交
乐山木材干馏厂	四川五通桥	○	严仁荫		1934年1月	27	19	工矿调整处移交
江西泰和	江西泰和	×		江西企业公司及四行				经济部移交
巴县炼油厂	四川巴县	○	罗宗实		1929年5月			公路总局移交
北碚焦油厂	四川北碚	○	赵宗焕		1929年12月			军政部移交
重庆酒精厂	四川重庆	○	罗钧		1932年6月	19	24	军政部移交
中国兴业公司	四川江北	×			1928年11月			原系经济部投资，1934年拨资源委员会管

注：○独资经营，△参加经营并主办，×参加经营并不主办。

资料来源：《资委会公报》十卷三、四期。

缓慢发展起来的近代工业基本上都是为地方政府和地方军阀势力所控制的，如广东、广西、山西、云南等省，近代企业多为政府所控制，地方政府资本在这些省份近代工业资本总额中所占比例都在80%左右。可以说，从北洋军阀时期到抗战前夕，内地各省资本主义发展过程中，国家资本主义以其较低一级的形式占据着统治地位。

抗战开始以后，经济活动中心内移，在后方各省，国家资本主义以中央政府和地方政府相结合的形式得到空前的发展。在这一发展过程中，中央政府资本是主干，膨胀最迅速，地方政府资本作为旁枝也进一步得到加强，它已经成为国民党国家垄断资本的一个重要组成部分。据表2的不完全统计，截至1942年，后方各省地方政府经营和参与投资的企业的资本总额达到116100万元，其中地方政府的股本为52300万元，所占比例达45%，地方政府的这一资本额约占当时后方整个公营工业资本总额的26.5%（我们把资委会和其他国营机构独资经营企业的资本估为8亿余元）。这52300万元的地方政府工业资本，我们假定其中20%（数额为10460万元）系战前投资，其余部分按各年投资量折算成战前法币约为10840百万元，两者合计，到1942年年底止，地方政府工业资本总额约合战前法币21300万元。

地方政府与资委会等国营机构合办的企业多为矿业、电业和其他基本工业企业，如资委会的矿业（特别是煤矿）和电业，多数企业系与地方政府合办，抗战期间资委会和地方政府合办的企业即达40余个（参见表1），上述合办企业一般都由国营机构经营和主办。地方政府自办的或国家银行和其他国营机构参与投资仍由地方政府经营主办的企业多为食品、纺织、制革、化工、建材、日用机电等民用工业、公用事业以及中小冶炼企业等，在这些部门，地方政府所经营的企业处于相当重要的地位，它和资委会等国营机构对基本工业的垄断相辅相成，扩大了国民党国家资本的垄断范围。以纺织业为例，该业资委会并无投资，其公营企业基本上是地方政府

表 2 抗战期间国民党统治区省营企业资本统计

单位：法币千元

	省营企业	成立时间	资本额	地方官股	中央官股	民股	资本核定时间	备注
广东	企业公司	1941年9月	40000	20000		20000	1941年9月	与资委会合办之工厂
	其他	1932年1月	11000	8500	2500		1942年	
山西	西北实业公司	1941年9月	10000	10000				
广西	企业公司		100000	69000		31000	1942年7月	创办时资本50000千元
云南	经济委员会企业局		275000	110000	165000		1942年6月	经委会企业投资350000千元，企业局投资220000千元，左列系二者工矿业投资，地方官股以40%估计
	滇西企业公司	1939年9月	20000	20000			1939年	创办时资本50000千元，其中30000系企业局投资，不重复计算
贵州	企业公司	1939年3月	20000	3500	16500		1942年5月	创办时资本6000千元
	川康兴业公司	1942年3月	70000	15000	50000	5000	1942年3月	
四川	中国兴业公司	1939年7月	60000	6000	48000	6000	1942年3月	创办时资本12000千元
	其他		200000	50000	150000		1942年	据经济部统计估算
福建	企业公司	1940年7月	15000	15000			1940年7月	1943年合并了制药公司和贸易公司，资本增为50000千元
安徽	企业公司	1941年10月	10000	6000	2000	2000	1941年10月	
浙江	公营企业33个		80000	50000	30000		1942年	据经济部统计估算

续表

省营企业		成立时间	资本额	地方官股	中央官股	民股	资本核定时间	备注
江西	兴业公司	1940年12月	30000	13000	17000		1940年12月	
	重工业理事会	1942年	20000	10000	10000		1942年	与资委会合办企业
湖南	企业公司	1943年11月	60000	30000	30000		1942年	该公司额定资本6亿元，成立时资产实际估值3.6亿元，折算1942年币值约60000千元
湖北	企业公司	1941年1月	50000	30000	20000		1941年1月	股额分配系估算
甘肃	开发公司	1941年5月	10000	3000	7000		1941年5月	与资委会军政部等合办企业
	其他		43000	23000	20000		1942年	
陕西	企业公司	1940年12月	20000	20000			1940年12月	创办资本30000千元，其中10000千元为商业资本
绥远	企业公司	1941年	5000	5000			1941年	
西康	企业公司	1942年	12000	6000	6000		1942年	
合计			1161000	523000	574000	64000		

注：地方官股包括地方政府和省银行的投资，中央官股包括资委会、经济部等国营机构和国家银行的投资。

资料来源：根据陈真编《中国近代工业史资料》（第三辑）所引有关资料及部分经济部、资委会档案综合整理。

经营或参与投资的,据经济部统计,1942年公营纺织业资本占后方纺织业资本总额的49%,纱锭拥有量占后方纱锭总数的40%以上[1],公营纺织企业机纱和厂布的产量分别占后方生产总量的65%和30%[2]。又如冶炼工业,1940年以前公营企业的生铁产量只不过占后方生铁总产量的6%左右,随着公营企业的迅速发展,1943年以后其产量所占比重已达到51%—65%。据统计,1942年地方政府资本经营有中小冶炼企业80余家[3],这些企业1942—1945年的生铁产量和资委会的生铁产量不相上下,它们的发展进步加剧了民营冶炼业的衰落。其他如面粉为主的食品工业,水泥等建材工业,酒精、火柴、酸碱、造纸等化学工业,以及一些传统的民营工业领域,地方政府资本都涉足其间,并有比较迅速的发展,在资本额的产品数量方面所占比重也不断提高。总之,地方政府资本与资委会等国营机构的密切结合,进一步强化了国民党国家资本在后方经济中的垄断地位,这是抗战期间国民党国家垄断资本发展的一个重要特点,也是后方资本主义发展的一个重要特点。

三 国民党政府其他机构的垄断活动

如果不计国民党政府庞大的军事工业系统,抗战期间国民党国家资本从事工业垄断活动的机构除上述资委会和各地方政府外,还有以下几个系统:

1. 财政金融系统。财政部经营有印刷、造币和外贸物品加工等企业,国家银行除大量投资工矿企业外,还直接经营了一部分企业,如中国银行投资经营的雍兴实业公司成立于1940年,创办资本2000万元,它辖有18个企业(其中12个该公司自办,6个系参与投资),涉及纺织、面粉、机械、皮革、制药、食品、印刷、煤

---

[1] 经济部统计处编:《后方工业概况统计》。
[2] 据经济部《后方重要工矿产品第二次统计》。
[3] 参见《资委会公报》二卷二期。

炭、火柴各部门，其活动中心在纺织业，该公司1942年拥有纱锭占后方纱锭总数32万枚①的三分之一，其棉纱产量1942年、1943年都占到后方机纱总产量的近40%，该公司所属企业除三个在重庆、合川两地外，其余15个均在陕、甘两省，在西北地区是仅次于资委会的工业垄断机构②；又如中国农民银行经营的运中炼油厂，年产各类油料36万加仑，在各方各大植物油炼油厂中首屈一指③。据表3所载，中央银行、中国银行、交通银行、中国农民银行、中央信托局、邮政储金汇业局六行局战时对生产事业的直接投资为8亿余元，折合战前币值约为3550万元，而大量的投资是以股票等证券形式参与的。有价证券中属工矿业投资的数额无确切统计，根据《中国近代工业史资料》第三辑关于四行投资的有关资料，我们将工矿投资额估为证券及投资总额的40%，这样，国家银行系统战时工矿业的投资总额约为15264万元（战前币值）。另外，国家银行通过大量工矿放款（参见表3）加强对工矿企业尤其是民营企业的渗透和控制，这当然是无须赘言的。

表3　　　　　六行局证券投资余额及工矿放款统计表　　　单位：万元

年份	证券及投资				工矿放款
	年底余额	折合战前币值（1）	其中直接生产投资	折合战前币值（1）	
1936	17205	17205			
1937	22152	22008			
1938	23879	23326			4932
1939	25852	24223			
1940	29348	24905			10304
1941	47865	26334			20935
1942	152440	29016	累计3000（2）		92159

---

① 经济部统计处编：《后方工业概况统计》。
② 以上据重庆《中央日报》1942年5月12日。
③ 据重庆《商务日报》1944年4月13日。

续表

年份	证券及投资			折合战前币值（1）	工矿放款
	年底余额	折合战前币值（1）	其中直接生产投资		
1943	674545	33180	8076	3405	655716
1944	511927	32804	64303	3535	2382157
1945	562748	32826	88019	3550	3743593

注：（1）据战时物价指数折合。

（2）因无 1937—1942 年记载，兹将各年累计估为 3000 万元。

资料来源：1936 年数据据沈雷春编《中国金融年鉴》统计资料，其余各年均据四联总处编《金融统计年报》（1946）统计表 1、表 12。

2. 农林部系统。农林、粮食等部直接经营了一批农林渔牧产品加工企业和包装品制造企业，如粮食部与中央信托局、中国农民银行合办的中国粮食工业公司，成立于 1941 年 9 月，资本 400 万元，1943 年春又增资为 1000 万元，该公司辖有面粉厂 2 个，碾米厂 11 个，干粮工厂和机器修造厂各 1 个，职工达 2100 余人，是后方最大的粮食加工企业[①]。

3. 教育部系统。教育系统经营有一些造纸、印刷企业及仪器制造企业等。

4. 交通部系统。交通、铁道等部门辖有规模较大的交通工具及器材修理制造企业、电厂、煤矿、酒精厂等 22 家（参见表 4），这些企业 1942 年职工总数达 5400 余人[②]，其投资额无确切统计，且历年币值混杂一处，据粗略估算，截至 1942 年年底，上述企业的资本当不下 1 亿元法币；公路运输系统还有规模较小的汽车修理厂、植物油炼油厂、钾硝制造厂等 40 余个企业[③]；此外还有交通

---

① 据四联总处《工商调查通讯》第 438 号，1944 年 6 月 17 日。
② 据交通部统计年报和四联总处《工商调查通讯》等整理。
③ 方航：《谈工业的国营与民营》，《群众周刊》第 9 卷第 10 期。

部门与其他政府机构合办的邮电纸厂、中央电瓷厂、甘肃水泥公司、广西肥料公司、西北林业公司（专产铁道枕木）等，兹不一一列举。

表4　抗战期间国民党政府交通部门所属主要厂矿一览表

企业	成立时间	资本额（千元）	职工（人）	生产	备注
中央汽车配件制造厂	1938年9月	20000（1941年1月）		生产各种汽车配件	
柳江机器厂	1939年1月	11000（1942年9月）	413	制造机床，修理汽车及各种机件	
全州机器厂			533	炼铁、铸造，机械加工	原为平汉铁路汉口机厂，1938年8月迁移至湘桂铁路，设址全县
桂林器材修配厂		10000（1942年）	486	制造铁路电信器材及汽车配件	
中央湿电池制造厂	1942年7月	2000（1942年）	53	生产蓄电池、湿电池、电瓶锌条等	与金陵大学合办
钢铁配件厂	1940年8月	1300（1940年）	195	制造电信器材及各种钢铁配件	
桂林机厂	1940年6月	10000（1940年）		制造机床、蒸汽机、锅炉、抽水机等	该厂隶属浙赣铁路理事会桂林业务处
桂林电厂	1941年1月		74	发电容量一千瓦	
泸县电信机料修造厂	1934年5月			生产各种电话电报机件	该厂1934年设于南京，1937年迁宜昌，1938年迁泸县
桂林电信机件修造厂	1943年			修造电话无线电机件、制造各种电池	

续表

企业	成立时间	资本额（千元）	职工（人）	生产	备注
浙赣铁路印刷厂	1940年2月	1500（1940年）	75		隶属浙赣铁路理事会工厂管理处
招商局机器厂	1914年		230	修理船舶	1936年迁武汉，1938年迁宜昌，1939年又迁至重庆
川江造船处	1937年			两处制造浅水轮船。抗战期间两处共制造载重200吨左右的浅水轮船20余艘，制造载重6—60吨级各类木船2671艘，计42914吨	两处1943年合并改组为交通部造船处，统一组织各所属工场生产活动
西江造船处	1938年				
陇海铁路英豪煤矿	1938年		1800	日产煤炭200余吨，1944年该矿扩展铁路专线，开凿新井，计划增加产量至每日一千吨	该矿原与民间新民公司合作，矿区130公顷，1941年将民间资本收买自办，矿区也呈请增加到3000公顷
交通部所属酒精厂（7个）	1941—1943年	约8000	340	年产动力酒精65万加仑	

资料来源：(1) 交通部1941年度统计年报，1946年度统计年报；

(2) 四联总处1942年调查材料及《工商调查通讯》第155、206、255、336、282、231、212、341、415、72号等；

(3) 国民党政府交通部编：《十五年来之交通概况》。

5. 经济部系统。经济部成立后接管了原实业部经营的一部分厂矿（其中规模最大的是中国植物油料厂），其后又设立了中央工业试验所，经营制革、耐火材料、化工、油脂四个示范实验工厂①，经济部采金局辖有十余处金矿②。经济部除自营一部分企业外，还和其他政府机构合营了大批企业，特别是通过该部的工矿调整处对民营企业进行投资、发放贷款或担保借款，进一步加强了对民营企业的渗透，把这些民营企业的产销活动纳入国民党垄断资本的控制范围。据表5的不完全统计，抗战期间经济部工矿企业投资总额达40643.5万元，折合战前法币约为1692.2万元，相当于资委会同期预算内投资的17%。上述投资额中对民营企业的投资达32016.8万元，折合成战前法币为696.5万元，占经济部工矿企业投资总额的41%；另外，经济部1938—1944年对民营企业贷款总额达27434.6万元，担保借款80942万元，加上1945年以战时生产局名义发放的40亿元贷款，抗战期间经济部对民营企业的贷款和担保借款总额累计达51亿元。抗战期间，经济部自办企业除中国植物油料厂外，一般规模都不太大，但它通过投资、贷款、担保借款以及种种统制手段控制民营企业、加强国民党国家资本垄断地位的作用是相当重要的。

表5　抗战期间国民党政府经济部工矿投资及贷款统计

单位：法币千元

年份	工矿投资总额	折合战前法币	对民营企业投资	折合战前法币	对民营企业贷款额	对民营企业担保借款额
成立前	2310	2310	—	—	27	—
1938	5865	4477	177	135	4408	4400
1939	7240	3290	3877	1760	6625	4960
1940	10440	2035	7428	1445	14317	10210
1941	19780	1528	10878	840	20162	25150
1942	84000	2155	73959	1900	25140	59850

① 四联总处：《工商调查通讯》第115、116、122、123号。
② 经济部编：《本部投资合办事业概况表》，参见陈真编《中国近代工业史资料》第三辑，生活·读书·新知三联书店1961年版。

续表

年份	工矿投资总额	折合战前法币	对民营企业投资	折合战前法币	对民营企业贷款额	对民营企业担保借款额
1943	83000	664	62938	505	49525	704850
1944	196000	463	160911	380	154142	—
1945	—	—	—	—	4000000	—
合计	406435	16922	320168	6965	4274346	809420

资料来源：据经济部编《十年来之中国经济》（下册）及经济部档案企字 L.72 号、资字 19 号和"经济部合办事业机关概况表""本部所属各营业机关表"综合整理。

四　国民党国家资本与民营资本比较

综上可见，国民党国家资本通过多种渠道进行垄断活动，从而确立了它在工矿业的垄断地位。1942 年国民党统治区工业发展已近高峰，经济部所编《后方经济概况统计》的资料表明（参见表 6-1、表 6-2、表 6-3，该统计不包括矿业），1942 年国民党政府的工业资本在后方近代工业资本总额中所占比例已高达 69.58%，这个统计所据资料很不完整，准确性也比较差，只是大体上反映了后方工业发展的概貌，体现了国民党国家资本在后方工业发展中的优势地位。国民党政府所属企业的平均资本（资本不明者不参与平均，工人数、动力数亦然）为 249.4 万元，其规模是民营企业平均资本 19.87 万元的 12.6 倍；政府企业每厂平均工人数 114 人，而民营企业每厂平均工人数仅 59 人；政府企业每厂平均动力设备数为 141 匹，而民营企业每厂平均动力设备仅 64 匹。从活动范围看，国民党国家垄断资本在水电、冶炼、机械、电器、化学等基本工业领域已经占有绝对优势，在纺织工业和建材工业等方面也与民营企业资本基本相当。从产量方面看，表 7-1、表 7-2、表 7-3 所载的 28 种主要工矿产品中，1938 年国民党国家垄断资本所属企业只有 5 种矿产品产量占优势地位，至 1942 年，政府企业已有 13 个品种的产量占有优势，还有 4 个品种产量超过 1/3，

表 6-1　1942 年国民党统治区工业概况统计

类别	厂数（家）合计	公营	民营	资本（千元）合计	公营	民营	工人数（人）合计	公营	民营	动力设备（匹）合计	公营	民营
总计	3758	656	3102	1939026	1349251	589775	241662	77217	164445	143915	60867	8048
水电工业	123	60	63	143414	127601	51813	4618	2519	2099	51213	20738	30475
冶炼工业	155	44	11	302319	274892	27428	17405	6657	10747	9659	8351	1308
金属品工业	160	7	153	23304	700	22604	8291	1791	6500	2064	1107	957
机器制造工业	682	50	632	337598	246556	91042	31541	9991	21550	16077	7534	8543
电器制造工业	98	23	675	93045	81348	11497	7197	4985	2212	8561	7158	1403
木材及建筑工业	49	4	45	5668	252	5416	1839	379	1460	582	65	517
土石品工业	122	21	101	64400	31869	32531	10651	2289	8362	4804	1357	3447
化学工业	826	125	701	559220	420061	139159	36140	7938	28202	24835	9703	15132
饮食品工业	360	32	328	83136	19175	64260	11447	2595	8852	9705	1383	8322
纺织工业	788	245	543	290509	142465	148044	93265	34552	58713	15452	3298	12153
服饰品工业	147	8	139	11044	705	10339	9241	843	8398	160	—	160
文化工业	224	35	189	21422	3294	18128	7320	2615	4705	657	173	484
杂项工业	24	2	22	3646	133	3513	2708	63	2645	145	—	154

注：1. 各项统计，均依据工厂性质，分为公营及民营两部分。所谓公营，系指中央各机关、省政府、县政府、各战区司令部以及国家银行所经营及投资之工厂而言，其尚未查明之工厂，则暂列民营部分。
2. 本表系据本部工厂登记之底册及直接向各工厂调查所得之资料，编制而成，凡因材料不齐或原无数字者，均以"—"表示之。
3. 资本栏内，公营工厂 115 厂、民营工厂 134 厂，资本不明；工人栏内，公营工厂 118 厂、民营工厂 305 厂，工人数不明；动力栏内，公营工厂 224 厂，民营工厂 1808 厂，设备不明。

资料来源：经济部统计处编：《后方工业概况统计》。

表6-2　1942年国民党统治区工业比重统计

单位：%

类别	厂数 合计	厂数 公营	厂数 民营	资本 合计	资本 公营	资本 民营	工人 合计	工人 公营	工人 民营	动力设备 合计	动力设备 公营	动力设备 民营
总计	100.00	17.50	82.50	100.00	69.58	30.42	100.00	31.95	68.05	100.00	42.29	57.71
水电工业	3.30	1.60	1.70	7.39	6.58	0.81	1.90	1.04	0.86	35.59	14.41	21.18
冶炼工业	4.10	1.20	2.90	15.59	14.18	1.41	7.20	2.75	4.45	6.71	5.80	0.91
金属品工业	4.30	0.20	4.10	1.22	0.04	1.18	3.43	0.74	2.69	1.43	0.77	0.66
机器制造工业	18.10	1.30	16.80	17.42	12.71	4.71	13.06	4.13	8.98	11.17	5.24	5.93
电器制造工业	2.60	0.60	2.00	4.80	4.21	0.59	2.98	2.06	0.92	5.95	4.97	0.98
木材及建筑工业	1.30	0.10	1.20	0.29	0.01	0.28	0.76	0.16	0.60	0.40	0.05	0.35
土石品工业	3.20	0.60	2.60	3.32	1.64	1.68	4.41	0.95	3.46	3.34	0.94	2.40
化学工业	22.00	3.30	18.70	28.83	21.66	7.17	14.95	3.28	11.67	17.26	6.74	10.52
饮食品工业	9.60	0.90	8.70	4.30	0.98	3.32	4.74	1.08	3.66	6.74	0.96	5.78
纺织工业	21.00	6.50	14.50	14.98	7.35	7.63	38.59	14.30	24.29	10.74	8.29	8.45
服饰品工业	3.90	0.20	3.70	0.57	0.04	0.53	3.83	0.35	3.48	0.11	—	0.11
文化工业	6.00	0.90	5.10	1.10	0.17	0.93	3.03	1.08	1.95	0.46	0.12	0.34
杂项工业	0.60	0.10	0.50	0.19	0.01	0.18	1.12	0.03	1.09	0.10	—	0.10

表6-3　　1942年国民党统治区公、民营资本各业所占比重　　单位:%

工业类别	公营部分占比	民营部分占比	工业类别	公营部分占比	民营部分占比
水电工业	89	11	化学工业	75	25
冶炼工业	90	10	饮食品工业	23	77
金属品工业	3	97	纺织工业	49	51
机器制造工业	73	27	服饰品工业	8	92
电器制造工业	89	11	文化工业	16	84
木材及建筑工业	4	96	杂项工业	6	94
土石品工业	49	51			

资料来源：经济部统计处编：《后方工业概况统计》。

1943年以后，民营工业日趋衰落，政府企业产量占优势的品种又增加到15个，其他品种所占比例也逐年提高。为了便于比较国民党国家垄断资本和民营资本的不同发展趋势，我们按照1933年不变价格粗略估算了一下抗战期间国民党统治区主要工矿产品的产值，从表7-2可以看出，1938年国民党政府企业在后方主要产品生产总值中所占比重仅21.2%，以后迅速上升，其比重1942年达到43%，1943年又上升到49.53%，1944年更高达53.73%，表7-3所列的产值指数比较也说明了国民党国家垄断资本发展膨胀之速。以上各个方面的事实充分表明，抗日战争时期国民党国家资本在工矿业的垄断地位已经完全形成了。

如前所述，国民党政府经济部关于战时后方近代工业资本的统计是很不完整的，也很不准确，如1942年统计中公民营资本之比大约为70:30，而1944年统计中公民营资本之比则为35:65，差距很大，其中原因一是战时币值过于混乱，二是企业资本申报不及时，特别是公营企业在1942年以后的资本升值中往往拖延不报，而民营企业因利害攸关，资产多已重新估算申报。因此，我们认为李紫翔先生依据经济部1944年统计所折算的后方近代工业资本（战前币值）额[1]有必要重新加以估算。

---

[1] 李紫翔：《从战时工业论战后工建的途径》，《中央银行月报》（复刊）第一卷第一期，1946年1月。

表 7-1 抗战期间国民党统治区主要产品产量统计

产品	单位	1938年 产量	1938年 公营占%	1939年 产量	1939年 公营占%	1940年 产量	1940年 公营占%	1941年 产量	1941年 公营占%	1942年 产量	1942年 公营占%	1943年 产量	1943年 公营占%	1944年 产量	1944年 公营占%	1945年 产量	1945年 公营占%
煤	千吨	4700	15	5500	8	5700	9.4	6000	15.6	6314	18.7	6617	23.74	5502	25	5238	25
生铁	吨	52900	5.8	62730	7.8	45000	11.5	63637	15.2	96000	25.7	70000	51	40134	56	48495	64.8
钢	吨	900	20	1200	30	1500	41	2011	54.2	3000	81	6800	91.7	13361	92	18234	96.4
石油	吨	75	100	559	100	1662	100	12984	100	60888	100	67035	100	75723	100	72336	100
钨	吨	12556	—	11509	—	9542	—	12392	—	11897	—	3973	—	3325	—	—	—
锑	吨	9464	—	11988	—	8471	—	7981	—	3510	—	429	—	204	—	—	—
锡	吨	15440	40	14244	50	17416	50	16589	60	14003	65	10800	70	5102	85	2704	95
汞	吨	72	100	170	100	215	100	216	100	311	100	226	100	224	100	125	100
铜	吨	580	100	582	100	1415	100	779	100	693	100	613	100	898	100	623	100
铝	吨	1680	100	288	100	1800	100	1266	100	1134	100	1200	100	646	100	567	100
锌	吨	600	100	122	100	250	100	214	100	396	100	500	100	331	100	328	100
电力	千度	73622	5.5	91494	10.5	111931	10	127302	13.8	136850	18	146437	24	154220	33.8	196695	36
动力润精	千加仑	304	25	812	36	4590	30	6157	27	9352	37.6	10715	45	10731	43	16222	42
汽油	千加仑	—	—	4.2	100	73.5	100	209.3	100	1896	100	3220	100	4048	100	4305	100

续表

产品	单位	1938年 产量	1938年 公营占%	1939年 产量	1939年 公营占%	1940年 产量	1940年 公营占%	1941年 产量	1941年 公营占%	1942年 产量	1942年 公营占%	1943年 产量	1943年 公营占%	1944年 产量	1944年 公营占%	1945年 产量	1945年 公营占%
煤油	千加仑	—	—	4.1	100	32.4	100	113	100	597	100	559	100	2161	100	1655	100
柴油	千加仑	—	—	7.4	100	62	100	141	100	53	100	51	100	156	100	271	100
代用汽油	千加仑	—	—	7.2	70	75	64	182	35.3	303.3	74.2	600.2	73	295	75	610	80
代用煤油	千加仑	—	—	5.3	—	55	15	133	5.2	242.1	17	440	15	216	18	448	20
代用柴油	千加仑	—	—	31.2	72	325	74	791	51	1440	35	2516.5	60	1286	60	2660	65
润滑油	加仑	—	—	8528	100	39924	100	51085	100	35358	100	5847	100	9754	100	—	—
酸	吨	272	—	198	—	595	1	685	2	1006	10	1007	13	1193	15	600	18
碱	吨	520	—	940	—	1486	2	2079	6	2263	6	3251	7	6101	8	3432	10
水泥	吨	21498	—	48794	—	50479	—	25429	—	39843	2	35088	7	40644	12	42230	15
机制纸	吨	492	12	526	20	660	34	4220	36	4250	34	3580	32	3669	35	3990	40
火柴	千箱	12	5	12	5	14	6	19	17	26	13	24	17	33	20	22	24
面粉	千袋	1513	—	1926	—	3239	0.4	4510	3.4	4880	9	4130	25	2881	28	2056	30
机纱	件	24515	25	27451	35	29518	45	11500	56	114400	65	116681	64.4	145000	68	69200	72
棉布	千匹	1400	9	1570	12	1684	14.3	2623	25	2797	30.4	2334	364	2066	30	1663	33

资料来源：根据国民党政府统计部编《中华民国统计年鉴》(1948)，并参照经济部工矿产品统计及经济部、资委会有关档案资料综合整理而成。

表 7-2　抗战期间国民党统治区主要产品产值统计①

单位：法币千元

产品	折合单价	1938年 产值	1938年 其中公营	1939年 产值	1939年 其中公营	1940年 产值	1940年 其中公营	1941年 产值	1941年 其中公营	1942年 产值	1942年 其中公营	1943年 产值	1943年 其中公营	1944年 产值	1944年 其中公营	1945年 产值	1945年 其中公营
煤	5元/吨	23500	3525	27500	2200	28500	2680	30000	4686	31570	5891	33085	7855	27510	6875	26190	6550
生铁	51元/吨	2698	157	3200	250	2295	264	3246	494	4896	1258	3570	1820	2047	1147	2474	1604
钢	100元/吨	90	18	120	36	150	62	201	109	300	243	680	624	1340	1233	1824	1758
石油	154元/吨	12	12	86	86	256	256	2000	2000	9377	9377	10324	10324	11662	11662	11140	11140
钨	544元/吨	6830	—	6261	—	5191	—	6741	—	6472	—	2161	—	1809	—	—	—
锑	210元/吨	1988	—	2518	—	1779	—	1678	—	737	—	90	—	43	—	—	—
锡	2327元/吨	35929	14372	33146	16573	40527	20300	38603	23162	32585	21180	25132	17600	11872	10092	6292	5978
汞	3212元/吨	232	232	546	546	691	691	694	694	1000	1000	726	726	720	720	402	402
铜	585元/吨	340	340	341	341	828	828	456	456	406	406	359	329	526	526	365	365
铅	183元/吨	308	308	53	53	330	330	232	232	208	208	220	220	119	119	104	104
锌	210元/吨	126	126	26	26	53	53	45	45	84	84	105	105	70	70	69	69
电力	0.1元/度	7362	406	9150	961	11193	1112	12730	1752	13685	2462	14644	5521	15422	5212	19670	7057

续表

产品	折合单价	1938年 产值	1938年 其中公营	1939年 产值	1939年 其中公营	1940年 产值	1940年 其中公营	1941年 产值	1941年 其中公营	1942年 产值	1942年 其中公营	1943年 产值	1943年 其中公营	1944年 产值	1944年 其中公营	1945年 产值	1945年 其中公营
动力酒精	2.4元/加仑	730	183	1949	702	11016	3305	14776	3990	22445	8442	25716	11572	25754	11075	38933	16352
汽油	0.75元/加仑	—	—	3	3	55	55	157	157	1422	1442	2415	2415	3036	3036	3229	3229
煤油	0.72元/加仑	—	—	4	4	25	25	85	85	430	430	403	403	1556	1556	1192	1192
柴油	0.25元/加仑	—	—	2	2	16	16	36	36	14	14	13	13	39	39	68	68
代用汽油	0.75元/加仑	—	—	6	4	56	36	136	48	248	184	450	328	222	167	458	366
代用煤油	0.72元/加仑	—	—	4	—	40	6	96	5	175	30	317	48	156	28	322	64
代用柴油	0.25元/加仑	—	—	8	6	81	60	198	101	360	126	655	393	322	192	665	432
润滑油	1.15元/加仑	—	—	9	9	42	42	54	54	38	38	7	7	10	10	—	—
酸	②	42	—	31	—	95	1	106	2	156	16	156	20	182	27	71	14

续表

产品	折合单价	1938年 产值	1938年 其中公营	1939年 产值	1939年 其中公营	1940年 产值	1940年 其中公营	1941年 产值	1941年 其中公营	1942年 产值	1942年 其中公营	1943年 产值	1943年 其中公营	1944年 产值	1944年 其中公营	1945年 产值	1945年 其中公营
碱	240元/吨	125	—	226	—	357	7	500	30	544	33	781	55	1465	117	803	80
水泥	40元/吨	860	—	1952	—	2020	—	1017	—	1594	32	1404	98	1626	195	1690	254
机制纸	350元/吨	173	21	185	37	231	79	1470	529	1488	506	1253	401	1285	450	1397	559
火柴	50元/箱	600	30	600	30	700	42	950	162	1300	169	1200	204	1650	330	1100	264
面粉	2.25元/袋	3405	—	4334	—	7288	30	10148	345	10980	988	9293	2323	6483	1815	4626	1388
机纱	208元/件	5100	1275	5710	1999	6140	2763	23192	12988	23733	12426	24270	15630	30160	24589	14394	10364
棉布	9.42元/匹	13188	1200	14789	1775	15860	2272	24702	6176	26344	8014	21987	8004	19460	5838	15666	5170
机电产品产值	③	5670	948	14179	4234	22140	8397	35312	16899	40705	22388	41761	23460	34649	20980	28907	19039
合计		109308	23153	126938	29877	157955	43712	209561	75237	233316	100367	223177	110533	201195	108100	182051	93862
公营产值比重		21.2%		23.5%		27.7%		35.9%		43%		49.53%		53.73%		51.6%	

注：①按1933年不变价格，1933年价格主要依据巫宝三：《中国国民所得》，个别产品据其他资料换算。
②硫酸、盐酸的单价为150元/吨，硝酸单价400元/吨。
③参见吴太昌《国民党政府资源委员会垄断活动述评》表7。

表7-3　抗战期间国民党统治区主要工矿产品产值指数比较

年份	产值总指数	公营企业产值指数	民营企业产值指数
1938	100.0	100.0	100.0
1939	116.1	129.0	112.7
1940	144.5	188.8	132.6
1941	191.7	325.0	155.9
1942	213.5	433.5	154.3
1943	204.2	477.4	130.1
1944	184.1	466.9	108.1
1945	166.5	405.4	102.4

战时国民党政府实行工业管制，原料配给、工贷等都需经过政府，故经济部关于民营工业的登记还是比较完整的，1942年以后资产升值，民营工业为免交和少交过分所得税，一般都及时申报资产增值，因此李先生据经济部1944年统计折算的民营工业战前币值资本大体是准确的，但公营资本我们认为不宜以经济部的登记资本作为折算的根据，我们在表9中以战时所增投资作为资本的近似值，加上战前尚且存留的资本额，这就是战时后方公营工业资本的总额。据表8的计算，1937年7月至1945年，国民党政府对工矿业建设的投资总额折合战前法币约为27483.1万元，与战前存留资本及地方政府、国家银行、其他国营系统（政府财政预算外的投资）相加，1945年国民党政府公营近代工矿业资本总额为86783万元，与民营近代工矿业资本之比为55∶45，这一资本比值与抗战后期国民党统治区重要工矿产品产值的公民营比值比较接近。吴承明先生曾估算战前后方近代工业资本约占全国19%，为40675万元[1]，表9估算的后方抗战末期近代资本为126416万元，和战前比较净增85741万元，即增加210.8%，其增加趋势与后方战时工业

---

[1] 吴承明手稿《旧中国工业资本的初步估计》。

表8　抗战期间国民党政府财政支出简表

单位：法币千元

年份	总支出 当年币值	总支出 折合战前币值	军费支出(1) 当年币值	军费支出(1) 折合战前币值	军费支出(1) 占总支出%	经济建设支出(2) 当年币值	经济建设支出(2) 折合战前币值	经济建设支出(2) 占总支出%	工矿等建设投资 当年币值	工矿等建设投资 折合战前币值	交通建设投资 当年币值	交通建设投资 折合战前币值
1937.7—1938.6	2091324	2030412	1387559	1374145	66.4	167769	162883	8.0	104179	101145	57000	55340
1938.7—12	1168652	892101	491616	375279	59.7	136491	104192	11.7	70846	54081	60884	46476
1939	2797018	1271372	1536598	698454	55.0	368186	167358	13.2	121896	55407	238174	108261
1940	5287755	1030751	3773367	735549	71.4	557063	108590	10.5	96222	18757	438694	85516
1941	10003320	771861	5130834	395838	51.3	991828	76530	9.9	225701	17415	712211	54955
1942	24511227	628493	12048057	308924	49.2	2563220	65724	10.5	501436	12857	1904949	48845
1943	58815767	468988	32961268	262828	56.1	4056080	32343	6.9	552409	4405	2951386	23534
1944	171639201	397341	104006920	240773	60.6	17513315	40543	10.2	1643223	3804	14341373	33200
1945	1215088597	744722	854210900	523542	70.3	126877350	77763	10.4	11357500	6960	109939179	67382

注：（1）军费支出包括国防建设及军事工业经费。
（2）经济建设支出包括对工矿、交通、农林、水利等建设投资以及西北建设费等专项拨款。

资料来源：据《中华民国统计提要》（1947年）、《中华民国统计年鉴》（1948年）、《财政概况统计》（1943年财政部编）、《财政年鉴》（1947年等所载国民党政府战时预决算及国库支出统计等资料综合整理。

指数的增长趋势①也是大体相吻合的。限于资料不全和战时币值换算的困难,战时后方工业资本是难以精确计算的,基于上述理由,我们希望表9的估算或许具有一定的参考价值。

表9　　　　抗战期间国民党统治区近代工矿业资本估计

单位：1936年法币万元

		工业	矿业	工矿合计	%
民营资本		59660（1）	11932（2）	71592	45
公营资本	中央政府战前存留	10000（3）	3000（2）	13000	
	中央政府战时投资	—	—	27483	
	地方政府战前存留	8000（3）	2460（2）	10460（4）	
	地方政府战时投资	—	—	10840（4）	
	国家银行及其他国营系统	—	—	25000（5）	
	小计	66756	20027	86783	55
总计		126416	31959	158375	100

注：（1）李紫翔据经济部1944年统计折算民营工业登记资本为29830万元,吴承明先生认为实际资本与登记资本的比率可估为2,故得上述数额。

（2）民营矿业中手工业比重较大,故我们把民营矿业资本估为工业资本的20％,公营矿业资本估为工业资本的30％。

（3）吴承明先生在《中国工业资本的估计和分析》一文（载《经济周报》1949年第8、9期）中估计1936年国民党政府公营工业资本为3.2亿元,我们假定其中中央政府资本2亿元,战时尚存50％,地方政府资本1.2亿元,战时尚存2/3。

（4）参见本文"地方政府资本的发展"一目,该数额为1942年统计,以后各年数量不大,可略去。

（5）系估算。国家银行投资额参见表3,其他国营系统投资估为5000万元,其余部分为各类公营企业自身积累所转的投资。

（6）"—"表示原稿数据缺失。

---

① 国民党政府经济部编：《十年来之中国经济》下册,1948年3月,第149页。

以上我们仅就资本额、主要产品产量及产值等方面对公民营资本进行了比较，至于国民党国家资本在工矿业的垄断活动中对民营资本的控制、兼并及其对民营资本乃至整个后方工业发展的影响，笔者将另文叙述和分析。

(原载《中国经济史研究》1987年第3期)

略论中国封建社会经济结构对资本主义发展的影响

列宁在评论民粹派经济学家对俄国资本主义发展问题的研究时指出:"我们有人往往把'俄国资本主义的命运'问题的实质描述成这样:似乎具有重要意义的是速度如何(即资本主义如何迅速地发展?)的问题。其实,具有最重要意义的是究竟如何和从何而来(即俄国资本主义前的经济制度如何?)的问题。民粹派经济学最主要的错误,正是对这两个问题作了不正确的回答。"① 中国资本主义发展的缓慢、曲折与中国封建经济的长期延续是原因相通的。多年来学术界对这两个问题进行了有益的探讨,提出了很多中肯的见解。近几年讨论进一步深入,不少人注重对中国封建社会经济结构的分析,以揭示中国封建生产方式的矛盾和特征,阐明中国社会发展的规律和特点,研究有了新的进展。本文亦意在此,愿借助前人研究成果,依据笔者粗略的分析,说明中国封建经济结构的特征以及它对于中国资本主义发展的影响。

一

马克思指出:"从直接生产者身上榨取无酬剩余劳动的独特经济形式,决定着统治和从属的关系,这种关系是直接从生产本身产生的,而又对生产发生决定性的反作用。但是,这种由生产关系本

---

① 《列宁全集》第3卷,人民出版社1959年版,第339页。

身产生的经济制度的全部结构,以及它的独特的政治结构,都是建立在上述的经济形式上的。任何时候,我们总是要在生产条件的所有者同直接生产者的直接关系——这种关系的任何形式总是自然地同劳动方式和劳动社会生产力的一定的发展阶段相适应——当中,为整个社会结构,从而也为主权和依附关系的政治形式,总之,为任何当时的独特的国家形式,找出最深的秘密,找出隐蔽的基础。"① 毫无疑问,中国封建社会的发展具有自身的特点,这只有以马克思主义关于人类社会发展一般规律的概括为指导,从中国封建社会的事实出发,同时在与其他国家和地区封建制度的比较研究中,通过对中国封建经济结构的分析才可以阐明。这里既不应该从个别的原理出发,也不能用简单的现象比较代替对本质的分析,更不能用比附代替比较,硬造出一个世界"中心",逼中国封建社会的实际去就"范"。诸如中国未完成封建化,中国封建社会长期停滞、万劫不复、存在一个"超稳定结构",中国封建社会末期不可能分解出资本主义因素,中国资本主义"外铄"论,这类讨论大体都与上面所说的简单化的研究方法有关,是背离中国社会实际和马克思主义一般原理的。

　　中国封建经济形态的发展大致可以分为两个阶段。第一个阶段是领主制经济阶段,为西周至春秋末期;第二个阶段是地主制经济阶段,为战国时期至清代,这一阶段以唐代中叶为界又可分为两个时期,前期贵族地主经济占统治地位,带有较多的农奴制残余,后期才是比较典型的成熟形态的地主制经济。中国区别于欧洲等地封建国家的主要是这第二阶段。一般封建国家或者是没有经历过这一发展阶段(如德国和俄国),或者是这一阶段与资本主义关系同时(也可能略有先后)产生于领主制经济的崩溃时期,因而未有充分发展即逐渐为资本主义生产方式所排斥和取代(英国、法国可算作这类国家的典型),经历最长的也不过三百年左右。只有中国这

---

① 《马克思恩格斯全集》第25卷,人民出版社1974年版,第891—892页。

一阶段延续了两千多年，由于没有新的生产方式的排斥而得到充分的发展，取得了典型的独立的形态。我们将着重分析这一阶段社会经济结构的基本特征。

在封建经济形态下，农业是社会主要生产部门，这样土地制度当然就是社会经济结构的基本要素。中国封建社会第二阶段的土地制度是比较复杂的，它具有以下一些特点。

第一，土地私有制和土地国有制并存，土地私有制占统治地位；地主土地所有制和自耕农小块土地所有制并存，地主土地所有制占统治地位。在第二阶段前期，贵族地主所有制、庶族地主所有制、国家土地所有制、自耕农所有制并立，贵族地主所有制占有相对优势，作为地主所有制补充的国家所有制和自耕农所有制也具有一定的规模；后期地主所有制、国家所有制、自耕农所有制虽仍然并立，但国有土地相对减少，自耕农大批转化为佃农，地主所有制占有绝对优势。

第二，一方面，由于土地制度的多样性，地权的分散和流动具备了条件，在相当范围内土地可以自由买卖；另一方面，中国封建土地所有制缺乏严格的等级结构（越到后期越是如此），社会各阶级和各阶层的经济地位和经济身份可以变动不居，以土地作为社会财富和阶级身份的主要标志。上述两点使得地租、利润、利息结合在一起，形成地主、商人、高利贷者三位一体的经济纽带，加剧土地兼并，促进了小农经济的破产和大土地所有制的发展。

第三，国家和地主一般不直接经营农业，而是将土地租与小佃农分散经营。中国佃农较领主制下的农奴具有相对的自由（当然仍不同程度地保留着对地主的人身依附关系，而且越在前期这种依附关系越为严重），但佃农与土地的结合不稳定，经济上缺乏保障，处于竞争之中，这一方面提高了社会劳动生产力，另一方面加强了地主剥削的残酷性，土地剩余生产物的地租化与赋税化强化了地主阶级及其国家的统治，使得小农经济地位日益恶化，分散经营的小农业基本上是一种简单再生产的结构。

土地制度多样性和土地经营分散性的必然结果就是,一方面,中国封建地主所有制不可能形成领主经济制下那种完整的庄园经济体系,一家一户进行个体生产的小农不仅生产自己所需的农产品,而且生产日常所需的一部分工业品,这种自给自足的小农业和家庭手工业相结合的生产结构成为中国封建经济的细胞组织,成为中国封建社会第二阶段自然经济的特殊表现形式。另一方面,中国小农经济农工结合体的基本特征是"耕织结合",自给范围主要限于吃穿,相当一部分生产资料(如生产工具)和生活资料的供给要依赖交换和市场,而封建地主占有的剩余劳动主要是谷物地租、极少工业品和农产品制品,其消费更要依赖市场,如果再考虑到纺织品原料及区域性产品生产的地理条件限制,那么这种自然经济的不完整性就更为明显了。因此,作为封建地主制自然经济必要补充的城乡小商品生产在中国封建社会第二阶段得到存在和高度发展,与此同时,以分散狭小但基数极大的小农经济和小商品生产为基础的商业,特别是转运贸易也得到了繁荣和发展,构成了中国封建社会第二阶段自然经济失去纯粹形态以后的特有现象。当然,这种与地主经济伴生的商品经济是寄生在自然经济的躯壳内发展的,它的独立性很有限度,始终保持着对于封建自然经济的依附和从属地位。不过,商品经济的发展终究是社会生产力作用的结果,是社会分工扩大和交换扩大的产物。较领主经济制代表着更高劳动生产力的地主经济制使典型的自然经济形态发生变异,需要小商品生产和商业的发展作为它的补充,自然经济和商品经济互为依存,二者相反相成,扩大了中国封建社会第二阶段的经济基础。中国封建社会中央集权国家制度正是在这样的基础上建立和发展起来的。

马克思指出,"全国性的分工和国内交换的多样性","正是建立统一的管理体系和统一的法律的唯一可能的基础"。[①] 以往关于中国中央集权封建国家制度的讨论,或言地主经济是其基础,或言

---

① 《马克思恩格斯全集》第 10 卷,人民出版社 1962 年版,第 462 页。

小农经济是其基础（这种观点是完全错误的），或从二者的结合上加以论证，总之都一致认为自然经济是中央集权国家的基础，而忽视商品经济发展对其形成的作用，甚至削足适履，否认商品经济对于自然经济的区别，把它们等同起来。一定的政治制度和国家形式总是经济发展的结果。世界历史的发展已经证明，在以领主经济制为特征的比较纯粹的自然经济形态下，是不可能产生中央集权形式的国家制度的。如欧洲奴隶制时代一度繁盛过的中央集权国家制度到了中世纪的封建自然经济时代便不复存在了，查理大帝企图在领主制经济占统治地位的法兰克王国建立君主集权制度，但他不曾成功，拜占庭帝国在封建领主制确立以后，其中央集权制度也就逐渐消亡了，亚洲的日本竭力仿效汉制，但历经一千余年也未能建立起中央集权国家。再如中国封建社会魏晋南北朝时期由于贵族地主领主化而导致中央集权制度几番衰落的史实，中国封建社会第二阶段的前期和后期因地主经济成熟程度和商品经济发达程度不同而显示出中央集权国家制度发展水平和稳固程度的差别，这些都是明显的例子。

  本文不拟探讨中国封建社会中央集权国家制度形成和发展的整个过程，这里我们只着重说明中央集权封建国家的经济职能以及它对社会经济结构所产生的深刻影响。根据马克思对"古代东方"国家职能的论述，在一定条件下古代国家是可以具备某种经济职能的。当然中国和印度等国家不同，并不是由于地理环境的影响才成为一个中央集权的封建国家，上面我们已经分析过，中国中央集权国家制度是建立在发达的地主经济和与此相联系的商品经济较高程度发展的基础上的，它正是封建社会文明高度发展的产物。中国封建社会第二阶段较为发达的生产力和广泛的社会经济联系使得中央集权的封建国家具有较印度等国家更为完备和发达的经济职能。这种经济职能并不如同印度等国家那样出于对共同灌溉的需要仅仅从事公共水利工程，固然中国封建国家也大规模地从事水利工程的建设，而且从事交通和国防等公共工程的建设，但这些还不是其经济职能的主要部分。中国中央集权封建国家的经济职能表现在三个方面：（1）从事水利、交通、国防等公共工程的建设和管理；（2）通过赋税和各项经济政策干预社会的再生产；（3）直接经营手工业和商业。

关于第一点，此乃中央集权国家顺理成章之举，无须赘述，只是应该强调，公共工程的建设和管理需投入大量的人力、物力和财力，它在整个国家支出中所占比重相当可观，对社会经济发展的作用也是极为重要的。第二、第三两点是相互关联的。马克思说过，"在任何一种生产方式的基础上，商业都会促进那些为了增加生产者（这里是指产品所有者）的享受或贮藏货币而要进入交换的剩余产品的生产；因此，商业使生产越来越具有为交换价值而生产的性质"，"商业对各种已有的、以不同形式主要生产使用价值的生产组织，都或多或少地起着解体的作用"。[①] 中国封建社会第二阶段，社会分工的扩大和商品经济的发展不断促进了地主经济的繁荣，但作为封建地主经济补充的小商品生产和商业的发展在客观上又是对自然经济的否定，它的过度发展必然会危及租佃制地主经济的基础，动摇中央集权封建国家的根本，这是地主阶级所不能容忍的。因此，地主阶级的国家政权通过赋税和各项经济政策干预社会再生产，力图抑制商品经济的发展，以求巩固地主阶级统治的根本。历代王朝都以"重农抑商""强本抑末"作为其经济政策的中心，力言奖励农桑耕织，并以重征商税、限制商人经营活动、贬低商人社会地位等手段抑制商业资本的发展和它对小农经济的瓦解作用。但商品经济的发展是社会生产力的体现，不是封建国家的某种经济政策就可以任意抑制其发展的，所谓"今法律贱商人，商人已富贵矣；尊农夫，农夫已贫贱矣！"[②] 便是历史发展的真实写照。正是在自然经济和商品经济的这一矛盾运动中，中央集权封建国家

[①] 《马克思恩格斯全集》第25卷，人民出版社1974年版，第364、371页。
[②] 《汉书·食货志》。

的第三种经济职能得到了高度发展。

官营手工业早在领主制的周代就已经以与农奴制相对应的工奴制形式而存在，其时主要生产封建贵族需用品和军用品，是自然经济的典型形态。及至汉代，官营手工业出现了重要的变化，生产活动不再限于非营利性的自用工业品和军用品的生产，逐渐扩展到了营利性的关系到国计民生的重要产品的生产，如制盐、冶铁及其他矿业、货币铸造、造船等，经营规模越来越大，生产组织也越来越严密。中央集权封建国家垄断重要工业品的生产，其意一在增加财政收入，扩大集权国家的经济力量，二在抑制商品生产的发展，巩固租佃制的地主经济，而后者是更为重要的。正如《盐铁论》所载："今意总一盐铁，非独为利入也，将以建本抑末，离明党、禁淫侈、绝并兼之路也。……往者豪强大家得管山海之利，采铁石，鼓铸、煮盐，一家聚众或至千余人，大抵尽收放流人民也。远去乡里，弃坟墓，依倚大家，聚深山穷泽之中，成奸伪之业，遂朋党之权，其轻为非亦大矣。"与此同时，封建国家的经济活动也扩展到商业领域，国家设立了均输、平准、常平仓等商业机构，凭借其强大的经济力量以及超经济的政治力量建立起以京师为中心的全国性商业网，对一些重要商品实行专卖制度，在相当程度上保持了对流通和市场的控制，并获得巨额盈利。由此可见，封建国家"重农抑商""强本抑末"的政策在实际执行过程中是有区别的，它们抑制的只是民间工商业，而官营工商业的发展是完全符合地主阶级利益的，扬此抑彼，彼消此长，总为巩固地主经济的统治地位也。

封建政权直接从事工商活动这一经济职能在唐宋及以后各代不断得到发展和完善，工商业活动的范围和规模进一步扩大，内部分工和生产技术都达到很高的程度，构成了中国封建经济繁荣的一个重要方面。官营工商业从本质上说不是一种商品经济，但它在某些方面具有商品经济的外在特征，官营工商业是中国封建社会第二阶段经济结构演变的产物，是一种变态的自然经济，或者说是一种特殊的混合型经济。官营工业的发展，限制了民间手工业特别是城市手工业的市场，阻断了商业资本向产业的转化；同时官营商业的发展也进一步加强了封建地主经济对城乡手工业的控制，抑制商业资本的发展，削弱其对小农经济的瓦解作用，使其不得不依附于地主经济。官营工商业作为中国封建社会经济结构的一个组成部分，作为自然经济和商品经济之间的缓冲结构，作为一种经济力，进一步强化了地主经济制的经济基础，也巩固了中央集权的封建国家制度。因此，官营工商业在中国封建社会经济结构中的地位和作用是决不可以忽视的。

二

"商人资本的存在和发展到一定的水平，本身就是资本主义生产方式发展的历史前提。"[①] 可以说，自唐宋以后，中国封建社会经济结构内部就已经出现了产生这一历史前提的物质条件，不考虑明代以前资本主义关系一些偶发、先见的记载，学者们一般也认为明代中叶以后，中国封建社会已出现明显的资本主义关系的萌芽。但说到底，萌芽指的只是一种生产方式稀疏地散现在旧的社会经济结构中，严格讲并不构成新生产方式的一个独立发展阶段。马克思说："资本主义社会的经济结构是从封建社会的经济结构中产生的。后者的解体使前者的要素得到解放。"[②] 中国资本主义萌芽虽早，封建经济结构的解体却极为缓慢。原因何在？任何一种生产方式都具有历史的暂时性，所谓"超稳定结构"的说法在历史上和逻辑上当然都是缺乏根据的。在生产力发展的作用下，新的生产关系一旦产生，其势就不可阻遏，这时旧生产方式能维持多久，一方面在于它内部结构的坚固性，另一方面在于它对新生产方式暂时的包容性，中国封建社会经济结构在上述两个方面及其结合上都有独

[①]《马克思恩格斯全集》第 25 卷，人民出版社 1974 年版，第 365 页。
[②]《马克思恩格斯全集》第 23 卷，人民出版社 1972 年版，第 783 页。

特之处，因此解体特慢，延缓了资本主义生产方式的发展。

封建经济结构的解体一般是通过商业资本的作用体现出来的，中国封建社会商业的繁荣和发达也是众所周知的，但它对旧生产方式的解体作用却与它的发达程度不成比例。正如马克思所分析过的，"商人资本的发展就它本身来说，还不足以促成和说明一个生产方式到另一个生产方式的过渡"，①"它对旧生产方式究竟在多大程度上起着解体作用，这首先取决于这些生产方式的坚固性和内部结构。并且，这个解体过程会导向何处，换句话说，什么样的新生产方式会代替旧生产方式，这不取决于商业，而是取决于旧生产方式的性质"。② 中国封建社会商业资本的发展有两个显著的特点，一是其对于小农经济和小商品生产的寄生性，二是其对于地主经济的依附性。在中国封建社会第二阶段，作为商品进入流通领域的社会产品有以下几个类别：（1）农工结合的个体农民的必要产品（自耕农则有部分剩余产品）；（2）独立手工业者的产品；（3）封建地租；（4）后期民间手工业工场的产品；（5）官营手工业产品；（6）国家赋税（包括国有土地的地租）。工场手工业属资本主义经营，后两类与民间商业资本的活动无关，都先存而不论。从前三类可以看出，社会商品的主要提供者还是自然经济下的个体农民，他们不是直接的商品生产者，他们是为了取得不同的使用价值出卖和交换其部分必要产品的，他们"不必要象在正常资本主义生产方式下那样，使土地产品的市场价格提高到向他提供平均利润的程度，更不必提高到提供一个固定在地租形式上的超过平均利润的余额的程度。所以，没有必要使市场价格提高到同他的产品的价值或生产价格相等的水平"③。作为小商品生产者的独立手工业者虽与农民有异，但他们的生产动机也不在追求剩余价值，他们的产品进入流通主要是为了交换其他必需产品，其生产结构和小农经济一

---

① 《马克思恩格斯全集》第25卷，人民出版社1974年版，第366页。
② 同上书，第371页。
③ 同上书，第908—909页。

样，也是狭小的简单再生产结构。以这二者为广阔基础的商业资本在不发达的共同体的产品交换中得到独立发展，取得了对产业的支配地位，它通过欺诈和贱买贵卖侵占了自耕农和独立手工业者的绝大部分乃至全部剩余产品（这里指封建地主及其政权掠夺所余部分），对于佃农来说则是直接侵占了必要产品。尽管商业和商业资本的发展使生产不断朝着交换价值的方向发展，生产的总量也不断增加，但绝大部分生产者的经济地位都不会有任何改善，有些甚至会日益恶化，使他们更进一步为封建地主和商业资本所控制。马克思所说的从封建生产方式向资本主义过渡的两条途径中"生产者变成商人和资本家"这条"真正革命化的道路"①，大概是很难出现在中国封建社会的独立小商品生产者面前的，更不要说农工结合体的个体农民了，自然经济的家庭手工业是抵御资本主义生产方式的最坚固的堡垒。而另一条"商人直接支配生产"的途径，由于商业资本对于地主阶级的依附性，其过渡也是极为艰难和缓慢的。中国封建社会第二阶段由于封建土地制度的特点而形成地主、商人、高利贷者三位一体的格局，商业资本与地主经济之间具有某种融通性，商业利润大量为土地所吸收，其结果当然不是促进商品经济的发展，而是促进了土地兼并和大土地所有制的发展。总之，商业资本对于地主经济的依附性以及它与地主经济之间的融通性大大削弱了商业资本对封建经济结构的解体作用。恩格斯说："商人对于以前一切停滞不变、可以说由于世袭而停滞不变的社会来说，是一个革命的要素。……现在商人来到了这个世界，他应当是这个世界发生变革的起点。但是，他并不是自觉的革命者；相反，他与这个世界骨肉相连。中世纪的商人决不是个人主义者；他象他所有同时代人一样，本质上是共同体的成员。"② 看来，中国封建社会第二阶段商业资本作为革命的要素，其对于封建经济结构的解体作用

---

① 《马克思恩格斯全集》第 25 卷，人民出版社 1974 年版，第 373 页。
② 同上书，第 1019 页。

是不能估计过高的，而它作为封建共同体循规蹈矩的成员倒是相对地比较称职。这是我们在比较中西封建经济向资本主义过渡的不同特点时应充分予以注意的。

以上是我们所要说明的中国封建社会经济结构坚固性的一个方面，另一个方面就是封建国家经济职能的作用和影响。在封建经济的发展过程中，就工业方面的生产形态来说，最具有积极意义的是城市手工业和农村独立手工业，它们的发展及向规模更大、分工和协作更为发达的工场手工业的过渡标志了资本主义的曙光。上面已经说过，由于商业资本的寄生性榨取，城乡独立手工业难以向工场手工业过渡，这里我们还要进一步强调官营工商业的活动对其发展的限制。

官营手工业对城乡独立手工业发展的阻碍主要表现在对劳动力的控制和对市场的限制两个方面。唐代中叶以前，官营手工业的劳动力除官奴婢和刑徒外，大量是为封建政权服徭役的更卒、匠人和丁夫等，他们基本上是无偿劳动，这一时期官营工业对劳动力的使用主要采取劳役制的形式。唐代中叶至明代中叶，官营工业劳动力的性质从劳役制逐渐过渡到工役制，手工业者对封建政权的依附关系较前一时期有所削弱，但国家通过户籍制度的建立，把手工业劳动力固定起来，使城乡独立手工业者成为官营手工业的劳动力后备军。这种劳动力国家编户制度妨碍了独立手工业者经济活动的正常开展，工匠服役地点一般都远离乡土，往返很费时日，当值一月，实际费时两至三月，特别是官吏的苛扰和盘剥更使得名为募雇的官营手工业工匠所得无几，近乎无偿劳作。官营手工业对民间手工业劳动力的封建束缚是城乡独立手工业发展的严重障碍。

官营手工业在市场方面对民间手工业发展的限制也是很显然的。中国自秦汉就建立了统一的中央集权的封建国家，但在自然经济占统治地位的情况下，作为市场主体的还是地方小市场和区域市场，至于可以为手工业的发展提供较多机会的重要产品的全国性市场虽然早就存在，但那基本上是为官营工商业所垄断和独占的，即使是封建统治阶级所需的工业消费品（特别是奢侈品）的市场也由于官营手工业的自给性生产而大大缩小了。这样，城乡独立手工业当然只能与自然经济的农村家庭手工业去争夺狭小的地方市场了。市场的扩大是商品生产发展的前提，官营手工业的存在极大地限制了城乡独立手工业的市场，使其经营规模相应狭小，生产技术的进步和生产力的提高都很缓慢，同时商业资本向产业的转化也就更为困难了。这里还应当提及官营商业的作用。官营商业通过对重要商品的垄断性经营，不仅抑制了民间商业资本的发展，削弱了它对自然经济的解体作用，而且阻止了民间手工业对全国性市场的渗透和冲击，进一步加强了封建政权对民间手工业的控制，保证了官营工业的支配地位。此外，官营商业控制和垄断了国际贸易，抑制市场的对外扩展，这对于民间工商业发展的消极作用也是不能低估的。欧洲资本主义生产关系最早是出现在航运业、纺织业和采矿业中，主要因为这些生产部门在社会经济发展中具有全局性影响，易于开拓市场，同时也是生产力最有可能取得突破的部门。在中国，除以上三个行业外，陶瓷、造船等也是具有全国性意义、生产力水平较高的部门。但是在明代中叶以前，由于官营手工业在工业生产方面居支配地位，上述各个部门较高的生产力水平主要不是体现在城乡独立手工业中，而体现在官营手工业中，这是城乡独立手工业中极少出现规模较大的手工工场的根本原因。

在社会经济总的发展过程中，各种经济力是相互影响、交互发生作用的。以上我们说的只是问题的一方面。另一方面，官营手工业本身也是生产力，作为一种经济力，它对于整个社会经济的发展也具有积极的意义。官营工业凭借封建国家所集中的巨大的人力、物力和财力，可以从事大规模的公共工程建设和手工业生产，生产规模的扩大导致分工和协作的发展，导致生产技术的不断进步和生产力水平的提高，同时官营作坊较为先进的生产技术和生产工具的传播也刺激和促进了民间手工业的发展。应当看到，中国封建社会生产的发展和经济的繁荣与封建国家的经济活动不是没有联系的。

明代中叶以后，随着生产力的发展，社会经济联系愈益广泛，市场进一步扩大，城乡独立手工业有了一定的发展机会，雇佣较多工人进行较大规模生产活动的手工作坊逐渐增多，资本主义因素开始缓慢地增长。民间工场手工业的发展和雇佣劳动的大量出现，加剧了手工业者和封建政权的矛盾，他们为摆脱封建束缚而进行的阶级斗争也日益发展，官营作坊工匠的逃亡、怠工和故意压低产品质量，城乡独立手工业者的抗税、罢市、"盗矿"，乃至暴动，这些都显示出，官营手工业的工役制剥削方式已经越来越成为生产力发展的桎梏。民间工场手工业的发展和竞争使官营手工业生产力水平原有的相对优势逐渐消失，由于工匠的斗争和管理上的痼疾，官营作坊的生产成本骤增，产品质量则不断下降，这就迫使封建王朝不得不进一步改变官营工业的劳动制度和逐渐缩小官营工业的经营范围。明成化以后，官营工业中的应役工匠逐步开始以银代役，官府用代役银或雇募工匠生产，或直接向市场采买，匠籍制度名存实亡，国家对手工业劳动力的控制削弱，盛极几朝的官营工业开始走下坡路了。清初匠籍制度被明令废除，雍正二年（1724年）又宣布废除工匠当官差的制度，其后，经营范围已经大为缩小的官营工业普遍采取了自由雇募制度，手工业者对于封建政权的依附关系大大松弛，这是工场手工业和资本主义关系进一步发展的重要标志；同时也说明，社会生产力的发展总是要突破旧的经济关系的障碍的。

我们还可以从封建国家的经济职能进一步说明中国封建经济结构对于资本主义生产方式在一定时期内的包容性。资本主义时代是从工场手工业时期开始的，工场手工业的发展促进了手工业和农业分离的过程，加速了小农和小手工业者的被剥夺以及他们与生产资料的分离，为资本主义开辟了国内市场和创造了进一步发展的前提。但是，马克思也强调指出，"工场手工业既不能掌握全部社会生产，也不能根本改造它。工场手工业作为经济上的艺术品，耸立在城市手工业和农村家庭工业的广大基础上。工场手工业本身狭隘的技术基础发展到一定程度，就和它自身创造出来的生产需要发生矛盾"①。"真正的工场手工业时期并没有引起根本的改变。……只有大工业才用机器为资本主义农业提供了牢固的基础,彻底地剥夺了极大多数农村居民,使农业和农村家庭手工业完全分离,铲除了农村家庭手工业的根基——纺纱和织布。这样,它才为工业资本征服了整个国内市场。"② 因此,我们在肯定工场手工业对于封建生产方式解体作用的同时,还应该认识到,工场手工业的独立性是有限度的,它的发展并不一定立即导致旧制度的崩溃,旧的生产方式在一定条件下可以包容它,这种包容的程度在不同的国家由于封建经济结构的不同特点而呈现出差异。从世界资本主义发展的历史看,工场手工业是一个过渡时期,这个时期可以在资产阶级政权下完成,也可以在封建政权下完成。例如,英、法两国工场手工业的发展大体是同步的,但法国资产阶级革命却比英国晚了差不多一百五十年,而且是在英国工业革命的影响下才发生的。中国封建经济结构对于工场手工业性质的资本主义生产方式的包容性,由于封建国家的经济职能的作用显得更为突出。

中国封建社会具有高度的物质文明,其经济结构一方面具有坚固性,另一方面也富有较大的弹性,能够容纳较高水平的生产力。官营工业本质上不是商品生产,它是封建经济的一个组成部分,但它作为一种经济力,代表了较高的生产力,其对于整个社会经济的影响是客观存在的。就生产力水平而言,官营工业和民间工场手工业并没有什么区别,它们所不同的只是占取剩余劳动的经济形式。任何生产关系的变革总是生产力发展到一定程度的结果,因此,民间工场手工业要彻底打破旧的经济关系,就必须创造出比官营工业更高的生产力。从明中叶到清初,我们还没有看到这种情况,清代中期至鸦片战争前,民间工场手工业有了较快的发展,在一些生产部门较之官营工业已具有优势地位,但它所代表的生产力水平也还

---

① 《马克思恩格斯全集》第23卷,人民出版社1972年版,第407页。
② 同上书,第816—817页。

不足以完全突破原有的生产方式，封建经济结构在一定程度上仍然可以包容它。

鸦片战争以前，中国封建经济结构已经开始缓慢解体，资本主义有了一定程度的发展，但民间工业的发展还远没有达到形成一个工场手工业时期的水平，即便我们假定没有外国资本的入侵，中国民间工业能否独立地发展到工场手工业时期完成向自由资本主义的过渡，恐怕也是大有疑问的。尽管清代中期以后官营工业逐渐丧失了在一些工业部门的支配地位，但作为封建经济的物质基础，它在若干部门仍是不可取代的；同时封建国家加强财政措施和政策干预，并通过官营商业的活动和培植特权商人等手段继续保持对社会经济的控制，民间工业是很难脱离封建国家经济职能的影响而独立发展的。况且，官营工业和资本主义性质的工场手工业之间并没有什么不可逾越的障碍，中国封建社会第二阶段官营工业在劳动制度和商品性生产等方面就有过许多重要变化，特别是雍正以后官营工业普遍采取自由雇募的劳动制度，计工给值，虽然不能说这是一种根本性的转变，但至少可以看作是官营工业向资本主义性质的国家工场手工业过渡的前兆和准备。封建社会向资本主义过渡是根本不同于资本主义社会向社会主义过渡的，前者不需要以政权性质的截然变更作为生产关系转化的标志。因此，以政权的封建性质否定官营工业向资本主义国家工场的转化是缺乏根据的，我们应该以生产资料所有者占取直接生产者剩余劳动的基本形式作为衡量官营工业生产关系性质变化的标志。如前所述，社会经济发展过程中各种经济力是相互影响和交互发生作用的。清代中期以后，在民间工场手工业和其他社会经济力的作用下，官营工业既有趋于衰落的一面，又有向资本主义经营方式转化的一面。据现有资料看，鸦片战争以前官营工业在矿冶、铸钱、织造等部门已经大量采取了资本主义方式的雇佣劳动制度和经营制度，我们可以将其视为中国国家资本主义的萌芽形态。这种变化虽然还是初见端倪，但其趋势是明显的。

总之，按照中国社会经济发展的正常程序，中国资本主义的发展道路完全不同于英法等西方国家，它一开始就将是国家资本主义与民间资本主义并进，完成工场手工业时期的过渡和封建经济结构向资本主义经济结构的转化，不经过典型的自由资本主义阶段即伴随大工业的产生而进入垄断阶段。这是由中国封建社会经济结构的固有特性所决定的。

三

鸦片战争以后，由于外国资本的入侵，中国社会经济的发展脱出了常轨，进入了一个剧烈变化的时期，封建的社会经济结构加速解体，逐渐向半殖民地半封建的经济结构转型。在外国先进生产力的作用下，中国传统的封建经济结构未完成其向工场手工业时期的过渡，便进入了近代机器工业的创建时期，作为中国近代资本主义关系三种基本形态的外国资本、国家资本以及民族资本也先后产生和发展。

在中国近代资本主义关系的三种基本形态中，居于支配地位的无疑是外国资本。鸦片战争前后，外国商品在中国市场上尚无足够的竞争能力，外国资本对中国的侵略以走私鸦片、贩卖苦力、军火贸易、房地产投机和战争掠夺为主要内容，商品输出并不占重要地位，资本输出当然更谈不上，基本上是一种原始积累性质的殖民掠夺。及至19世纪60年代，由于西方主要资本主义国家工业革命的完成和机器的普遍使用，商品价值不断降低，竞争能力加强，同时也由于不平等条约的作用，中国国内市场发生变化，外国商品对华输出迅速增加。外国资本纷纷在中国设立各种洋行，通过买办的商业网，垄断了中国的进出口贸易，并在一定程度上支配着中国的国内市场。19世纪末，世界资本主义的发展进入了帝国主义阶段，甲午战争标志着外国资本对中国的经济侵略进入了资本输出时期。其后，外国产业托拉斯和财团资本开始在中国进行大量产业投资，逐渐在交通运输、资源和能源开发等基础工业部门以及纺织等主导工业部门居于垄断地位。同时，帝国主义列强还以政府借款形式不断扩大资本输出的规模，控制了中国的财政金融和重要的经济命脉。表1说明，中国资本主义发展过程中膨胀最迅速的是外国资本，而本国资本的发展则相对缓慢。外国资本作为一种外来的经济力量，在一定程度上促进了中国封建经济结构的解体和资本主义关系的发展，但外国资本的主体是在对华经济侵略活动中积累起来的，它的扩张严重阻碍了中国资本主义的发展。当然，决定中国资本主义发展道路和前途的是内因，根本问题还在于中国社会经济结构内部的变化。

中国近代国家资本和民族资本与鸦片战争以前的资本主义萌芽有着明显的继承关系。例如，中国民族资本主要是继承资本主义的民间工场手工业发展而来。鸦片战争以后，外国商品的倾销在一定程度上破坏了中国传统手工业的发展，但这种破坏主要表现在农民家庭手工业性质的棉纺织业。据《中国资本主义发展史》编写组的同志考察，中国三十二个传统的手工行业，鸦片战争后衰落的有七个，继续维持的有十个，有较大发展并向机器工业过渡的十五个；清代前期已有资本主义萌芽的十几个行业中，只有踹布和刨烟丝两业为外国商品所替代，其余都维持下来，并有九个向机器工业过渡，这是民间资本主义关系发展的主流。关于外国资本和民族资本的发展过程以及它们的地位和作用，学术界论述甚多，本文不再复述。下面我们要着重说明在中国资本主义发展史上别具特色的近代国家资本主义的产生和发展过程以及它在半殖民地半封建经济结构中的地位和作用。

人们通常所说的国家垄断资本主义是从现代资本主义的发展中引申出来的概念。资本主义从自由阶段进入垄断阶段即帝国主义阶段以后，各种固有矛盾不是消失或缓和了，而是空前地尖锐化了。在这种情况下，垄断组织依靠自身的经济力量已经难以维持其垄断统治地位，私人资本占有形式也越来越不能容纳社会生产力的发展，

表1　中国产业资本估计和比较（中国银行）

单位：万元

年份	资本总额	外国资本 资本额	外国资本 比重（%）	资本额合计	比重（%）	本国资本 国家资本 资本额	本国资本 国家资本 比重（%）	本国资本 民族资本 资本额	本国资本 民族资本 比重（%）
1894	8952.6	5433.5	60.7	3519.1	39.3	2796.6①	31.3	722.5	8
1913	154095.6	123709.4	80.3	30386.2	19.7	14887.5	9.7	15498.7	10
1920	236825.0	166745.8	70.4	70079.2	29.6	27091.8	11.4	42978.4	18.2
1936	281000.0	643400.0	78.4	177600.0②	21.6	44100.0	5.4	133500.0	16.2
1949③	—	—	—	750000.0	100	660000.0	88	90000.0	12

注：①不包括洋务派近代军事工业，其投资额超过6000万元，创办资本下1000万元。
②不包括东北。
③据中华人民共和国成立后统计折算，未计外资。
④为保持著行文原貌，文中涉及的表格样式、数据除有考证外均不作修改。

资源来源：吴承明：《中国资本主义的发展述略》，《中华学术论文集》，中华书局1981年版。

垄断资本要求直接利用国家机器来维护它的统治，加强对国内外劳动者的剥削和掠夺。于是，作为"资本主义社会的正式代表——国家不得不承担起对生产的领导"[①]，一般垄断资本主义逐渐向国家垄断资本主义发展，国家这个"理想的总资本家"，通过国有经济的建立和对社会经济活动的全面干预，使国民收入的再分配有利于垄断资本，从而进一步强化了垄断资产阶级的统治，延缓了资本主义制度的总崩溃。总之，国家垄断资本主义的出现和发展，是帝国主义阶段资本主义各种固有矛盾进一步激化、社会危机不断加深的必然结果，是生产社会化高度发展的产物。

很显然，中国的国家资本主义不是在这样的条件下产生和发展的。中国国家资本主义有其独特的产生背景和发展过程，我们应该在国家垄断资本主义的广义概念上去理解和分析它。中国的国家资本主义不是在生产集中的基础上产生的，它不是生产社会化高度发展的产物，而恰恰是生产分散、资本主义极不发达的产物。溯其源，中国国家资本主义在鸦片战争以前就已萌芽，它是中国封建经济结构向资本主义转化过程中的必然产物。因此，我们不能把中国国家资本在其初级形态的基本特征简单地归结为垄断。近代国家资本的产生乃是由于外国资本的入侵加剧社会经济结构的分解和动荡，动摇了封建统治的基础，清政府不得不"师夷长技"，从19世纪60年代开始引进西方先进的生产方法，大力投资和创建近代企业，以求增强军事和经济力量，巩固其摇摇欲坠的统治，史称"洋务运动"是也。洋务派近代企业系由已经出现国家资本主义萌芽的官营工业转化而来，创建者本意在维护旧的经济结构，但生产力的发展进一步突破封建的生产关系，洋务派近代企业的发展导致了封建官营工业向国家资本主义的全面过渡。不论是清政府举办的民用工业，还是它举办的军事工业，其占取无酬劳动的形式是相同的，都具有资本主义的性质，它们是中国国家资本主义的初级

[①] 《马克思恩格斯全集》第20卷，人民出版社1971年版，第707页。

形态。

洋务派近代企业不是生产的集中,实在只是小生产的汪洋大海里一种相对集中的生产,其封建性质自不待言,而且在很大程度上须依赖外国资本,但这种初级形态的不完备的国家资本主义,也多少具有与外国资本抗衡、抵御其入侵的性质。从历史的观点看,中国传统的经济结构在其转型过程中首先产生和发展国家资本主义,这也具有某种必然性。中国资本主义近代工业并非由工场手工业时期过渡而来,它的出现不是生产力在某些主导部门取得突破的结果,而是西方先进生产力引进和移植的结果,这种引进和移植首先是满足"自强"的需要,它必然从以军事工业为中心的重工业开始。鸦片战争前后中国资本原始积累过程非常缓慢,大量的剩余产品以赋税形式为国家所占有,民间资本是没有力量独立兴建以重工业为主的近代企业的,而且国防本国家之责,从重工业开始的近代企业的创建当然只能由清政府来承担,至于它能否承担这一责任那是另一个问题。事实上,由于清政府鼓吹"中学为体,西学为用",力图把资本主义生产方式纳入旧的封建体制,加上主办官员的腐败无能,洋务派企业大多经营不善、较少成效,没有形成具有规模的资本积累,也未能有力地促进中国资本主义关系的发展。

就国家资本主义的产生来说,日本和中国颇有共同之处(当然,两国经济结构有差异,中国早有官营工业的传统和国家资本主义萌芽的历史渊源,其近代国家资本产生固然早,惰性也大),尽管二者的发展结果是大相径庭的。明治维新前的日本和鸦片战争前后的中国境遇类似,19世纪70年代日本为求自强也首先由国家创办了第一批近代企业,80年代以后政府陆续把军事工业以外的一些国有企业出让给私人,以促进和扶植民间资本主义的发展。与此同时,国有企业也一直保持着可观的增长,据统计,1898年日本国有产业资本达14842万日元,约为全国私人产业资本的一半。[1]

---

[1] 樊亢等编:《主要资本主义国家经济简史》,人民出版社1973年版,第302页。

甲午战争以后，为适应对外侵略扩张的需要，日本国有经济始终保持着迅速的增长，20世纪30—40年代更建立了军事国家垄断资本主义的全面统治，可以说日本的资本主义是在国家资本带动下和对外侵略中发展起来的。

看来，在中国和日本这类外国资本入侵前本国资本主义关系已有一定程度发展的国家，由于外国先进生产力的影响首先产生和发展国家资本主义不是偶然的，中国和日本国家资本主义的产生不仅早于西方的国家垄断资本主义，甚至也早于西方的一般垄断资本主义，它只能是中日这类国家原有经济结构转化过程中的必然产物。那种把中国国家资本主义视作不发达国家国家资本主义原型，认为是受世界国家垄断资本主义影响而产生和发展的说法恐怕是失之偏颇的。

甲午战争以后，孱弱腐败的封建政权完全成为帝国主义的侵略工具，根本不能承担领导社会经济发展的责任。辛亥革命是一场不彻底的资产阶级革命，它推翻了清政府，证明了帝国主义终究不能任意支配中国的命运，但它未能完成反帝反封建的任务，政权转到受帝国主义支持的大地主和买办资产阶级联合专政的北洋军阀手中，其后国家资本的买办性质日益加强，越来越成为外国资本的附庸。

恩格斯指出："与所有其他曾经占统治地位的阶级相比，资产阶级的特点正是在于：在它的发展中有一个转折点，经过这个转折点之后，它的威力手段每进一步的增加，从而首先是它的资本每进一步的增加，只是使它愈来愈没有能力进行政治统治。'站在大资产阶级背后的是无产阶级'。"[①] 五四运动标志了这个根本的转折。马克思主义的传播和十月革命的胜利把社会主义道路展示在中国人民面前，中国无产阶级革命运动的兴起和蓬勃发展使帝国主义、大资产阶级和地主阶级惊恐万端，他们加紧勾结，企图强化其联合统

---

① 《马克思恩格斯全集》第16卷，人民出版社1964年版，第451页。

治来镇压人民革命运动,企图以对社会经济的全面控制和垄断来挽救旧制度的覆灭,国民党国家垄断资本的形成和膨胀就是他们维持半殖民地半封建经济结构的最后一跳。国民党垄断资本的产生不是针对帝国主义的,而是在帝国主义支持下针对中国共产党领导的新民主主义革命的,它出现在新民主主义经济产生之后,完全是新民主主义经济的对立物。

中国畸形的半殖民地半封建经济结构为资本主义的国家垄断化提供了前提和条件。国民党国家垄断资本的发展和膨胀是中国资本主义发展史上真正具有规模的原始积累过程,它所进行的残酷的积聚和掠夺使中国人民承受了极大的痛苦,社会生产力特别是农业和中小工业遭到严重的摧残。如果说中国国家资本主义的产生具有某种必然性的话,那么国民党国家垄断资本则是中国半殖民地半封建经济结构崩溃前的一种不可避免的祸害。国民党国家垄断资本的产生和发展并不表明中国社会经济的发展。这个垄断资本是中国产业不发达的产物,而它的膨胀则又窒息了产业的发展;它既是中国半殖民地半封建经济不得发展的结果,又是中国社会经济不得发展的原因。国民党垄断资本的发展和膨胀加剧了旧中国半殖民地半封建社会的各种矛盾,使得买办的、封建的生产关系和社会生产力之间的冲突不断扩大,这种生产方式的崩溃是必然的。正如我们上面所强调的,国民党国家垄断资本是作为新民主主义经济的对立物出现的,历史已经证明,资本主义不能救中国(这一点我们后面还要作进一步的说明),20世纪40年代的中国革命条件已经完全成熟了,任何垄断都不能拯救半殖民地半封建经济结构的崩溃,国民党垄断资本所集中的巨大的生产力恰恰为新民主主义革命向社会主义革命的过渡准备了必要的物质条件,这是半殖民地半封建的旧中国向社会主义新中国过渡的必由之路。

以上我们说明的是中国传统的经济结构向资本主义转化的一面,特别是着重说明了国家垄断资本膨胀发展的过程。但从表2可以看出,中国资本主义发展的水平并不高,在整个社会产业结构中所占的比重很小，中国的封建经济体系继续坚韧地维持着。

其根本原因仍在于中国半殖民地半封建社会经济结构的独有特征。鸦片战争以后，中国农村以小农业和家庭手工业相结合为特征的自然经济进一步解体，国内市场有所扩大，为近代资本主义的发展提供了一定的条件。但农村自然经济的解体主要表现为农民家庭手工业的衰落和商品性农业有所发展，而作为封建经济结构基本要素的土地制度并没有发生根本的变化，地主阶级仍然保持着对农村的封建统治。中国农村自然经济解体的加速主要是外国商品大量入侵引起的。由于中国封建经济结构的坚固性和它在一定程度上能容纳较高水平生产力的弹性作用，外国资本入侵和瓦解这个经济结构在客观上具有极大的困难，不过外国资本发现利用中国传统的经济结构进行寄生性剥削却有很大的便利。因此，它们不是以摧毁封建经济结构、在中国发展资本主义为目标，而是以勾结中国的官僚、封建势力，培植买办，利用原有的商业高利贷网剥削中国的农民和手工业者，作为其支配中国市场、扩大经济侵略活动的基本手段，即使是在外国资本侵略活动的资本输出时期，这一手段也仍然占有重要的地位。

表2　　　　　　　　中国资本主义发展水平　　　　　　　　单位：%

年份	近代工业在工农业总产值中占比	近代工业和工场手工业在工农业总产值中占比	近代交通运输业在交通运输业总收入中占比
1920	4.9	10.8	45.6
1936	10.8	20.5	51.0
1949	17.0	23.1	不明

资料来源：吴承明：《中国资本主义的发展述略》，《中华学术论文集》，中华书局1981年版。丁世洵：《关于中国资本主义发展水平的几个问题》，《南开大学学报》1979年第4期。

至于带有浓厚封建性的国家资本，它本来就和地主经济互相依存，当然更是竭力维护腐朽的封建制度。正如列宁所说，国家资本主义的性质决定于政权的性质。从清政府到国民党政府，从洋务派企业到国民党垄断资本，封建经济的主体始终不曾受到触动，这里资本和封建经济的对立已为国家资本的半封建性质所化解，中国封建经济结构的维持和延续正是主要得力于国家政权的保护和国家资本与之密切的结合。民族资本是中国近代资本主义关系中最具有积极意义的一种资本形态，但中国的民族资本从来也没有成为一支独立的经济力量，它一方面依附于外国资本和国家资本，另一方面它和封建经济联系的纽带仍然相当牢固。民族资本与封建经济之间既有对立的一面，又有利害共通的一面，而后者是主要的方面，民族资本在很大程度上是利用封建势力和封建剥削网从事剥削活动的，地主、资本家，二者也往往是兼而为之的。这里，我们把民族资本和国家资本并列在一起说明，绝不是要抹杀二者之间的区别，也不是否定民族资本以及民族资产阶级的两面性（不过，就民族资产阶级参加革命的可能性来说，其反封建的一面要远逊于反帝的一面），只是为了强调民族资本在半殖民地半封建经济结构中的依附地位，它在中国社会经济发展过程中虽然具有积极的意义，但并不能代表近代中国社会发展的方向，这一点它和国家资本是相同的；唯其如此，民族资产阶级不能领导中国的民主主义革命，而只能成为革命力量可以争取的同盟军。

总之，外国资本、本国资本和封建经济三位一体，这是中国半殖民地半封建经济结构最根本的特征，它说明中国资本主义的发展是建立在极为脆弱的基础上的。一方面，帝国主义的侵略和资本主义关系的扩大虽然促进了自然经济的解体，但由于农村封建制度的延续，农民被迫力求自给，这种解体过程总的说来是非常缓慢的，直至全国解放，中国农村的经济结构和生产结构没有发生本质的变化，继续保持着封建的半自然经济状态，市场的扩大很有限，在20世纪30—40年代的相当一段时间里市场是呈现不断萎缩趋势的。另一方面，由于封建经济制度的存在，自然经济的解体并没有为资本主义在农村的发展开辟道路,而是造成了地主土地所有制的发展和农村经济的破产,造成农村金融的枯竭和农民购买力的不断降低,这也正是中国这样一个以农民为主要居民的国家国内市场难以扩展、并不发达的资本主义还每每遭遇市场危机的根本原因。同时,农民经济地位的日益恶化和极端贫困也为新民主主义革命的发展准备了充分的条件,破产的农民不能为资本主义大生产所吸收,而是作为无产阶级最可靠的同盟军成为中国革命的主力。

鸦片战争后中国资本主义发展的历史表明,这种外国资本、本国资本和封建经济三位一体的经济结构,有利于帝国主义的经济扩张和对中国的政治控制,而不利于本国资本主义的发展,特别是民族资本,外有帝国主义的压迫,内有国家资本和封建经济的阻遏,其发展更为艰难。半殖民地半封建经济彻底崩溃的事实说明,半封建的资本主义是注定要失败的。

在中国资本主义发展史上,甲午战争是一个分界线。一方面,它表明在帝国主义时代,随着殖民地化程度的不断加深,中国失去了发展资本主义的外部条件,已经不可能正常地、独立地发展到资本主义。另一方面,甲午战争以后,外国资本、本国资本和封建经济三位一体的半殖民地半封建经济结构逐渐凝固化,这一结构根本不具备自身调节的能力,无论何种资本,都不具有打破封建经济结构的力量,无论是国家资本,还是民族资本,都不能承担摆脱帝国主义控制和压迫的任务,资本主义作为一种生产方式在中国的发展已经进入了死胡同,这表明半殖民地半封建的中国是不可能走上资本主义道路的。要使中国社会经济走上正常的发展道路,要使社会生产力得到解放,就必须从外部打破半殖民地半封建的经济结构,这个任务只能由无产阶级来担当。只有无产阶级领导的新民主主义革命和社会主义革命能够救中国,历史的结论就是如此。

(原载《中国经济史研究》1990年第1期)

抗战时期后方交通运输业的发展及国民党国家资本的垄断

在中国资本主义发展过程中，近代交通运输业是发展最快的产业部门，据巫宝三先生估算，1933年近代交通运输业的总所得在整个交通运输业总所得中所占的比重即已达到50%[①]。抗战前，国民党国家资本的产业活动在交通运输业也最为活跃，据统计，1936年国民党政府的产业资本为44000万元，其中54%集中在交通运输部门[②]。抗日战争期间，原有交通运输线路、邮电线路及交通、邮电器材遭受严重损失，为适应战争的需要和后方经济发展的需要，国民党政府乃大量投资，增修新的线路，补充各类器材，在交通素不发达的后方扩展近代交通运输业。抗战期间后方近代交通运输业建设和营运的主体是国民党国家垄断资本，兹将其发展概况分述如下。

铁路 抗战前整个西南和西北地区除滇越路（法国经营）及陇海路西安以东一段外，再无铁路交通可言。抗战开始，日寇首先抢占交通战略要道，至1938年武汉、广州沦陷；各主要铁路线相继陷于敌手，陷落和拆除的铁路线里程为8810公里（不包括"九·一八"后东北沦陷的6173公里铁路线），国民党统治区原有铁路线仅存滇越路、浙赣线、粤汉线株洲至曲江一段以及陇海线洛阳以西一段，里程为2609公里。这一时期，国民党政府完成了湘桂线衡阳至桂林一段的修筑，湘黔线完成株洲至蓝田一段，并将陇

[①] 巫宝三：《中国国民所得》。
[②] 吴承明：《中国资本主义的发展述略》，载《中华学术论文集》，中华书局1981年版。

海线由西安延至宝鸡，完成铁路新线总里程为 708 公里；与此同时，国民党政府还修筑了芜湖至歙县线孙家埠以南一段以及杭甬线杭州至曹娥一段，里程总计 314 公里，但完成不久又复沦陷或拆除。[①]

汉广沦陷后，国民党政府继续修筑湘桂线，1939 年底桂林至柳州段完成通车，柳州以南一段因其间南宁一度失守中途停工，路轨后移铺黔桂线，黔桂线于 1939 年间由柳州开始修筑，1940 年 10 月通宜山，1941 年 2 月通金城江，1942 年 2 月通六甲，1943 年 5 月通独山，1944 年中达都匀，湘桂战争后全路沦陷，后续工程亦告停止。广州沦陷后，对外贸易线路断绝，为开发新的国际交通线，国民党政府于 1938 年 11 月动工修建滇缅铁路，日本占领缅甸后该路失其修建价值，1942 年 4 月停工结束。与滇缅路同时开工的叙昆铁段在于沟通川滇交通线路，因材料供应不足，至 1942 年 4 月停工，仅完成昆明经曲靖至霑益一段。宝天线工程 1939 年开始筹办，该路全长 154 公里，蜿蜒于崇山峻岭之中，隧道总长达 22 公里，工程极为艰巨，1945 年年底方完工通车。此外，为矿产运输便利，国民党政府还修建了一些铁路支线，如陇海路咸铜支线，由咸阳接铜官煤矿；粤汉路白扬支线，由白石渡至杨梅山矿场；湘桂路之黄阳司支线，通达窑冲煤矿；还有綦江铁矿运输支线，以及柳州至来宾、大湾的联络水运的支线等。汉广沦陷至桂林陷落这一时期，国民党政府共新修铁路 1187 公里，但其中 846 公里的线路在桂黔之役沦陷或拆除[②]。抗战期间，国民党政府共修筑铁路干线 2326 公里[③]，对于后方交通运输业的发展起了重要的作用。

抗战期间，国民党政府的铁路营业里程较战前大幅度减少。据

---

① 以上据国民党政府交通部编印《十五年来之交通概况》铁道章及该章附图（三）。
② 同上引书铁道章及该章附图（四）。
③ 国民党政府交通部档案二〇（2）324，《抗战前后交通概况重要统计资料》，并参见附图（二）。

《中华民国统计年鉴（1948）》《交通部统计年报（1946）》的资料记载，1936年年底，全国除东北外，铁路营业里程8983公里，其中干线里程8363公里，支线里程620公里，到1944年年底，分别减少到1625公里、1443公里和182公里。车辆及各类器材也受到重大损失，据1936年6月底统计，全国国营铁路有机车1243辆，客车2047辆，货车15482辆，特种车380辆，到1944年年底，仅有机车207辆，客车446辆，货车2307辆，特种车90辆。特别是对外贸易港口沦陷以后，车辆及大型交通器材不能进口，原有车辆大多超期使用，毁损严重，至抗战后期，铁路车辆完好率大体只有2/3左右。由于铁路里程和车辆减少，铁路运输量较战前全国水平（不包括东北）相比也大为减少，铁路年平均客运量不及战前年客运量的1/3，年平均货运量只相当于战前年货运量的1/10。不过，抗战期间后方铁路的每公里平均运载能力较战前有所提高。

公路及驿运 国民党政府成立以后，即把公路建设列为五大要政之一，至抗战前夕，国民党政府新修公路约9万公里，平均每年增修近9000公里。战前，国民党政府公路建设的重点在东南，主要是为了配合对红军的反革命"围剿"。抗战开始后，后方铁路里程短少，水运又素不发达，除长江上游外，其他水路均未开发利用，公路运输遂成为后方交通运输业的中心，国民党政府乃着手于西南西北公路交通网的建设，公路建设是战时国民党政府在交通运输业投资最多的部门。在战时交通运输累计投资中，公路建设投资占比55.9%。

上海失陷后，为维持国际运输通道，国民党政府首先对广九、湘粤、湘桂等公路施以改善工程，以扩大香港与内地之间的运输能力，西北方面则对西（安）兰（州）、甘新两路进行改善，以便接通衔接苏联铁路承运物资；在西南方面国民党政府于1938年修筑了桂越、滇缅两条公路，沟通了经过越南和缅甸的进出口物资运输线路，汉广沦陷后这两条公路对于维持进出口贸易发挥了重要的作用，为接通国际线路之联络线，国民党以滇缅公路为主体，修筑了西南公路的三条主要干线：一为由昆明经贵阳至重庆之昆筑渝线，二为由昆明经曲靖、毕节至泸州之川滇东路，三为由滇缅路之祥云附近转北经兆安、西昌至乐山之川滇西路。昆筑渝线最为繁忙，贵阳北通重庆，西接昆明，东至沅陵、藏江，南下柳州、桂林，成为西南地区公路运输的中心。川滇东路虽系辅线，但其路程较短，物资运至泸州后可顺水而下重庆，因此兵工设备及重要工矿器材、航空油料等多数取道川滇东路。川滇西路全长1073公里，沟通了川康和云南之间的交通，可接运由滇缅路而来的物资直达川省腹地。滇缅路失陷以前这段时期，除上述主要干线外，国民党政府进行的公路建设工程还有：（1）修筑衡阳至宝庆、洞口至榆树湾两条公路，两路共长248公里，缩短了东南各省与西南之间的运输线路；（2）修筑贺县至连县公路，全长150公里，为粤桂间要道；（3）修筑安康至白河、安康至南郑两条公路，两路共长525公里，是沟通陕南鄂北间交通的重要公路；（4）修筑天水至双石铺公路，长231公里，为西兰路通川陕路之要道；（5）对以贵阳为中心的西南公路，以兰州为中心的甘新、西兰、川陕各路进行改善路面工程。

滇缅战役之后，西南国际陆路交通已经完全断绝，国民党政府为开辟西北国际运输通道，乃将公路建设的重点移至西北地区，修建了青藏、康青、南疆三条公路。青藏路自青海西宁至玉树，全长797公里，该路穿越青海草原，平均海拔在4000米以上，气候高寒，冬春冰雪载道，每年施工期仅五个月，给养均须由西宁内运，该路1943年春动工，1944年9月底竣工通车。康青路自康定至青海之歇武，与青藏线相接，全长792公里，该路穿越折多、海子等高山，甘孜以北一段海拔也均在4000米以上，施工环境的困难与青藏路相似，给养由雅安供应，运程平均达600公里，这项工程1942年年底开始，1944年10月完成通车。南疆路自甘肃敦煌至新疆婼羌，全长739公里，道经荒漠，人烟稀少，1945年年初由甘、新两公路工程处负责同时动工，11月底甘肃境内路段完成，次年1月新疆境内路段方完工。在西南地区，为适应中印缅战场军事运输需要，1943年年初中美开始合修自列多经新平阳至密支那的中印公路，是年12月完成了列多至新平阳最困难的一段工程，1944年秋新平阳至密支那段亦通车。这条公路的建成不仅有利于中缅战场的对日作战，而且为后方进出口物资的运输提供了新的陆上交通线，当时后方进出口物资运输主要依靠中印航运交通线，由美国输入的物资大量积存印度港口加尔各答，因此该公路通车可以稍微缓解后方进出口物资运输的困难，为使中印公路与国内交通线路相衔接，国民党政府同时开始修筑保山经腾冲至密支那的公路，该路所属的保山经龙陵至腾冲的支线先行完成，干线腾冲至密支那段1944年10月动工，次年1月打通，保山直达腾冲的干线1945年1月开工，4月下旬完成，这样由保山经腾冲、密支那至列多的时人所谓的"史迪威公路"始告全线通车。该公路穿越原始森林和蛮荒地带，人迹罕至，瘴疠为患，工程之艰巨和给养供应之困难较其他公路建设工程更甚。滇缅路失陷至抗战结束这段时期，国民党政府进行的公路工程还有：（1）修筑云南省东南区公路支线以及绿葱坡至资邱公路等；（2）为扩大运输能力，继续对各公路干线进行改善工程；（3）修复湘桂两省收复地区的公路，如南宁至百色线，南宁至柳州线，宾阳至廉江线，南宁至钦州线，金城江至大塘线等。抗战期间，国民党政府在后方共新修公路14331公里，修复公路12576公里，对公路进行改善工程的总里程为10万余公里，这些公路建设工程，对于西南和西北地区公路交通网的形成，对于公路运输业的发展以及对于后方经济的维持所起的作用是明显的。

抗战期间，国民党统治区的公路通车里程较战前全国里程大为减少，1937年抗战前夕，国民党政府统治地区公路通车里程为109500公里，到1942年滇缅路失守后公路通程仅为53000公里，尚不及战前的1/2。战时后方公路都是仓促建成，交通环境一般也比较恶劣，尽管进行了大量的改善工程，多数公路路面状况还是较差，加上敌机对交通线的轰炸骚扰，车辆损毁很快，而新车辆和交通器材的进口、补充又很困难，汽车登记辆数较战前也大幅度减少了。民用车辆由1936年年底的62000辆下降到1944年年底的32484辆，仅及抗战前的52.4%。在上述登记车辆中，自用客车占了很大的比例，货车很多也为政府机构和国营企业所有（如资委会等都辖有庞大的汽车运输队），据有关资料载，1944年后方营业性车辆共7321辆，只占后方登记车辆总数的22.6%，其中国营公路运输机构（交通部公路总局各直辖运输处）拥有车辆4498辆，占营业性车辆的61.4%，私人营业性车2823辆，所占比重为38.6%[1]。这些营业用车辆的完好率也很低，如1944—1945年，营业用车辆的完好率只有40%—60%（客车完好率稍高一些），因此战时后方公路运输量难以提高，而且很不稳定。

汉广沦陷后，汽车运输十分紧张，国民党政府在1938年10月的交通会议上决定利用人力和畜力扩大运输能力，以弥补汽车运力的不足；交通部遂设立驮运管理所负责这项活动，陆续开辟驮运线路，经运进出口物资，此为驿运之开端。1940年9月交通部成立驿运管理总处，代替原来的驮运管理组织，并在后方各省也都设立了省驿运管理处。交通部驿运管理总处负责干线和国际路线的营运，管辖有川黔、川滇、川陕、甘新、新疆5条干线，共辟主要驿线6689公里，其中陆路占87%，水运占13%；国际路线有：新苏线——猩猩峡经迪化至苏境之霍尔果斯，驿线长2013公里；新印线，即叶列线，由新疆叶城至印度列城，该驿线分东西两线，里程分别为1005公里和1160公里；康藏印线——自康定经拉萨至印境葛伦堡，全长2510公里。各省驿运管理处负责经营支线运输，川、滇等12省辟有主要驿线21319公里，其中陆路占55%，水路占45%。为发展驿运，1940—1944年国民党政府拨用于驿运的建设经费总计1.8亿元，略低于对水运业的投资，占同期交通事业建设经费的2%。抗战期间，国民党政府的驿运机构共承运货物136万吨，总运量为1.96亿吨

---

[1] 交通部编：《公路统计年报》，1944—1945年合订本。

公里①，相当于同期汽车货运量的289%；客运共三千余万人，总运量约为3.6亿人公里②，相当同期汽车客运量的50%。这在一定程度上缓和了后方交通运输的紧张状况。

水运 抗战前中国航权操诸外人之手，外国资本拥有的轮船总吨位超过了本国所有的轮船总吨位，至抗战前夕，本国拥有轮船的总吨位仅有60余万吨，其中国民党政府经营的招商局的轮船吨位为86300余吨，加上地方政府航运机构拥有的轮船，公营轮船吨位占国内轮船总吨位的比重估计在15%左右。抗战开始后，船舶损失是十分严重的。国民党政府对于抗战缺乏准备，不修江防工事，为防止日舰侵入，乃大量征用轮船沉于港口作为阻塞工具，先后沉船达87艘，计11.7万吨，占战前本国轮船总吨位的20%；还有大量船舶被敌机炸沉或来不及撤离而自凿沉没；另有一部分船舶未能撤离至内河，为保存计而移转中立国籍，其数共130艘，吨位总计14.5万吨。及至1937年年底，国民党统治区的轮船艘数只有战前的1/2，吨位仅11.8万吨，相当于战前吨位的20%；汉广沦陷后，轮船进一步减少，1938年年底后方轮船的总吨位降到8.7万吨，以后更是逐年减少。招商局的轮船吨位减少的幅度较民船要小得多，因此其轮船吨位占总吨位的比重较战前反而提高了。

战时撤退到后方的轮船，大致吃水深而马力不大，不能完全适用于流急滩多的长江上游航道，特别是招商局的一些吨位较大的江海大轮更不能在川江行驶。国民党政府为解决轮船运力不足的问题，设立了川江和西江两个造船处制造船舶。两处设计了一些吃水浅、吨位较小（一般在200吨左右）、马力较大宜于后方水域行驶的浅水轮船，先后制造20余艘，吨位约4000吨，因原材料供应紧张，新增轮船数量太小，国民党政府扩大水运能力主要依靠大量制造木船，两江造船处在战时制造载重6—60吨级的各类木船共2671

---

① 交通部编：《公路统计年报》，1944—1945年合订本。
② 《十五年来之交通概况》仅有干线客运量的统计，支线运量系笔者据里程估算。

艘，计42914吨。战时，国民党政府对木船运输也由航政机构加以统制，据统计，在后方1941—1942年帆船运输的高峰时期，其航线里程近4万公里，是轮船航线里程的三倍多，由船政机构登记和管制的帆船总吨位达36万吨，其运力是轮船的5—7倍，其他年份也都在3—4倍[①]。

抗战开始以后，随着沿海和长江中下游区的沦陷，轮船航线也日趋缩短，国民党政府为维持水运，陆续开辟了一些新的航线，抗战期间国民党政府新辟轮船航线3500余公里[②]，主要航线有：（1）沅江线 湖南常德至沅陵段，水程203公里，一向只驶木船，1938年交通部会同西南运输处开辟和试航该线成功，随后又增辟了沅陵至辰谿段航线，进一步发展了湘西的水运业。（2）湘宜线 武汉沦陷后，交通部开辟长沙经安乡、公安、松滋至宜昌航线，沟通了湘鄂水运。至宜昌失陷前，该线极为繁忙，运送物资器材数万吨，并承担了大量客运。（3）嘉陵江线 战前嘉陵江轮船航线止于合川，1939年该航线延至南充，除枯水季节外，重庆至南充间轮船可全线通航。该线的开辟有利于沟通西南与西北间的运输。（4）金沙江线 金沙江水位不浅，只是滩险流急，轮船航行极为困难。交通部等组织勘探队勘测了全线，随即成立金沙江工程处修浚航道，宜宾至安边一段首先通航，嗣后航线又延至屏山。

抗战期间国民党政府在航运建设方面的另一项主要活动是创设绞滩事业。川江险滩最多，船舶上行也最艰难，如宜昌至重庆水程350海里，而著名险滩在50处以上，流急之处时速竟达13海里，可见航行之难。1938年秋交通部组织绞滩管理委员会，开始设立绞滩站，至1941年，在川江、嘉陵江、沅江的急险处共设绞滩56站，后经裁撤，1944年各航道共有绞滩38站，这些绞滩最大绞运能力可达4000吨级，多数绞滩站的绞运能力在500吨上下，这些

---

① 交通部档案二〇（2）289，《交通统计概况》，1943年；《交通部统计年报》，1946年。
② 同上。

绞滩站对于扩大后方水运能力起到了积极的作用。

抗战期间，后方水道运输的主力还是木船，轮船运输能力因船舶缺乏而较战前大为减少，1937年到1945年，轮船客运量由16338千人下降到7418千人，下降了54.6%；货运量由22873千吨下降到1665千吨，下降了92%以上。关于招商局和地方政府所属轮船的运量无系统资料，据轮船吨位和零散资料估算，其运量大约占后方轮船运量的30%。

空运 抗战开始以后，以上海、南京、北京、郑州等为中心的航空线相继停航，国民党政府经营的中国和欧亚两航空公司遂在重庆、昆明设置新的总基地，将总事务所及技术设备中心分别移至这两个城市，原西南航空公司的航线因日军在粤省空袭频繁乃全部停航。航空线路减缩以后，空运业务更显繁忙，中国和欧亚两航空公司遂筹设新的航线，在汉广沦陷前先后开辟的航线有：重庆—桂林、汉口—长沙、重庆—泸县—敍府—嘉定、重庆—桂林—广州—香港、汉口—西安、昆明—成都、昆明—河内等①。汉广沦陷后，国民党政府以重庆为中心进一步扩展航空线路，至滇缅战役前两公司先后开辟的航线有：重庆—昆明—腊戍—仰光、南雄—香港、重庆—昆明—腊戍（缅甸沦陷后改为丁江）—加尔各答、重庆—西安—兰州—武威—张掖—哈密、重庆—兰州、昆明—桂林②。1939年12月，中苏合资经营的中苏航空公司正式成立，总基地设于迪化，专营哈密经迪化、伊犁至苏境阿拉木图一线。1941年8月中德断交，欧亚航空公司的德方资产由国民党政府接收，该公司为国营，同时亦易名为中央航空公司。太平洋战争爆发，中国、中央两航空公司在香港的飞机因空袭遭到严重损失，大型飞机全被炸毁，随之飞香港、越南、缅甸的航线也都相继停航，对外空运线路只存加尔各答一线，中国航空公司除继续经营普通空运业务外，又受国

---

① 参见《十五年来之交通概况》航空章及该章附图（二）（三）（四）。
② 同上。

民党政府之命开始办理中印空运，从租借法案获得部分运输机，承担进出口物资的运输。滇缅战役至抗战胜利这段时期，中国、中央两航空公司新辟的国内航线有：昆明—丁江、宜宾—丁江、泸县—丁江、重庆—汉中—宝鸡、重庆—湛江—柳州、成都—雅安等[①]。抗战期间，国民党政府在后方共新辟航空线万余公里[②]，虽屡遭损失，但多数年份较战前无显著减少。

抗战前期，国民党政府民航飞机架数较战前略有减少，1941年年底至1942年间飞机架数减少较多，1943年以后飞机数量又大增，各年平均与战前大体持平。战前，国民党政府民航公司运输任务往往不足，战时因其他交通工具缺乏，特别是海陆进出口线路阻断以后，空运显得更为重要，运输任务极为繁重，因此中国、中央两航空公司的运输量增加非常迅速，单机运输效率较战前有了很大的提高，1938年到1945年，民航客运量由1.5万人增加到6.1万人，增长了3倍多，货运量由26.4吨增加到2.87万吨，增加了107倍以上。1938—1945年，中国、中央两航空公司共运客28万人，总运量近2.3亿人公里，相当于同期国营公路客运量的16%；两航共运送货物（包括邮运）9万吨，总运量约7500万吨公里，相当于同期国营公路货运量的8.3%。可见，民用航空是国民党政府近代交通运输业发展最快的部门，抗战期间民航运输在后方交通运输业的地位和作用是相当重要的。

邮政 战前国民党政府经营有邮政局所72690个，邮路里程为58.48万公里，拥有职工2.8万余人。抗战前期，原有邮政局所1/4停闭，邮路里程减少了1/3，国民党政府在前方各个战区重新组织邮政机构，竭力维持邮政业务，同时着重在西南、西北地区扩展邮政业务网，开办新的邮政局所和开辟新的邮路，至1942年年底，国民党政府共新设邮政局所16440个，新辟邮路20万公里[③]，

[①] 参见《十五年来之交通概况》航空章及该章附图（二）、（三）、（四）。
[②] 交通部档案二〇（2）289，《交通统计概况》，1943年。
[③] 同上。

这样国民党统治区的邮政局所较战前只减少千余个，邮路里程还略有增加，邮政职工也增加到4.1万余人。香港沦陷之前，后方与沦陷区间的邮运仍通过桂越公路、滇缅公路和渝港航空线得以维持，滇缅战役后，后方与沦陷区间的邮运经先后组成的浙东、湘北、鄂中、鄂东等邮路维持，1943年以后各线停闭，除一些新组织的秘密邮路勉强维持外，后方与沦陷区间的邮运基本断绝。抗战期间，铁路线短少，公路运输极为繁忙，邮政机构为扩展业务乃自组邮政汽车运输队，1942年高峰时邮政汽车达到560多辆，经营有滇黔、川黔、川陕、桂黔、浙赣、粤汉、湘桂等邮路干线及滇缅国际邮路。由于邮政局所和邮路里程无显著减少，职工续有增加，尽管后方交通困难、运输紧张，1942年年底以前国民党政府的邮政业务除包裹一项有较大幅度减少外，各类信函的收寄数量与战前相去不远，1940—1942年的信函邮递数量都达到8.7亿件左右，均高于战前最高年份（1936年信函邮递量为8.5亿件）。

电信 抗战前国民党政府电信机构有电报线路约9.3万千米，长途电话线路约4.7万千米，市内电话线条长度约342千对·千米，战时电报线路损失共计3.9万千米，长途电话线路损失累计达5.8万千米，市内电话损失在98%以上。抗战期间，后方电信业务剧增，国民党政府为维持后方通信联络，开始修建新的通信线路，大量增加各类电信机械，主要电信机械的数量和质量较战前都有所提高，到1945年年底，已拥有无线电机365部，长途电话机1006部，市内电话交换机容量达到11.85万门，分别比1936年增加了1.7倍、2.2倍和0.59倍。战时国民党政府在后方共架设电报线路4.5万余千米，架设电话线路4万余千米，并在后方各城市陆续修建市内电话设施。因此，除市内电话容量仍远远低于战前外，长途电话线路有了增加，而且先后完成了筑桂、桂衡（阳）、衡长（安）三条载波电路，增设了载波机件，电话通话能力较战前有显著提高；电报线路虽略低于战前，但由于采用了新式电报机件，通报能力也有较大提高。抗战期间，后方无线电通信业务发展也很迅速。原设上海的国际无线电台在战争开始后先移至武汉和广州，汉广沦陷后又移至成都，抗战后期为方便国际通信而移至重庆。湘桂战役后，东南各省与后方的有线通信断绝，也完全依靠无线电报维持通信联络。战时后方无线电台由战前的 70 余座增加到 170 余座，无线电机械数量较战前成倍增长，机械的质量和功率也大为提高。抗战前期，后方电信局所较战前有所减少，后期数量逐渐超过战前，因业务繁忙，职工人数较战前有较大幅度增长，1945 年年底，职工人数达到 4.9 万人，比 1936 年增加了 1.4 倍。各种电信业务除市内电话用户数大大少于战前外，电报和长途电话的业务量较战前均有大幅度的提高。

投资和经营状况总述 抗战期间国民党政府在建设经费支出项内设有交通建设专款，这是交通建设投资的基本来源（实际上可以说是唯一来源，因为政府经营的交通事业各个部门除铁路、公路在抗战初期略有盈余外，其余时期各部门都是累赔不堪，企业不能积累资金扩大再生产），据交通部财务统计，1937 年 7 月至 1945 年交通各个部门总计获得建设资金 13019043.7 万元。折合战前法币约合 45569 万元。另据国民党政府财政部有关统计资料，国民党政府历年拨付的交通建设专款总额与上述统计大体相同，但各年数额有所不同，依照财政部的统计，交通建设投资额折成战前法币则合 52361 万元，这一投资额大约是同期国民党政府对工矿业投资额的 1.9 倍。

抗战期间，国民党政府对交通运输业采取严格的统制政策，运输业务和运输价格都由政府加以管制，在通货膨胀的影响下，各种运输价格及邮资、电资的增加远远低于后方整个物价上涨的速度。以 1937 年上半年为基期，则到 1945 年，货运价格指数最高的铁路货运价格指数，也仅为后方趸售物价总指数的 25.9%；邮资比率最高的就地投送，其邮资比率也仅为后方趸售物价总指数的 55.9%；电资比率最高的长途电话，其收费比率，仅为后方趸售物价总指数的 10.7%。加之后方交通环境差，运输成本更高，因此大多数年份交通各部门的经营都是严重亏损的。如铁路和公路运输在1942年以前尚可勉强维持，嗣后亏损额不断增大，便由政府实行补贴政策，仅公路1945年上半年价格补贴额就达100余亿元法币；又如航运业1945年3—12月对长江各轮船公司的补贴即达22亿余元；再如邮政历年亏损总额达85亿元，政府补贴额为31.6亿元，电信历年亏损额达62亿元，政府补贴额为54亿元，其余亏损依赖从国家银行借垫弥补。因此，仅就营业收支对国民党政府交通运输各个部门的经营状况难以作出估价，为便于比较各部门历年的经营状况，我们按照各部门的业务量和战前价格，对后方近代交通运输业各个部门的总所得作了一个粗略的估算。战时国民党统治区铁路和轮船运输总所得较战前全国总所得（不包括东北，下同）有大幅度的减少，1945年与1936年相比，分别下降了79.4%和88.9%；公路运输总所得（仅指营业性车辆）稍低于战前全国总所得（1945年比1936年下降了21.5%），但比1933年水平略高（1945年比1933年增加了16.6%）；航空运输总所得较战前有大幅度增长（1945年比1936年增加了近20倍）；邮政总所得平均水平与战前全国水平接近；电信总所得在后期已经超过了战前全国水平（1945年比1936年增加了70.6%）。总的说来，抗战期间国民党国家垄断资本在交通运输业的发展是比较迅速的，相比之下民营资本在交通运输业的活动范围越来越小，1936年民营资本近代交通运输业总所得占全国的比重尚近30%，抗战期间这一比重逐年下降，到1945年，民营资本近代交通运输业总所得在后方只占8%，而国民党国家资本的近代交通运输业总所得占后方的比重却高达92%，足见其垄断程度之高。

抗战期间，后方人民特别是参加交通建设工程的员工和各交通部门的广大职工对近代交通运输业的发展做出了卓越的贡献和极大的牺牲。战时各项交通工程的建设很少应用机械，主要依靠人工劳动，每有建设工程国民党政府都要征用大量民工，如湘桂铁路千余公里路基土方，全部由一百余万民工挑土筑成，肩挑背荷，艰辛异常，该路北段衡阳至桂林段一年完工，筑路速度达到每日一公里，又如宝天铁路20余公里的隧道全赖建设工人腕力凿通,再如滇缅公路,穿越怒江、澜沧江、漾濞江三条大河,途经原始森林和荒僻地带,15万民工奋战一年方使该路全线通车。战时后方修建的铁路、公路及其他交通建设工程基本上都处于自然条件极为恶劣的边远地区或深山荒漠,广大交通建设员工付出的努力和牺牲是可以想见的。抗战期间国民党政府交通运输部门的职工人数除邮政、电信部门有系统统计外,其他部门资料均不完整,唯1942年、1943年两年职工人数统计较为完整,1942年交通各部门职工总数为19.3万余人(其中铁路近6万人,公路约5万人),1943年职工总数为17.9万人(其中铁路5.5万人,公路4.87万人)[1]。战时广大交通职工在艰苦的环境下维持后方交通运输和邮电事业,他们也同样做出了很大的努力和牺牲,交通职工战时伤亡人数即达5864人(其中死亡4207人)。对后方交通运输事业真正做出了贡献的是广大交通建设员工和交通运输部门职工,他们的爱国精神和爱国业绩是不可磨灭的。遗憾的是,广大爱国员工的牺牲和努力未能被国民党政府积极地用于抗日战争事业。

(原载《开发研究》1992年第4期)

---

[1] 据国民党政府交通部编1941—1946各年《交通部统计年报》综合。

近代中国钨、锑、锡业发展简史

钨、锑、锡的生产和贸易在中国近代矿业开发史上具有重要的地位。1936年，国民党政府为适应易货偿债政策的需要，指令资委会对钨、锑等偿债矿品实行管制。以此为界，近代中国钨、锑、锡业的发展大体可分为两个时期。本文拟从以下几个方面简要说明近代中国钨、锑、锡业的发展。

一 近代中国的钨、锑、锡生产

钨、锑、锡均为重要的工业原料和战略物资。中国钨、锑、锡矿产资源极为丰富，钨、锑的储量均占世界首位，锡的储量居世界第二位。矿藏分布也比较集中，主要在赣、粤、湘、滇、黔、桂六省，其中又以江西之钨、湖南之锑、云南之锡储量最丰，分别为我国钨、锑、锡的主要产地。

中国钨矿开采始于清朝末期，但在1914年以前产量很少，全国钨精砂产量只有18吨，仅为世界总产量的0.1%；第一次世界大战期间才有了较快的发展，1915—1918年，产量超过1万吨，占世界总产量的比重跃升至13.5%；至战后中国钨产量即跃居世界首位，1919—1925年，产量达到2.8万吨，占世界总产量的47.2%，1926—1929年则突破3万吨，占世界总产量的65.1%，成为最大的钨砂生产国。中国钨矿国内不能冶炼和利用，全部用于向德、英、美、法等国出口。

中国于光绪十年（公元1884年）即在湖南开采锑矿，但当时不能冶炼，仅以净锑砂售与外商；至1894年始能冶炼生锑出口；1908年湖南锑矿华昌公司购得法国人（Herreshmidt）挥发烘砂炼锑法的专利权，开始冶炼纯锑，其他矿商也纷纷模仿赫氏炉的构造，因陋就简，制成土法炼炉，至第一次世界大战期间这种土法炼厂已遍设湘锑各矿，纯锑年产量高达28000余吨。1908—1938年，中国平均年产纯锑为17100万吨，占世界产量的62%。中国所产锑品也全部用于出口，所以在世界锑业贸易中所占比重更大，1928—1936年中国锑品出口占世界锑净出口总量的75%。

中国锡的储量虽丰，开采历史也极为悠久，但发展比较缓慢，而南洋一带锡矿早就由英资新法开采，产量达世界总产的2/3左右，控制了国际市场。中国锡产量在抗战前只占世界总产量的6%左右，居第五位。

中国钨、锑、锡等矿产的储量如此丰富，而美、英、法、德等主要帝国主义国家都没有或较少这些矿产资源，因此中国的钨、锑、锡等矿产必然成为帝国主义列强所掠夺的对象。

二 管制前生产状况

中国钨、锑、锡等矿产主要是用土法进行采炼。如钨矿就是全部以土法开采和洗选；锑矿仅湖南益阳板溪锑矿一处采用新法开采，产量只占全国总产的8%；云南个旧锡矿采用新法生产者只有云南锡务公司和云南炼锡公司两家，其平均产量约占全矿区产量的10%，而且云南炼锡公司只事冶炼，并不开采和洗选锡砂，云南锡务公司虽用新法开采，但锡砂的洗选和冶炼则仍用土法。下面我们分析一下土法生产的基本状况。

1. 开采

钨、锑、锡主要是矿脉开采。土法采矿都是由露头着手，缺乏科学的勘探，对矿体的位置和变化无从了解，即行开窿（赣、湘称井巷为窿，滇则称硐或硐尖）。由于生产工具极为简陋，劳动生产率十分低下，每个矿工平均日产矿石只有20—30公斤，折合成净砂不过1—2公斤，成色较低的连1公斤也折合不上。赣钨和云锡除矿脉开采外，还有挖掘露天散砂和冲洗风化砂砾的，其方法更为原始，产量也很少。

2. 洗选

先将矿石锤成细砂，经筛选后粗大的锤石仍需锤细，然后将细砂投入木盆或木槽冲洗，将杂入的土石冲洗掉，矿砂较重则留于盆底或槽内，这样需经数次反复冲洗才能获得含金属六七成的净矿砂。效率很低，而且所洗净砂因共生矿物关系，所含锡石（对钨砂而言）、砒石及铅等矿物则非人工所能拣选，这些杂质超过标准对金属冶炼质量影响极大。

3. 冶炼

冶炼多用土法。据湘矿调查，锑冶炼损失高达砂内含锑量的20%以上。所炼之锑成色不一，含铅、砒等杂质往往超过标准，对销售和价格影响极大。云南土法所炼之锡成色多数不合标准，须转售与香港之冶炼厂重加冶炼方转销欧美市场。

以上就是资委会实施管制政策以前钨、锑、锡生产的基本状况，当然各地、各矿之间差异很大，因此与这种生产力水平相应的生产和经营制度也是非常复杂的，约可概括如下：

1. 家庭矿业制

这是最原始的经营，虽不占重要地位，但在江西各矿区普遍存在。这种制度以开采小矿，尤其土洞为多，大凡一家数口，至多有亲戚一二人帮忙，从事采矿，不计资本，不计工资，由家长负责管理。也有作为家庭副业的，其规模更小，作辍无常。

2. 合伙制

亦称合股制，是江西矿区最重要的生产形态，即若干亲戚朋友或同乡邻村之人，共同集资经营采矿，伙友同居"工棚"，共开一窿或数窿，所得利益按股均分。每棚推一棚目负责管理，并兼理管账、采购物料、交售矿砂及对外接洽等事宜。棚目一般除办理公共事务可不下矿窿工作外并无其他利益，如棚目另负有借垫款项之类责任时，也有多分5%—10%利益。合伙制的工棚也有无股资的工人，这些矿工属雇佣性质，工棚除提供工具和食宿外，另按当地水平付给工资。

3. 缴棚制

此制在江西各矿区亦占相当重要之地位，即由棚主供给矿工生活必需品及材料、工具，矿工产出钨砂所得价款，应先扣除棚主所垫付的费用，所余盈利由棚主与矿工按成分账。棚主所取得的这部分纯利，称为"缴棚"，收取方法有三种：（1）多分一股或两股；（2）"抽砂"一般每得净砂百斤，棚主抽砂10斤；（3）"抽费"，即在售砂款中抽取8%—10%的款项。如有亏折，亦归棚主负担。棚主完全领有矿窿，可以随意招收或解雇矿工。这是一种介于合伙制和雇佣制之间的一种特殊形式的制度。

4. 包工制

这是湘、滇各矿区生产和经营的主要形态。各公司并不直接从事矿砂的采选，而是将矿区包租与他人开采，承租人俗称包头。包头出资，招募工人，所得矿砂或公开标卖与各炼厂，或售与该公司，公司抽其砂价自1/10至3/10或4/10不等；也有一些公司采取大包办的形式，即以矿区出租于他人，采炼等事悉归承包人自理，公司只坐等收锑，从价格上进行控制，攫取利润。云南个旧锡矿相当一部分矿主也是不直接经营，由"上前人"承担，甚至层层转包，有子尖、孙尖之称，矿主一般也提供部分资本或物料，然后从砂价内扣还垫资并抽收租金，如有亏折，承担人应得之抽收归矿主享有。

5. 雇佣制

湖南的炼厂、云南的炉号以及一部分矿窿采取雇佣制，矿主或厂主直接雇工经营。当然缴棚制和包工制下的劳动制度一般来说也是雇佣性质的。就钨、锑、锡的生产来说，除湖南的炼厂外，其他矿厂所存在的雇佣劳动制度都不是纯粹资本主义性质的，工人并不是完全的工资劳动者，食宿均由矿厂供给，所得工资甚微，往往不及膳食所费。据已有统计，云南个旧锡矿雇工最多时达到 7 万余人，湖南锑矿的雇工在 1 万—1.5 万人，江西钨矿两万多矿工中属于雇佣性质的是少数，加上湘、桂钨锡矿区的雇佣工人，总数当在 10 万人左右。

总之，中国的钨、锑、锡生产除个别新式矿厂外，经营分散，规模狭小，是一种简单再生产的结构。这是和生产力水平落后而造成的矿业投资困难分不开的。矿业投资周期较长，运用不灵，本来就难以吸引投资，再加上土法开采盲目性很大，结果难卜，投资风险大，这就形成了钨、锑、锡生产资本微小，资金短绌的普遍现象。上述种种分散狭小的经营制度正是这种现象的反映。这些土法经营的矿厂在正常的生产条件下，资金仅能勉强运转，维持简单再生产，而一遇意外即行崩溃，这是中国钨、锑、锡生产发展缓慢的基本原因。

三 管制前销售状况及商业资本对生产的控制

钨、锑、锡分散狭小的生产和经营为商业资本的控制提供了基础。试以赣钨、湘锑、云锡的销售状况说明之。

1. 江西钨矿的商贩制

江西钨矿的商贩多为地主、高利贷者和殷实商人，经营内容一般有三个方面：其一为收买钨矿，其二为办理小额贷款，其三为贩卖矿工日用必需品、生产材料及工具。不少商贩还自办矿窿，兼为棚主。专收钨砂的钨商为数极少，都为资力雄厚的富商，他们控制着小商小贩。商贩为生产者提供一部分资金，往往不收取利息，但生产者须负二重义务：一是购买物料须向商贩所开店铺；二是矿砂须售与该商贩。于是商贩得了双重利益，一方面在售出物料时尽量提高价格，另一方面在收买矿砂时尽量压低价格，并使用大秤（每担常较标准高出 15—20 斤）和提高矿砂成色标准，掠夺矿工所得。这两个方面的剥削使得生产者困苦而商贩盈肥，生产状况好一些的尚能在原有水平上再生产，生产状况差的则不能清偿债务，进一步为商贩所控制。商贩制束缚了钨矿生产能力的发展。

2. 湖南锑矿的采、炼、销分营制

湘锑各矿分散狭小，所出之锑砂远不足开炉冶炼之用，须售与专设或独立的炼厂从事提制；而炼厂因资本缺乏，因此有贩运商活动其间，形成采选、冶炼及运销分营的制度。矿砂开采最为分散，各矿资本微小，产砂后需立即售出始能继续生产，无力存积矿砂"待价而沽"，而炼厂相对矿窿而言规模较大，资本也雄厚一些，因此矿砂的交易完全为各炼厂所控制，炼厂可以抑低价格侵吞矿窿的应得利润。但湘锑的交易中心在长沙，炼厂将所炼成的锑品运至长沙，近者需一周以上，远者常需二三十日，且不能马上脱手，因此炼厂自行运销需有大批资本才能运转，而绝大部分炼厂是没有这种财力的。各炼厂在锑品炼成后也需及早售后资金к敷运转，这样财力更为雄厚的贩运商便从中操纵把持，以远低于长沙市价的价格收购锑品，在扣除运杂费用后每吨锑品的纯利常在数十元至百余元。这种分营制的结果就是冶炼控制开采，运销控制冶炼，商业资本侵吞了企业的应得利润，使得矿业更难以发展。

3. 云南个旧锡矿的销售和湘锑状况相似

据1934年统计，个旧矿区共有峒尖4200多户（平均每峒仅员工十一二人），但炉号只有50余个，锡商更少，个旧只有7家锡商（包括两家法商控制的公司），运香港精炼的云锡则为四家港商所垄断，可见个旧锡矿中商业资本对生产的控制更为严重。

总体来说，中国钨、锑、锡的产销分离不是产业发达的结果，而正是产业不发达的结果，商业资本的发达反过来又束缚了产业的发展。同时，这种产销结构也为官僚资本的侵入提供了条件，使之逐渐成为商业资本的主体。因此，在资委会实施管制以前，地方官僚资本已经在不同程度上控制了钨、锑、锡的产销，如江西省钨矿管理局、云南省富滇新银行、广东省政府物产经理处、粤军军垦管理处以及湖南省建设厅促成设立的钨业联合贸易处等，便都是地方官以资本和地方军阀控制钨、锑、锡产销的垄断机构。

江西省钨矿管理局于1935年初成立，设有4个办事处和两个矿山事务所。全省钨矿概由该局收购后统一出售，禁止商贩对省外自由运销。但钨管局实际上并不从事收购工作，而是委托一些资力雄厚的钨商在指定区域内代为收获，这些商人向该局领取运矿护照，每担钨矿交纳照费4元。省政府还指定裕民银行负责营运资金，从金融上加以控制。这样江西钨业便基本上为地方官僚资本和少数富商所垄断。

云南地方官僚资本与锡业早就有密切的金融联系，1934年省政府宣布对云锡的销售加以统制，规定个旧大锡出口至香港必须持有富滇新银行的运单，形成所谓跟单制度。富滇新银行按该行所定之跟押成数与跟水汇率将港价结算为国币付给锡商（但需扣除由个旧运港期间预付锡价之利息及手续费），取得大锡运货单；锡至香港后则由港商以港币交付富滇新银行，取得提货单。富滇新银行利用跟单制度强行取得外汇并抑低个旧大锡的收价，不费分文而坐享原利，每吨大锡所得自数百元至千余元。国内币值愈混乱，其掠夺愈甚。这种打击最后当然都层层转嫁至资本微薄的采选企业，使得开采边际提高，以往开采含锡1.5%的矿床即可获利，而实行跟单制度后，则含锡量2%以上的矿床才值得开采，生产的发展更受局限。

广东1933年即开始对钨矿实行专营，省政府与粤军军部均有专营权限，双方划定势力范围，各自为政。省政府方面设有物产经理处，下辖各区收运办事处，并在产钨各县派驻收砂员，统一收购各商矿公司所产钨砂，向外商和港商推销。军部则设有军垦管理处，直辖30多个军垦矿场，派员自行采办。同时粤军还垄断了其赣南防区内钨矿的购销，经营规模甚为庞大。1935年粤军曾通过外商以钨矿向意大利换取军火，使得蒋介石的参谋本部大为不满。湖南锑业联合贸易处成立于1932年5月，因组织松散而成效较少，但后来却成为资委会统制锑业的借口之一。

最后必须指出,在地方商业资本和官僚资本后面进行操纵的是帝国主义垄断资本,这才是钨、锑、锡产销结构的终端。国内矿商收购矿品后,并不能直接与国外贸易,钨、锑、锡的出口完全为外商和港商所控制。中国钨、锑生产虽占世界首位,但在国际市场上却毫无发言权,只能消极地适应国际市场,因为半殖民地半封建的中国只是一个单一的原料生产国,它的产销是为帝国主义资本所控制的。

四 资委会的矿产管制及其对生产的影响

无论管制前后,中国钨、锑、锡等矿品的产销总是和帝国主义的操纵掠夺相联系。贷款易货是帝国主义利用国家垄断资本的力量加强对中国经济侵略活动的重要形式。1935年,德国首先与国民党政府签订易货偿债协定。通过这一协定德国扩大了对华商品的输出,同时也保证了对中国重要战略原料的控制和攫取。国民党政府为适应易货偿债需要而采取的管制措施,既不能改善钨、锑、锡等矿品的对外贸易,也无助于这些资源的开发和利用。

本来,国民党政府对重要农矿产品的贸易管制应该是有利于改变中国对外贸易中的不平等地位的,因为中国桐油、猪鬃、钨、锑等农矿产品在世界的生产和贸易中均占首位,而且可以利用国家统制的力量控制这些产品的产销,以稳定或提高出口价格,打破帝国主义对市场的垄断,改善贸易条件。但是偿债性易货方式使得贸易管制可能具有的这种积极作用化为乌有。在偿债性易货活动中,国民党政府不能根据国际市场的需求变化减少或增加出口,以保证出口产品价格的稳定或提高,而是必须按照所缔结协定的要求如期和如数交付偿债产品,满足对另一方的这些指定农矿产品的需要。这种易货方式进一步加深了国民党政府的买办化程度,使得国民党政府为偿还债款而受制于他国,外贸主权完全操诸外人之手。这样,重要农矿产品的对外贸易条件不仅得不到改善，而且在帝国主义以统制对统制的情况下，贸易条件也进一步恶化。

在资委会钨、锑、锡对外贸易的初期，偿债性易货活动还不占主要地位，国家统制贸易在抑制外商对钨、锑外销价格的操纵方面曾起到一些作用。但随着其他国家效法德国和国民党政府签订了巨额易货偿债协定以后，帝国主义垄断资本对中国重要战略原料的控制和掠夺不断加强，资委会也就逐渐丧失了矿品对外贸易的主权。在资委会以易货偿债为主要活动的这个时期内，国际市场钨、锑、锡等矿品始终供不应求，价格大幅度上涨，而资委会易货偿债矿品的出口价格非但不能提高，贸易条件甚至进一步恶化，其原因盖出于此。

第二次世界大战期间，中国钨、锑、锡等矿品的生产和运输都极为困难，生产成本特别是出口成本急剧增加，但由于中国偿债矿品只能按照纽约市场的价格售与美国，美国政府便利用国家垄断资本的统制力量，采取补贴国内和其他国家（不包括中国）生产者等手段，严格限制纽约市场的矿品价格，从而完全控制了中国运美偿债矿品的销售，资委会不得不以远低于其他国家市场的价格结算这些矿品，承受了巨大的损失。在战后的两年时间内美国政府还继续沿用这种统制手段，抑低资委会运美偿债矿品的价格，以保持美国资本的高额垄断利润。资委会矿品对外贸易的失败严重打击了钨、锑、锡业的生产。

中国钨、锑、锡等矿品生产和贸易的衰败再一次说明，帝国主义的控制和掠夺是中国产业得不到发展的外部条件，不摆脱这种控制和掠夺，中国资源的开发利用以及国家的工业建设都是没有希望的。

国民党政府把钨、锑、锡资源作为举借外债的抵押和担保，把对这些矿产的管制和经营视为资本积累的手段，对钨、锑、锡各业竭泽而渔，采取了一系列掠夺性的政策。

管制前期，资委会抑低矿品收购价格，攫取了大量垄断利润，使得钨、锑矿业只能在趋于萎缩的情况下勉强维持简单再生产，产量降到管制前的水平以下。1940年下半年通货膨胀开始进入恶性发展阶段，钨、锑、锡等矿品的生产成本急剧增加，而资委会的收购价格变动迟缓，逐渐低于矿品的产销成本。这时的抑价政策不只是攫取垄断利润，而是更多地侵吞厂商的正当利润和掠夺矿工的必要劳动了。美国市场的价格统制和国民党政府的低汇率政策则进一步加剧了这种压迫。国民党政府不仅把由于美国垄断国际市场而造成的矿品外销损失转嫁到生产者身上，而且以低汇率政策所形成的虚假亏损为借口，一再抑低矿品的收购价格，致使钨、锑、锡的收购价低于生产成本越来越多。由于通货膨胀和价格管制的双重压迫，厂商在无利可图、甚至亏折本金的情况下当然只有停止或撤回对矿业的投资，转向土地或其他投机性事业，产业资金日渐枯竭，矿厂大批倒闭。尚可勉强维持生产的矿厂则不断加剧对矿工的剥削程度，使得矿工不能维持劳动力的简单再生产，甚至不能维持自身衣食，因此矿工大量逃亡，流回农村或流向其他行业，各矿都难以招徕矿工。劳动力问题和资金问题一样，成了矿业生产无法克服的困难。1943年钨、锑、锡各业即由衰落而进入了崩溃阶段，1944年年底各业均陷入停顿。抗战胜利以后国民党政府各项政策依旧，钨、锑、锡生产恢复迟缓，始终处于低落状态，最后随着国民党统治区经济的全面崩溃而彻底破产。总之，国民党垄断资本的掠夺性管制，是钨、锑、锡业生产衰落和崩溃的根本原因。

中国的钨、锑、锡生产基本上处于资本主义工场手工业形态，有些甚至尚未脱却农村手工业和个体农民家庭副业的形骸。历来由于封建地主经济、商业资本、地方军阀和地方官僚资本以及帝国主义的压迫，这种生产始终只是一种简单再生产的结构，企业自身不能积累，生产方法和生产技术很难得到改进，生产力十分低下。不改变这种落后的生产方式，中国资源的开发和利用是没有前途的。但国民党政府以掠夺为能，根本无意于生产技术的改进和生产力的提高，它通过资委会所进行的管制基本上没有触动原有的产销结构，只不过在这一结构中增加了一个居间垄断的国家统制机构而已。

根据管理事业条例，资委会本应负有举办国营矿厂之责。但实际上除增加了一些矿品提纯复炼设施以外，资委会在生产方面并没有取得实质性的进展。国民党政府每年拨付资委会的建设经费不过占国家总预算的 1% 左右，而其中用于金属业（不包括钢铁，指钨、锑、锡、汞、铜、铅、锌等）生产的又只有 1%[①]。可见资委会根本没有经济力量去从事生产。江西钨铁厂由于德国人的有意拖延中途流产了，另一个也是唯一的由资委会自办的江西钨矿工程处，1937 年年初开工，因缺乏资金和设备，开开停停，到 1938 年年底连一吨矿砂也没有生产出来，1939 年仅产毛砂 82 吨，1940 年产毛砂 124 吨，[②] 1941 年产毛砂 348 吨，[③] 1942 年下半年因生产成本太高而停车下马。其他与地方官僚资本合办的云南锡业公司、平桂矿务局、江华矿务局等也都经营惨淡、成效甚少，命运和民营矿厂一样，连资委会经济研究室的研究人员也认为，资委会在钨、锑、锡的管制和经营中"侧重于消极的管理，疏忽了积极的生产"。[④]

当然，资委会的广大技术人员和工人在地质勘探、矿产调查、提高矿品质量以及试制内销产品等方面曾做了大量的技术性工作，特别是在矿产品的提纯复炼方面是有成绩的。如钨矿所含 WO_3 过去大多达不到国际标准，即含 WO_3 达到 65%，后经磁选设备的改进，中国钨砂含 WO_3 达到 72% 左右，含砷量从原来的 12‰ 降到 2‰ 以下；纯锑的纯度也由 99% 左右提高到 99.8% 以上，含砷量从 10‰ 以上降到 3‰ 以下，超过英国纯锑的质量；云南锡业公司和平

[①] 资委会编：《复员以来资源委员会工作述要》。
[②] 曹立瀛：《江西钨矿》（下）油印本（1941 年 3 月）。
[③] 程义法：《江西之钨业》，《资委会季刊》第 1 卷第 2 期（1941 年 12 月）。
[④] 曹立瀛：《江西钨矿》（下）油印本（1941 年 3 月）。

桂矿务局精炼锡的纯度达到99.85%以上，超过马来锡之精度。①但这些技术上的局部努力既不能改变对外贸易的被动局面，也不能阻止生产的衰落和崩溃。以上述美国掠夺云南锡矿案为例，个旧土法所炼纯锡质量确需提高，不过只要增加资金和设备，云南锡业公司技术上完全可以解决这个问题，但云南锡业公司简单再生产尚且不能维持，结果当然只能是将云锡运美精炼甚至是出卖锡砂了。资委会也曾试图将锑、锡等产品直接应用于国内生产，如用锑生产颜料和油漆，用锑、锡生产锡基承轴合金等，技术上都相当成功，并有少量生产，② 但缺乏资金进行批量生产以推广应用，技术员工的这些努力同样是付诸东流。

资委会对钨、锑、锡管制和经营的失败只不过是其整个企业活动失败的一个缩影。国民党垄断资本是中国产业不发达的产物，而它的膨胀则又窒息了产业的发展，这种生产方式的崩溃是不可避免的。资委会的绝大多数技术人员和管理人员都是爱国的，但他们把开发资源、举办工业、使国家富强起来的希望寄托在国民党政府身上，这只能是一种幻想。国民党政府的腐败无能和资委会企业活动的失败从反面教育了他们，解放战争后期，他们中的多数人逐渐清醒过来，认识到依靠国民党政府是不可能开发资源建设国家工业的，他们从共产党人的身上看到了新中国的希望。全国胜利前夕，资委会广大管理人员和技术人员拒绝了国民党政府的引诱，弃暗投明，站到了人民方面，准备参加新中国的建设。资委会国外贸易事务所的员工也在香港宣布起义，并和国民党政府进行斗争，将由他们保存的价值五六百万美元的钨、锑、锡交还人民手中。③ 他们的这种爱国行动历史是会给以公正评价的。

（原载《开发研究》1993年第3期）

---

① 曹诚先：《特种矿产馆纪略》，《资委会季刊》第4卷第2期。
② 同上。
③ 孙越崎：《国民党资委会留在大陆的经过》，《文史资料选辑》第69辑。

抗战后方国家产业垄断资本的形成

本文所称产业指近代工矿业与交通运输业，后者在抗日战争前国家资本已据有垄断地位，工矿业中的国家垄断资本则是战时在后方形成的，故为本文重点。当时这类企业有"国营""公营"之称，后者包括省市等地方政府及军区、战区经营的企业。战时又有"豪门资本"之说，指几个大官僚家族和他们利用国家银行资本经营的企业。这些都应属国家垄断资本的含义。不过，由于资料不足，我们只能以国营、公营为主。其中资委会为工矿业专营机构，故作专目。又考察各类企业前，先对国民政府的战时产业政策作一简介。

一 国民政府的战时产业政策[①]

1935年蒋介石发起的"国民经济建设运动"和国民党中央制定的《国民经济建设实施方案》已有统制经济的思想。"七七"事变后，1937年10月蒋介石发布训令，于军事委员会设工矿、农业、贸易三个调整委员会，"对各项事业加以严密的组织，适当的调整，给以有力的援助"。调整工矿的任务，一是"协助所有国营厂矿资本不足运用或新设国营工矿资本尚待筹措者"；二是"对于原有或新设立民营厂矿采用接管或加入政府股份办法，由政府统筹办理或共同经营之"。同时，军事委员会设第三部管理国防工业，

[①] 本目所用资料主要据陈禾章等：《中国战时经济志》，文海出版社1973年版；谭熙鸿主编：《十年来之中国经济》上册，中华书局1948年版；中央训练团：《中华民国法规辑要》第四册，1941年。文内不再一一注明。

第四部管理民用工业和粮食、贸易,第六部管理交通运输事业。

这种严厉的国家统制和全部由军事机关管理的办法,显然是行不通的。1938年1、2月遂进行政府改组,将原实业部、建设委员会、全国经济委员会和军委第三部、第四部都并入新设的经济部。该部所属资委会主办国营厂矿,工矿调整处(原工矿调整委员会)主管民营厂矿,农本局主管粮食。铁路、公路等均并入交通部管理,军委仍设运输统制局。

当时国营工矿生产仅占15%左右,军需民用主要靠民营,沪战开始后发动的工厂内迁也主要是民办厂。新任经济部长翁文灏于1938年3月发表四项政策主张,除促进农业生产、发展对外贸易外,一为由国家建设基本工矿业,包括钢铁、铜、电力、煤矿等;一为提倡民营,"人民办理已有成绩之化学、机械、电工、纺织、造纸等工业,皆当由社会有志人士出面负责推进"。

1938年3月,国民党在汉口召开临时代表大会,制定《抗战建国纲领》和《非常时期经济方案》。《抗战建国纲领》提出:经济建设以军事为中心,同时注意改善人民生活。本此目的,以实行计划经济,奖励海内外人民投资,扩大战时生产。《非常时期经济方案》规定工矿建设的原则是开发矿产,树立重工业的基础,鼓励轻工业的经营,发展各地手工业。同年6月公布《工业奖励法》《特种工业保息及补助条例》,均对民办工业而言。武汉政府时期之政策显然与前不同。

武汉危殆,决定建设大后方。1938年10月6日公布《非常时期农矿工商管理条例》则为后方统制经济的一项基本法规。其中规定47种农工矿主要产品为战时管理物品。经济部对于"指定之企业或物品"得专设机关管理,或径令或商同有关部会命令地方官署管理。规定三项产业,即战时必需之工矿业、制造军用品之工业和电气事业,得"收归政府办理或由政府投资合办";其他"为生活日用所必需者"经济部亦可"直接经营之"。所有指定之企业及物品,生产者或经营者不得歇业、停业或停工,员工不得罢市、罢工或怠工;对这些企业或物品,经济部得命令迁移、增资、合并、改产、限产、禁产、储藏或予以代管。

该条例赋予经济部很大权力，实则障碍难行。许多企业和物资是由其他部门，尤其军事和财政部门主管者，经济部无能为力。经济部长翁文灏的政治地位远在主持财经大权的孔祥熙、宋子文之下，时行"领袖制"，蒋介石更常以手谕行事。还有一层，当时工矿企业主要迁西南，而四川、云南、广西尚处于半独立状态，非国民党政权所能支配；殆政府迁重庆后，国家银行和交通重心内移，情况才渐有改变。

1939年1月国民党在重庆召开五届五中全会，宣言"实行统制经济，调节物资之生产与消费"，统制政策才全局确立。会上曾讨论国营、省营的关系问题，对省营企业提出"尊重中央"、中央予以补助和设立"特种股份有限公司"等原则。对民营企业则"于辅导奖励之中，即寓监督管制之意"。同年5月在重庆召开全国生产会议。会议决议案没有公开发表，从参加代表看似有协调公私关系和中央地方关系之意。孔祥熙在开幕词中首先提出"生产计划的确立"，包括区域计划、国营与私营计划、农村经济计划。会议宣言称今后经济政策"须发展国家资本，扶助私营企业，提倡合作运动；同时防止资本集中，使生产事业国家化、民生化、合理化，以奠定新中国之建设基础"。

四川省政府经两次改组，1939年10月蒋介石兼任省主席，实现中央化。云南方面，经周钟狱斡旋，蒋介石于10月飞昆明与龙云会谈，关系暂告缓和。这时候，迁往后方的生产力大体形成，工矿业发展颇快。唯政府财政赤字猛增，1940年又大规模扩军来封锁共产党领导的边区（年底发生皖南事变），加以1940年农业歉收，物价猛涨，陷入通货膨胀危机。1941年国民党召开五届八中全会，决议"实施统制经济，务使全国人力物力集中于战争用途"，唯重点在改革财政，以应赤字眉急。

经济部本身也经历着分化。1940年8月成立全国粮食管理局，次年成立粮食部，实行田赋征实，粮食的管理脱离经济部，纳入财政系统。棉花原由经济部农本局设福生庄经营，1941年孔祥熙兼任董事长，次年农本局改属物资局，年底改为花纱布管制局，连同纺织工业的管理，都改隶财政部。1942年盐、糖、烟、火柴的管理也改隶财政部专卖局。经济政策向财政政策倾斜，半是国库空虚使然，半是出于人事矛盾，豪门资本争从管制中分肥。1942年3月政府公布《国家总动员法》，规定对于总动员物资的征购、存储，对其生产和贩运的管理、节制、禁止，对日用品交易、价格、数量加以管制，以为强化统制经济的张本。

1943年，后方民营工业陷入困境，并因加强物资管制，民怨沸腾。这年秋召开第二次全国生产会议，主要在安抚民营企业，结果亦只空论一场。1944年，经济更不景气，公营生产亦衰退，而公营、民营矛盾尖锐化，工商界民主运动高涨。这时，美国逐渐支配重庆政府，美国租借法案物资运华，并建议仿美国办法，设战时生产局。这年11月蒋介石召开的国防最高委员会通过《第一期经济建设原则》，提出政府经营的经济事业种类不宜过多，除兵工、主要铁路、大规模水力发电等外，均可由人民经营。其实，这时民营已无力投资。战时生产局成立，由翁文灏主持，任务是分配美援工业器材，管理能源，并由四联总处贷款40亿元，仿美国战时政策，向民营厂加工订货。但国民党中枢另有打算，掣肘难行，旋抗战结束。

二　资源委员会

资源委员会（简称资委会）自1935年改建后，到抗战前已有25个企事业单位。当时所建厂矿多在湖南、江西，随战事发展，有9个结束，5个内迁。1938年3月资委会由军事委员会改隶经济部，接管了原建设委员会的电力事业及原实业部经办的企业，依8月该会的组织条例，规定为办理基本工业、重要矿业和动力事业的政府机构。资委会主要由翁文灏、钱昌照负责，在抗战期间有很大发展。现将有关发展情况列入表1。

表 1　抗战时期资源委员会的发展（1938—1945 年）[①]

年份	1938	1939	1940	1941	1942	1943	1944	1945
（1）所属企事业单位	53	54	55	78	98	105	109	125
（2）职工人数								
职员		1345	3273	5683	8719	9168	8313	8258
工人		9327	24557	46603	56977	60538	50346	55475
（3）政府预算拨款								
法币千元	19339	23615	74058	232300	454060	508300	1344339	9251073
折战前市值（千元）	16702	10735	14437	17925	11643	4054	3113	5670
（4）主要产品产量								
铁矿砂（吨）	14942	55446	57668	38243	60275	80670	35253	42594
生铁（吨）	—	—	2494	4437	13468	20853	12523	22556
钢及制品（吨）	—	—	—	116	1506	4646	7603	10206
煤（吨）	504459	192316	306015	517482	746301	757964	753066	625000
电力（千度）	3840	7045	10992	17301	24402	34776	51683	70136
原油（千加仑）	—	559	1662	12984	60888	67035	75723	72336

[①] 为保持著者行文原貌，文中涉及的表格样式、数据除有考证外均不作修改。下同。

续表

年份	1938	1939	1940	1941	1942	1943	1944	1945
机械（不变价格千元）	162	684	2324	5296	8243	9695	8481	8224
电器（不变价格千元）	543	2714	4524	8071	9304	9545	8856	8074
生产总指数		100.0	166.0	221.0	326.6	393.2	405.1	431.0
(5) 矿产品出口								
钨矿（吨）	7985	7805	2919	14328	7687	10320	7706	2976
纯锑（吨）	11112	5482	873	8041	89	—	—	1567
纯锡（吨）	—	208	1947	6459	3601	7260	6460	1756

资料来源及说明：

(1) 据有关资料整理，见陈真编《中国近代工业史资料》第三辑，生活·读书·新知三联书店 1961 年版，第 882 页。

(2) 资委会档案（28）1127，不包括工矿电以外之管理、服务事业职工。

(3) 资委会编：《复员以来资源委员会工作述要》，不包括追加预算及预算外拨款。1938 年系自 1937 年 7 月至 1938 年 6 月财政年度 1868.2 万元折半，加 1938 年 7 月至 1938 年 12 月的 999.8 万元而成。

(4) 各项产量据资委会编：《资源委员会沿革》，1947 年油印本；唯原油据谭熙鸿主编《十年来之中国经济》上册，"十年来之石油事业"。机械、电器种类繁多，见吴太昌《国民党政府资源委员会垄断活动述评》，《中国经济史研究》1986 年第 3 期。总指数系按加工工产值加权综合计算，见《资源委员会公报》十三卷一期，1948 年。

(5) 据资委会国外贸易事务所 1940—1947 年度业务报告整理，并参照前引《资源委员会沿革》修正。

资委会的经费来源有三：政府预算拨款、银行借款、外汇款。政府预算拨款占政府总预算的1%—2%，从表1可见，折合战前币值，1942年起即逐年锐减。计自1936年6月至1945年年底，政府预算拨款共119.1亿元，折战前币值9884万元。这项拨款主要用于基建，分配于电力最多，占42.2%，次为石油占15.8%，钢铁占8%。银行借款前期不多，随借随还；1943—1945年达90亿元，①与预算拨款相埒。在剧烈通货膨胀下，还款已属虚值，实充投资之用。比照预算拨款约合战前法币1200万元。外汇用于购买进口器材。这时期资委会从历次外债中所得外汇计1508万美元、61万余英镑，折战前法币约值6000万元。又资委会出口易货矿产品，出售所得外汇提成20%。1941年以前共合247万美元、6.8万英镑，折战前法币约值1200万元。② 以上合计，迄1945年资委会之投资共约合战前法币1.83亿元。该会企业多数是接收原有或与他人合办者，故实际资本绝不止此数。1942年6月钱昌照称该会"账面投资近六亿元，实际资产价值当然超过此数"③。

依表1，资委会的职工以年率34.7%的速度增长，其中职员的增长又快于工人。这不免有冗员充斥，但该会确实集中了大批工程技术人才，据该会编制的《中国工程人名录》收录2万人，1/4左右曾在该会服务。

依表中生产总指数，该会生产的年增长率约27.6%，逊于职工的增长，但在后方仍为发展最快者。1943年生产高峰后，后方工业衰退，年生产指数递降10%左右，资委会仍能保持高峰水平，唯增长率下降而已。见表2。

---

① 《资委会公报》十三卷二期，吴兆洪的资委会1947年财务报告。
② 《资委会国外贸易事务所1948年度业务报告》。按1942年以后资委会已无自销外汇收入。
③ 《资委会公报》三卷三期，《重工业建设之现在及将来》，按：六亿元指政府预算拨款。

表2　　　　　　　后方工业生产指数与资委会生产指数

年份	后方工业生产指数①		资委会生产指数	
	1939=100	环比	1939=100	环比
1940	142.3	142.3	166.0	166.0
1941	186.0	130.7	221.0	133.1
1942	231.4	124.4	326.6	147.8
1943	287.7	124.3	393.2	120.4
1944	269.3	93.6	405.1	103.0
1945	242.6	90.1	431.0	106.4

再将资委会的主要活动分述如下：

1. 冶炼业。抗战后，资委会与兵工署组成钢供厂迁建委员会，将六河沟、汉阳、大冶及上海炼钢厂的重要设备拆迁重庆，在大渡口建钢铁厂。资委会辖7个制造厂及南桐煤矿、綦江铁矿，有10吨平炉两座，3吨贝氏炉、3吨及1.5吨电炉各1座，为后方最大的钢铁联合企业。资委会又于1939年设陵江炼铁厂，1941年设资渝炼钢厂，又收买民营协和炼铁厂，1943年合并为资渝钢铁厂，有20吨、5吨炼铁炉及1吨、半吨贝氏炉各1座。此外，还收买民营人和、大华等企业，创建资蜀及威远铁厂，与地方合办云南及江西铁厂。1943年这6厂炼铁能力有5.6万吨，炼钢能力4.2万吨，在后方据有垄断地位。但钢铁业不景气，这年仅产铁20853吨，钢4646吨。②

资委会在铜铅锌的生产上基本上是接收旧有企业，技术有所改进，产量无大增加。在钨、锑、锡、汞等方面以办理出口为主，产量无增进，提纯和复炼纯锡技术上则有建树。

2. 动力事业。资委会先后经营煤矿26个，但有22个是与其他机关或私人资本合办。战时后方煤业生产起落不大，资委会的生

---

① 经济部计算，前引《十年来之中国经济》下册，第149页。
② 资委会档案（28）（2）998，《钢铁事业概况》。

产亦成绩平平，占后方煤产量11%—13%。资委会的电力事业则投资最大，成绩显著。先后自办或与地方合办电厂19家，新增发电容量27891千瓦，发电量年增长率达51.4%，1945年占后方总发电量的36%。后方水力资源丰富，资委会力求开发，设有水力发电厂7处，抗战结束时多半还在工程阶段。

中国原不产石油，战时急需，资委会分别在四川、新疆、甘肃勘探。四川油矿于1938年钻井，迄未见油层，仅产有天然气，1943年达27.3万立方米。新疆独山子炼油厂系与苏联合作建设，1940年完工，可日炼原油5.5万加仑。但因所属各油井原油产量过低，1943年苏方将设备撤回国内。较有成绩的是甘肃玉门油矿，1938年12月筹备，由孙健初、严爽等率人于隆冬勘探，中国共产党以旧存陕北的两部钻机调往支援。1940年3月组成以孙越崎为首的甘肃油矿局，进行开发。所订购美国器材，太平洋战后大部被日军劫掠。向英国接洽价购行将陷落的仰光炼油厂设备，遭英方拒绝，旋该厂全部毁于日寇炮火。玉门油矿只好因陋就简，自制炼油设备，并调四川油矿钻机和采煤钻机参加，续开新井。玉门地处戈壁荒漠，生活生产条件极为艰难，广大员工本着爱国抗战精神艰苦创业。抗战期间产原油20万余吨，提炼汽油、煤油、柴油2000万加仑。[①]

战时后方极缺汽车燃油，酒精厂勃兴。资委会亦先后办有9厂，共产酒精1440万加仑，占后方总产量的28.6%。又创动力油料厂，用桐油提炼汽油、煤油、柴油，共产185万加仑，占后方代用油总产量的15%。连同玉门油矿产品，抗战期间共产液体燃料3625万加仑，约占后方总产量的44%。[②]

3. 机电工业。资委会有5家机器厂。其中中央机器厂由瑞士提供设备和技术培训，1938年春由湘潭迁昆明，设备比较先进，

[①] 参见郭可诠《抗战八年来之油矿经营纪实》，《资源委员会季刊》六卷一、二期。
[②] 各项油类产量据资委会：《资源委员会沿革》，1947年油印本。

主要产品有透平锅炉、蒸汽机、发电机、柴油机、纺织印刷等工具机，以及各种较精密的工作母机。该厂产量不多，但一些大型和精密设备为他厂所不能生产，在装备后方工业上有重要作用。资委会有 5 家电器工厂，其中以中央电工器材厂最大，该厂亦系 1938 年由湘潭迁昆明（部分迁桂林），辖 4 个厂：一厂与美国 3 家电缆公司进行技术合作，生产电线电缆；二厂与美国一家电子公司进行技术合作，生产电子管及灯泡；三厂与德国西门子公司进行技术合作，生产有线电话器材；四厂系接收原建设委员会的电机厂，生产发电机、变压器、电动机等。又中央无线电器材厂和中央电瓷厂也都是后方同类企业中规模最大的。

估计 1938—1945 年资委会的机械业产值共有 4311 万元，占后方该业总产值的 27.3%；电器业产值共有 5103 万元，占后方该业总产值的 78.6%（按 1933 年不变价格计）。[①]

到 1945 年抗战胜利前夕，资委会所属企事业单位已达 131 个。胜利后裁并部分企业，又由军政部等移交资委会一些企业，至 1945 年年底共有 125 个。资委会独资经营者 70 个，参加经营并主办者 38 个，参加经营但不主办者 17 个；又其中生产性企业 110 个，矿产管理、贸易及服务事业 15 个。详见表 3。从表中可见其发展过程、行业与地区分布。

三 国民政府其他机关经营的企业

1. 军事系统

战时兵工厂情况未详。据日本人记述，国民政府曾将汉阳兵工厂设备迁重庆，河南巩县兵工厂迁兰州，广东兵工厂分迁广西宾阳及民明，并在西安、成都、柳州设兵工厂，均隶兵工署。此抗战初

[①] 估价见吴太昌《国民党政府资源委员会垄断活动述评》，《中国经济史研究》1986 年第 3 期。

表3　资源委员会所属企业（截至1945年年底）

○独资经营　　△参加经营并主办　　×参加经营不主办

成立年月	地点	经营方式	职员	工人	说　明
（1）冶炼工业					
钢铁厂迁建委员会	四川巴县	×	651	5865	见正文
昆明电冶厂	云南昆明	○	47	108	原昆明炼铜厂，1945年改今名
威远铁厂	四川威远	○	120	395	收买新威铁厂改建
江西炼铁厂	江西吉安	△			江西省府参加经营，已停顿
电化冶炼厂	四川綦江	○	160	267	由纯铁炼厂及重庆铜石合并而成
云南钢铁厂	云南安宁	△	29	60	云南省府及兵工署参加经营
资渝钢铁厂	四川巴县	○	238	226	见正文
资蜀钢铁厂	四川巴县	○	86	171	收买人和铁厂改建
（2）机械工业					
中央机器厂	云南昆明	○	362	407	见正文
江西车船厂	江西泰和	△			江西省府参加经营，已停顿
江西机器厂	江西泰和	△			江西省府参加经营，已停顿
宜宾机器厂	四川宜宾	○	105	294	原中央机器厂分厂
甘肃机器厂	甘肃兰州	△	44	170	甘肃省府参加经营，已停顿
粤北工矿公司	广东坪石	△			广东省府参加经营，已停顿

续表

成立年月	地点	经营方式	职员	工人	说　明
四川机械公司					
1942	四川成都	×			四川省参加经营
（3）电器工业					
中央电瓷制造厂					
1937.12	四川宜宾	△	84	131	交通部参加经营，有贵阳分厂
中央无线电器材厂					
1938.4	云南昆明	△	850	729	辖重庆、昆明二分厂，昆厂停顿
中央电工器材厂					
1939.7	云南昆明	○	564	2072	见正文
华亭电瓷厂					
1941.8	甘肃华亭	○			1945年12月结束
江西电工厂					
1942.7	江西泰和	△			江西省府参加经营，结束中
（4）化学工业					
动力油料厂					
1939.8	四川重庆	△	209	1006	兵工署参加经营
犍为焦油厂					
1940.5	四川犍为	○			
昆明化工材料厂					
1940.7	云南昆明	○	42	28	
甘肃水泥公司					
1941.5	甘肃永登	△	22	8	甘肃省府及中国银行参加经营
贵州水泥公司					
	贵州贵阳	×			贵州企业公司参加经营
江西水泥公司					
	江西泰和	×			江西省府及中国银股参加经营
华新水泥公司					
1941.8	云南昆明	△			云南省府参加经营
江西硫酸厂					
1941.10	四川重庆	○	36	44	江西省府参加经营，已停顿
重庆耐火材料厂					
1942.7	云南昆明	△			云南经济委员会及中国银行参加经营
裕滇磷肥					

续表

	成立年月	地点	经营方式	职员	工人	说　明
甘肃化工材料厂	1943.11	甘肃兰州	△	26	33	甘肃酒精厂改组
各地酒精厂8家	1938—1942		311	888		○4家，△3家，×1家
(5) 煤矿业						
天河煤矿筹备处	1937.2	江西吉安	△			江西省府参加经营
嘉阳煤矿公司	1939.1	四川犍为	×	189	2820	中福公司及商股参加经营
明良煤矿局	1939.9	云南宜良	△	158	678	商股参加经营
宣明煤矿公司	1940.1	云南宜城	△	16	38	云南省府参加经营
威远煤矿公司	1940.7	四川威远	×	128	2420	盐务总局及中福公司参加经营
辰溪煤矿公司	1940.10	湖南辰溪	△	21	58	商股参加经营
贵州煤矿公司	1941.5	贵州贵阳	△	71	633	贵州企业公司及商股参加经营
四川煤矿公司	1941.5	四川成都	△	71	633	四川省府及商股参加经营
建川煤矿公司	1941.11	四川巴县	×	118	1413	建设银公司及四行参加经营
甘肃煤矿公司	1942.1	甘肃兰州	×			甘肃省府参加经营
湘江永矿业公司	1943.10	湖南永兴	×			商股参加经营
甘肃煤矿局	1943.12	甘肃兰州	△	49	212	甘肃省府参加经营，由永经煤矿局改组
黔南煤矿筹备处	1944.7	贵州都匀	○			

续表

成立年月	地点	经营方式	职员	工人	说 明
(6) 石油矿业					
四川油矿探勘处	1936.9	四川巴县	○	90	338	
甘肃油矿局	1941.3	甘肃玉门	○	631	5097	见正文
(7) 铜铅锌铁矿业					
滇中矿务局	1939.2	云南易门	△			云南省府参加经营
滇北矿务局	1939.3	云南会泽	△			
康黔钢铁事业筹备处	1943.6	贵州威宁	○			
川康铜铝锌矿务局	1944.7	四川成都	○			
(8) 钨锑锡汞矿业					
锑业管理处	1936.1	湖南零陵	○			辖湖南及广西两分处
钨业管理处	1936.3	江西大庾	○			辖纽约分所
国外贸易事务所	1938.9	四川重庆	○			
平桂矿务局	1938.10	广西八步	△			广西省府参加经营
锡业管理处	1939.2	广西桂林	○			辖湖南分处
云南出口矿产品运销处	1939.11	云南昆明	○			
云南锡业公司	1940.9	云南昆明	△			云南省府及中国银行参加经营
锑品制造厂		贵州贵阳	○			

续表

成立年月	地点	经营方式	职员	工人	说 明
永业管理处					
1941.5	湖南晃县	○			
新疆钨矿工程处					
1944.7	新疆伊宁	○			已停顿
(9) 其他矿业					
矿产勘测处					
1942.10	四川重庆	○			
湖黔金矿局					
1944.4	湖南洪工	○			
西康金矿局					
1944.4	西康康定	○			
(10) 电气工业					
西京电厂					
1936.9	陕西西安	△	80	265	陕西省银行及中国银行参加经营
贵阳电厂					
1938.7	贵州贵阳	△	67	190	贵州企业公司参加经营
龙溪河水力发电厂					
1938.7	四川长寿	○	98	221	
兰州电厂					
1938.8	甘肃兰州	△	65	220	甘肃省府参加经营
万县电厂					
1938.8	四川万县	△	62	189	四川省府参加经营
湘潭电厂					
1939.1	湖南沅陵	○	59	141	
昆湖电厂					
1939.6	云南昆明	○	133	372	
山民江电厂					
1939.7	四川犍为	○	108	384	
浙东电力厂					
1939.7	浙江金华	×	26	42	浙江省府参加经营
汉中电厂					
1939.11	陕西南郑	○	25	59	
自流井电厂					
1940.11	四川自贡	△	72	192	四川盐务局参加经营

续表

	成立年月	地点	经营方式	职员	工人	说　明
西宁电厂	1940.11	青海西宁	△	24	31	青海省府参加经营
泸县电厂	1941.1	四川泸县	○	57	176	
西昌电厂	1941.5	西康西昌	△	23	43	西康省府参加经营
湖南电气公司	1941.7	湖南长沙	△			湖南省府及商股参加经营
宜宾电厂	1941.9	四川宜宾	○	96	352	
天水电厂	1942.9	甘肃天水	△	30	43	甘肃省府参加经营
柳州电厂	1942.11	广西柳州	△			广西省府参加经营
王曲电厂	1943.2	陕西王曲	○			
天水水力发电厂工程处	1943.11	甘肃天水	○	31	246	
西宁水力发电厂工程处	1944.1	青海西宁	○	15	18	
修文河水力发电厂工程总处	1944.3	贵州修文	○	5	51	
汉中水力发电工程处	1945.7	四川长寿	○			
都江电厂	1945.4	陕西南郑	○	23	126	
安庆电厂		四川灌县	○			
巴县工业区电力厂		安徽安庆	○			
富源水力发电公司		四川巴县	×			
(11) 服务事处		四川北碚	×			商股参加经营
昆明办事处	1937					

续表

成立年月	地点	经营方式	职员	工人	说　明
运务处	1941	贵阳			
驻美技术团	1943				
电讯事务所	1944	重庆			
保险事务所	1944	重庆			
酒精业务委员会					
钢铁业务委员会					
上海办事处	1945				
汉口办事处	1945				
(12) 抗战结束后接管之企业					
武昌水电厂			△		湖北省政府参加经营
辰溪煤业办事处			○		湖南辰溪煤矿附属机构
乐山木材干馏厂			○		在四川五通桥，工矿调整处移交
巴县炼油厂			○		公路总局移交
北碚焦油厂			○		军政部移交
各地酒精厂9家			○		军政部移交
中国联合制糖公司			×		在四川内江，经济部投资移交资委会
中国兴业公司			×		在四川江北，经济部投资移交资委会
江西兴业公司			×		在江西泰和，经济部投资移交资委会

资料来源：《资委会公报》，十卷三、四期，并参考其他资料补充。

期情况，实际设置绝不止于此。其中重庆、昆明二厂不断扩充，颇具规模。

前述后方最大的钢铁联合企业即迁建委员会所设厂矿系由兵工署主办。兵工署又在重庆磁器口接收四川军阀原设的铁工厂加以扩充，编为第 24 工厂，有 10 吨平炉 2 座、3 吨电炉及贝氏炉 3 座，以及轧钢设备。在同地还建有炼合金钢厂，编为第 28 工厂。该厂分设四所：一所炼矽钢及钨合金，二所提炼纯钨，三所以坩埚炼钢，四所制其他合金钢，制造锋刃钢。①

兵工署在昆明、长沙、梧州均设有汽车配件制造厂，在云南设飞机制造厂。后者国内报道称："有价值美金二百万元飞机制造厂一所，密藏于西南部某地一小镇。"② 日本报道称该厂设在建水，年产飞机 1000 架，殆属虚妄。

军政部在各地设有酒精厂十来处，其四川纳豀、贵州遵义二厂规模巨大，职工各 300 余人；又四川北碚焦油厂，炼代汽油。又粮秣厂、被服厂多处，并有纺织厂。接办的原左宗棠所设之兰州织呢厂亦加扩充，主产军毯。各战区司令部亦设有修配厂、酒精厂、被服厂等，有的并投资参与地方工矿事业。

2. 交通系统

战时交通部所辖规模较大工业企业列入表 4，说明亦见表内。这些企业 1942 年职工总数达 5400 余人。③ 此外，公路运输系统尚有较小的汽车修理厂、植物油炼油厂、钾硝制造厂等 40 余个。④ 民航公司亦有修理厂，情况未详。交通部门还与其他中央和地方机构办有邮电纸厂、中央电瓷厂、甘肃水泥公司、西北林业公司（生产铁道枕木）以及广西肥料公司等。交通部门继承战前工业设备，所属企业设立较早，表 4 中有资本记载的 8 处折战前币值均达

---

① 王子佑：《抗战八年来之我国钢铁工业》，《资源委员会季刊》第 6 卷第 1—2 期。
② 前引《中国战时经济志》，第 78 页；又《中外经年报》，1940 年，第 52 页。
③ 据交通部统计年报及四联总处《工商调查通讯》等综合。
④ 方航：《谈工业的国营与民营》，《群众》周刊第 9 卷第 10 期。

表4　　抗战时期交通部门所属主要企业

	成立年月	资本额（万元）	职工	生产内容及说明
中央汽车配件制造厂	1938.9	2000（1941）		与运输统制局合力，厂设重庆，生产汽车配件并炼合金钢
柳江机器厂（广西）	1939.1	1100（1942）	413	制造机床，修理汽车及各种机件
全州机器厂（广西）	1938.8		533	原平汉铁路汉口机厂，迁至全县，隶湘桂铁路，有炼铁、铸造、机械加工各厂
桂林器材修配厂		1000（1942）	486	制造铁路电信器材及汽车配件
中央湿电池制造厂	1942.7	200（1942）	53	与金陵大学合办，厂设重庆，生产蓄电池、湿电池、电瓶、锌条等
钢铁配件厂	1940.8	130（1940）	195	厂设重庆，制造电信器材及各种钢铁配件
桂林机厂	1940.6	1000（1940）		隶浙赣铁路，制造机床、蒸汽机、锅炉、抽水机等
桂林电厂	1941.1		74	发电容量1000千瓦，隶湘桂铁路
泸县电信机料修造厂	1934.5			原设南京，战后迁宜昌，1938年迁泸县，生产各种电话电报机件
桂林电信机件修造厂	1943			修造电话、无线电机件，制造各种电池
浙赣铁路印刷厂	1940.2	150（1940）	75	
招商局机器厂	1914		230	1936年迁武汉，继迁宜昌；1939年迁重庆，修理船舶
川江造船处	1937			两处1943年合并为交通部造船处。造船情况见正文第六目之4
西江造船处	1938			
陇海铁路英豪煤矿	1938		1800	在河南渑池，原与民营新民公司合作，1941年收买民股，扩展矿区，日产200余吨，供铁路用，职工数包括矿区铁路工人
酒精厂7处	1941—1943	约800	340	6处在贵州，1处在湖南，内5处为公路局所设。7处年产量65万加仑，交通部所属酒精厂不止此7处

资料来源：（1）交通部1941年及1946年统计年报；（2）四联总处《工商调查通讯》第155、206、255、336、282、231、212、341、415、72号；（3）交通部编：《十五年来之交通概况》，1946年。

500万元，粗估全部资本约合战前币值1000万元。

3. 经济部系统

经济部除重工业由所属资委会办理外，尚有自办工业。其中最大的是接收自实业部的中国植物油料厂。该厂经营桐油出口，抗战前已有5个炼油厂。战后又在西南设炼油厂，并设厂制造榨油机和利用桐油炼制代汽油。1939年8月政府实行桐油统制，该厂转以内销为主，抗战期间内外销油料共5.8万吨。该厂战前定资本额200万元，迄未调整，内商股占27.7%。①

经济部拆迁汉口湛家矶造纸厂设备设建国造纸厂于成都，资本600万元，1942年投产，产道林纸及报纸。在铜梁设实验造纸厂，1940年合并民营广成厂，资本80万元，产卷烟纸等。又利用原温溪造纸厂之磨木机等设备于1944年设中国造纸厂于宜宾，资本1亿元，有少量商股，1945年6月投产。该厂能日产机械木浆4吨，为后方仅有。②

经济部的中央工业试验所除实验纸厂外，在重庆有制革、耐火材料、纯化（酸类）、油脂4个实验工厂，共投资484万元。经济部设采金局，先后办金矿15处，投资共约550万元，内6处另有商股。③

经济部还投资于其他机构和地方政府经营的企业，而其工矿调整处则主要是投资和贷款给民营企业，借以取得对民营企业的权利。有代表性的是先后补助永利公司300万元在四川建碱厂，遂即要求将补助转作官股。现将经济部历年投资和贷款列入表5。表见战时工矿投资总额折战前币值1692.2万元，相当于资委会同期预算拨款的17%，其中对民营企业的投资占41%。1941年以前对民

---

① 陈真编：《中国近代工业史资料》第三辑，生活·读书·新知三联书店1961年版，第798—805页。

② 上海社会科学院经济研究所等：《中国近代造纸工业史》，上海社会科学院出版社1989年版，第203—209页。

③ 前引《中国近代工业史资料》第三辑，第831—835页。

营企业的贷款额超过投资额，这对民营企业的内迁和建厂起重要作用。1945年的40亿元贷款是由战时生产局办理的，实际不限民营企业，并作加工订货之用。

表5　抗战时期经济部的工矿投资及贷款（1938—1945年）

单位：法币万元

	工矿投资总额	折战前币值	对民营企业投资	折战前币值	对民营企业贷款	折战前币值	对民营企业担保借款额
成立前	231.0	231.0	—	—	2.7	2.7	—
1938	586.5	447.7	17.7	13.5	440.8	336.5	440.0
1939	724.0	329.0	387.7	176.0	662.5	301.1	496.0
1940	1044.0	203.5	742.8	144.5	1431.7	279.1	1021.0
1941	1978.0	152.8	1087.8	84.0	2016.2	155.6	2515.0
1942	8400.0	215.5	7395.9	190.0	2514.0	64.5	5985.0
1943	8300.0	66.4	6293.8	50.5	4952.5	39.5	70485.0
1944	19600.0	46.3	16091.1	38.0	15414.2	36.4	—
1945	—	—	—	—	400000.0	245.2	—

资料来源：谭熙鸿主编：《十年来之中国经济》，1948年；经济部档案企字L.72号、资字19号和"经济部合办事业机关概况表""本部所属各营业机关表"。

4. 财政、粮食系统

财政部经营有中央造币厂（资本1100万元）和中央印刷厂，均作为中央信托局（原隶该部）投资。该部所属贸易委员会于1939年收买民营川渝漂鬃厂，并扩建，有漂制四川全省白鬃的能力。上海龙章造纸厂战起后辗转迁至重庆，添配机件，为后方最大造纸厂，1941年财政部令中央信托局收买，改为中央造纸厂，资本2000万元，能制钞票纸。[①]

粮食部于1941年设中国粮食工业公司，资本1000万元，有面

[①] 前引《中国战时经济志》第六章；前引《中国近代造纸工业史》，第201—202页。

粉厂 2 所，米厂 11 所，干粮厂 1 所；并有机器修造厂能生产面粉机和砻谷机，职工 2100 余人。又在西安设麻袋制造厂，资本 600 万元，日产麻袋 150 条。①

5. 国家银行系统

四联总处有国家行局历年证券投资额的报告，我们将其折成战前币值如下表。

表 6　　　　　　　　国家行局的证券投资　　　　单位：万元

年份	年底余额②	本年增加	折战前币值	累计数
1936	17205			17205
1937	22152	4947	4803	22008
1938	23879	1727	1318	23326
1939	25852	1973	897	24223
1940	29348	3496	682	24905
1941	47865	18517	1429	26334
1942	152440	104575	2682	29016
1943	674545	522105	4164	33180
1944	511927	-162618	-376	32804
1945	562748	50821	22	32826

表 6 中累计数 1945 年比 1936 年增 15621 万元，而最高年是 1943 年。战前银行持有证券大部分是政府公债，企业投资不过占 1/3，依此，1936 年约有 5735 万元。战后通货膨胀中政府公债轻易还本，企业投资所占比重增大。姑以 40% 计，则 1943 年约为 13272 万元，即抗战期间增加 7537 万元（均为战前币值）。最大的投资行中国银行，增加的投资基本上投于工矿业。至于 1944 年证券余额的减少大约是执行派购公债的结果，企业投资不应减少，至

---

① 四联总处：《工商调查通讯》438 号、439 号，1944 年。
② 1936 年据沈雷春：《中国金融年鉴》，黎明书局 1947 年版；余据四联总处：《金融统计年报》，1946 年；折战前币值据表 4—15（7）。

1945年仍应略增。

国家银行投资的企业有一百数十家，不过大部分仅持有少量股票，不起支配企业作用。为观察这种作用，我们收集记录较全的38家较大工矿企业，其情况如表7：[①]

表7　　　　　　　　国家银行投资企业情况

国家银行投资占 企业资本额	家数 （家）	企业资本额 （万元）	银行投资额 （万元）	银行投资平均 所占比重（%）
100%	3	5500	5500	100
50%—99.9%	9	16840	10980	65.2
30%—49.9%	7	8884	3153	35.5
不足30%	19	33680	5301	15.7
合计	38	64904	24934	38.4

表中所列都是抗战期间国家银行投资的企业，其投资平均占企业资本额的38.4%，比重不小。但和战前不同，国家银行投资的绝大多数是公营企业，占资本额50%以上的几乎没有私营企业。不过，有两家大企业是以民营企业面貌出现，略作简介。

雍兴实业公司，1940年成立，资本4000万元，全部由中国银行投资，该行西安分行经理束云章任雍兴总经理。战前，中国银行就接办和控制了几家纱厂。战起后，将郑州豫丰纱厂迁重庆，并在合川建新厂，又迁湖北官布局机器建陕西咸阳纺织厂，都由束云章主持。在这个基础上成立雍兴实业公司，收买成通纱厂机器建岐县蔡家坡纺织厂，又将原来半手工的业精纺织厂改建成虢镇纺织厂。这样，借中国银行财力，雍兴逐步发展，拥有纺织、机器、面粉、皮革、制药、煤矿、印刷、火柴、运输等约20个生产单位，拥有纱锭10万余枚，占后方纱锭总数的1/3。它所属企业除3个在重庆外，

[①] 前引《中国近代工业史资料》第三辑，第958—962页各表及表中有关企业资料，并本章第三节（四）有关资料。

都在陕、甘两省，在西北是仅次于资委会的工业垄断资本。这时中国银行是由宋子文主持，雍兴实业公司也被说成是宋氏的企业。①

中国兴业公司是以钢铁冶炼为中心的重工业组织。它是四川商人建立的华西兴业公司与政府及国家银行合作于1939年成立的。它以华西在重庆的华联钢铁厂为基础扩建，有30吨炼铁炉1座，1—3吨电炉两座，以及轧钢设备，并投资涪陵铁矿和三才生煤矿。另设机器部制造电机、窑业部制造耐火砖。它创立资本1200万元，四川方面占21.8%，中央方面占78.2%，见表8。最大股东中央信托局以及中国实业银行和裕华银行、祥记公司（共有股份385万元）都是孔祥熙主持的企业。孔氏任中国兴业公司董事长。在这种情况下，中国兴业得到国家银行的大力支持，至1942年先后贷款8笔共5620万元，这年遂调整资本为6000万元。调整后，四川方面只占13.3%，中央方面占86.7%了。中国兴业的财政史反映了国家银行资本的作用。1943年后方钢铁业不景气，民营厂皆停产，唯中国兴业获交通部订货，仍能维持半生产。②

表8　　　　　　中国兴业公司的资本组成　　　　单位：万元

	1939年7月	1942年3月
四川方面		
川帮商人和川帮银行	152	466
四川省政府和省市银行	110	330
小计	262（21.8%）	796（13.3%）
中央方面		
经济部系统	161	1083
国家银行系统	742	3900
其他银行和商号	35	221
小计	938（78.2%）	5204（86.7%）
资本总额	1200	6000

---

① 唐润：《解放前的西安中国银行与雍兴公司》，陕西省政协文史资料室藏稿；傅道伸：《我所知道的束云章》，全国政协文史资料委员会：《工商经济史料丛刊》第四辑，1984年。

② 前引《中国近代工业史资料》第三辑，第996—997、1008—1009页。

四　地方政府经营的企业

原来地方官僚资本之显著者，如东北奉系、广东陈李、山西阎系，都具有军阀割据性质，有独立的币制税制，排斥外来资本。抗战时期后方的情况有所不同。西北方面，陕西已由国民党控制，其余各省贫乏，甚少投资。西南以四川财力最富，但主要是商人资本，1935年刘湘死后已没有系统的军阀资本，1939年王缵绪出调后，省政亦由国民党中央控制。最大的省营企业川康兴业公司，论者或称"其目的在使四川实业中央化"[①]。贵州省营企业不少，但是由吴鼎昌倡办的，没有军阀势力。只有云南仍保持龙云的势力，其省营企业由云南省经济委员会统筹，但就所营工矿企业而言，吸收的中央投资已超过地方资本。

战时地方企业流行组织企业公司或兴业公司的形式，由它投资和统领各企事业单位。它同战前阎系的西北实业公司不同，不是地方独占，而大量吸收中央机关和国家银行的投资。这种形式始于1939年3月建立的贵州企业公司，各省效仿，先后成立14个，见表9。

贵州企业公司资本600万元，1942年增至20000万元。其中贵州省政府投资仅244万元，连同省银行等占17.5%，而80.9%是中国银行、交通银行、中国农民银行的投资，另1.6%是经济部的投资。贵企所属有28个企事业单位，以资本额为序：煤矿、电厂、农业机械、化工、火柴、烟草、水泥等工矿投资占90%左右，余为农林、金融、运输等。这些企业又多是贵企与其他机构合办的，贵企持股占一半左右。1945年它所属企事业资产总值达12.6亿元，内有贵企总公司资产3.7亿元[②]。

[①] 前引《中国近代工业史资料》第三辑，第1301页。
[②] 同上书，第1269—1272页。

表9　抗战时期地方公营工矿企业资本估计

单位：法币百万元

		成立年月	资本总额（估价时间）	地方官股	中央官股	民股	附注
四川	川康兴业公司	1942.3	70 (1942.3)	15	50	5	非工矿部分未能剔除
	其他省营企业		200 (1942)	50	150		据经济部统计估算
云南	省经济委员会省企业局	1934 1935	275 (1942.6)	110	165		经委投资3.5亿元，企业局投资2.2亿元，所列为工矿部分。地方官股按40%估计
	滇西企业公司	1939.9	20 (1939.9)	20			资本5000万元，内企业局投资3000万元，不重计
贵州	贵州企业公司	1939.3	20 (1942.5)	3.5	16.5		创办时资本600万元，非工矿部分甚少
西康	西康企业公司	1942	12 (1942)	6	6		
广西	广西企业公司	1941.9	100 (1942.7)	69		31	创办时资本5000万元
广东	广东企业公司	1941.9	40 (1941.9)	20		20	
	其他省营企业		11 (1942)	8.5	2.5		与资委会合办之工厂
福建	福建企业公司	1940.7	15 (1940.7)	15	2		1943年合并制药、贸易公司增资为5000万元
安徽	安徽企业公司	1941.10	10 (1941.10)	6	2	2	

续表

		成立年月	资本总额（估价时间）	地方官股	中央官股	民股	附 注
浙江	公营企业33个		80（1942）	50	30		据经济部统计估算
江西	江西兴办公司	1940.12	30（1940.12）	13	17		
	重工业理事会	1942	20（1942）	10	10		与资委会合办企业
湖南	湖南企业公司	1943.11	60（1942）	30	30		按成立时实投3.6亿元折成1942年币值
湖北	湖北企业公司	1941.1	50（1941.1）	30	20		股额分配系估算
陕西	陕西企业公司	1940.12	20（1940.12）	20			创办资本3000万元，剔除商业1000万元
甘肃	甘肃开发公司	1941.5	10（1941.5）	3	7		与资委会、军政部等合办
	其他公营企业		43（1942）	23	20		
山西	西北实业公司	1932.1	10（1942）	10			迁陕部分酌估
绥远	绥远企业公司	1941	5（1941）	5			
合计			1101	517	526	58	

注：地方官股包括地方政府和省银行的投资；中央官股包括经济部、资委会等政府机构和国家银行的投资。

资料来源：据陈真编《中国近代工业史资料》第三辑所引有关资料及经济部、资委会档案有关资料整理。

其他各省企业公司，情况相仿。但也有的如陕西企业公司，从事商业的资本占 1/3。又如规模最大的川康兴业公司，中央拨款和国家银行投资占总资本的 70%，以开发川康资源为目的，但大量资金用于桐油、铜铁、煤炭、羊毛等"垫款购料"，以至从事囤积和金融投机。各省企业公司中，从事投机活动以及贪污舞弊，遭舆论指责之事，亦不下于国营企业。

企业公司以外的省营企业也大多是与其他机构合办，尤其是与经济部或资委会合办的。这些企业以煤矿、电厂、水泥、冶炼以及纺织、食品工业为多。1942 年地方办有公营小冶炼厂 80 余处，其产量与资委会的产量不相上下。这些企业的资本估计亦见表 10。

表 10 的统计不够完整，资本总额可能偏低，但其中有非工矿资本未能剔除，又会偏高。姑以表为准，则地方企业中的中央官股反略高于地方官股。但这是统计上受通货膨胀的愚弄。若按估价年月折成战前币值，则地方公营工矿资本不过 3861 万元，其中仍以地方官股为主，占 62.81%。战时地方资本日益依赖有通货膨胀能力的中央接济，是以按当年币值中央资本比重增高。

表 10　　　　　　　　地方公营工矿企业的资本

项目	当年币值		折战前币值*	
	百万元	%	百万元	%
资本总额	1101	100	38.61	100
内：地方官股	517	46.96	24.25	62.81
中央官股	526	47.77	12.53	32.45
民股	538	5.27	1.83	4.74

注：* 此处是用重庆批发物价月指数，见上海社会科学院经济研究所《上海解放前后物价资料汇编》，1958 年，第 189—191 页。

五　国家工矿业资本的垄断地位

以上考察了战时国家资本工矿业的发展，估计资本数据战前币值如下：

资委会182.8百万元；交通系统10.0百万元；经济部系统16.9百万元；财政、粮食系统4.0百万元；国家银行系统132.7百万元；地方资本系统38.6百万元。

这个总数3.85亿元不包括军事系统的投资，交通、财粮等系统也不够完整；但是，它的各项目间，尤其是银行投资与其他项目间有重复计算的部分。为评价这一估计，并讨论总工矿业资本中的公营比重，我们引进四组统计，列入表11。它们也都不包括军工业投资，而又各有其统计范围。

表中（A）限于财政拨款，共2.748亿元。若将我们估计的3.85亿元减除银行系统的投资，则与之相近。（B）限于工厂，不包括矿业。参照资委会情况，设矿业投资为工业投资的30%，则工矿业资本共2.743亿元，与（A）相仿（均指战前币值）。总的来看，这两数都偏低。

（C）和（D）都不包括矿业，它们各提供了一个公营企业在后方工业资本总额中的比重，即1942年的69.6%和1944年的34.9%，这也是前人研究中常用的比重。两者同出经济部统计，如此悬殊，令人惊异。其实，这主要是受通货膨胀的愚弄。从表11中（D）可见，如果不是按当年币值，而是按战前币值计，则1944年的公营资本比重就不是34.9%，而是40%了。1942年的（C）统计，我们未见原始资料，不能逐年折算战前币值。但是，从（B）中可以计算出截至1942年的公营工业资本额，连同设立年份不明的（不明的均在早期），折战前币值共为2.076亿元。同样方法，也可计算出截至1942年的民营工业资本额，为3.05亿元。这样，按战前币值计，1942年公营比重就不是69.9%，而是40.5%了。

表 11　　　　　抗战时期后方的工业资本（1937—1945）　　　单位：百万元

	(A) 政府财政支出中的工矿建设费		(B) 1944 年统计 502 家公营工厂的设立年份及登记资本		
	当年币值	折战前币值	工厂数	当年币值	折战前币值
1936 年以前			30	26.6	26.6
1937	175.0	155.2	3	0.5	0.4
1938			27	26.4	20.1
1939	121.9	55.4	73	168.4	76.5
1940	96.2	18.8	75	223.4	43.6
1941	225.7	17.4	128	429.2	33.1
1942	501.4	12.9	61	115.9	3.0
1943	552.5	4.4	72	337.6	2.7
1944	1634.2	3.8	16	309.7	0.7
1945	11357.5	6.9			
年份不明	—	—	17	38.3	4.3
合计	14673.4	274.8	502	1676.0	211.0

	公营		民营		合计
	实数	%	实数	%	
(C)1942 年统计					
工厂数	656	17.5	3102	82.5	3758
工人数	77217	32.0	164445	68.0	241662
资本额	1349.2	69.6	589.8	30.4	1939.0
(D)1944 年统计					
工厂数	502	9.5	4764	90.5	5266
工人数	105066	29.2	254597	70.8	359663
资本额	1676.0	34.9	3125.3	65.1	4801.3
折战前币值	211.0	40.0	316.1	60.0	527.1

资料来源：
（A）《中华民国统计年鉴》，1948 年；《财政年鉴》，1947 年。
（B）李紫翔：《从战时工业论战后工业的途径》，《中央银行月报》复刊第 1 卷第 1 期，1946 年，原据经济部统计，折战前币值据表 4 - 15（7）；从该文总数中减除民营部分得出公营；民营部分亦据李紫翔统计，见表 4 - 28。
（C）经济部统计处：《后方工业概况统计》，1943 年。
（D）李紫翔：前引文。

由此可见，1942年的公营资本比重比1944年的高些。高多少还不能肯定，因为我们没有1942年调查折战前币值的数据。若就当年币值对比，即（C）比（D），则1943年、1944年两年间公营工业资本增加24%，而民营工业资本增加了3.3倍。这两年正是后方工业不景气、民营工业步入困境的时候，何以会投资猛增数倍？原来，在通货严重膨胀的时候，民营企业为避免"虚盈实税"，常要申报增资，即将原资本升值若干倍，实际并无或甚少新资本投入，有的并报改组，重新登记开业。而公营工业基本没有虚盈实税问题，也就缓办或不办资本增值。这至少是比重变化的重要原因之一。

这样看来，表中（D）统计的民营资本大体是足值的资本了。民营矿业的投资较少，按工业投资20%计，工矿业资本共3.58亿元。至于公营资本，似仍用我们原先估计的3.85亿元为好。因为银行系统的投资在战时是很突出的，而其他统计都未计入；再有，工矿调整处等投入民营企业的公款，其他统计也无法计入。这样，公营3.85亿元，民营3.58亿元，相差无几，其比重是公营占52%，民营占48%。

即或如此，国家资本仍是居于垄断地位的。第一，国家资本是集中的。按（D）统计，平均每厂209人；民营厂平均只有53人。第二，国家资本掌握了基要部门。按（C）统计，它们集中在冶炼、电力、电器、机器、化学等部门，而民营厂仅在五金、木材、食品、文具印刷、杂工业中占优势。一向民营的纺织工业这时已是公私平分了。煤矿是民营为主，金属矿和石油则是国家独占。第三，迄今我们考察的只是企业的设立资本，不是它们的实际使用的资本，即资产或净值。公营企业资本较大，可以独立经营，抗战前期颇有利润，用于扩大积累。民营企业殆多资本不足，靠借款和商欠维持，利润也多用于开办新企业，甚少积累。所以，尽管民营资本总额与公营相仿，实际资本的力量是不能与公营比拟的。

国家资本的垄断地位不能只从资本上来观察，还有权益、设备、技术等各方面,而其生产实绩是一个明显标志。公营产值不断增长,到 1944 年已超过民营。一些原来没有公营企业生产的项目,公营也逐渐占到相当比重。原来民营资本的命脉棉纺织业,也被国家资本侵占了 60% 的市场。当然,还有一些没有公营生产的行业没有列入表内,该表所计并不是全部工矿业总产值。不过,公营在主要行业上的优势,也就是对整个生产的垄断了。

六 后方交通运输业的发展[①]

抗战前,近代化的交通运输业就已经基本掌握在国家资本手中。抗战时期,国民政府大力发展交通运输业,其国库支出较工矿投资大 8 倍,建设速度空前,成绩显著。这固然是迫于成时的需要,也得利于中国人力资源的充裕,千万员工奋战于荒山僻野,可歌可泣。惜军事不利,不少建设失掉实际效果。现先将各项指标列入表 12,再分项简介。

战时政府投资交通建设款共约 1302 亿元,折战前币值约 4.56 亿元。其用途,折战前币值计:铁路约 51.2%,公路 40.1%,电信 6.5%,水运 1.3%,航空 0.4%,邮政 0.3%,另购料 0.2%。此系交通部门统计。依财政部岁出统计,共支交通建设费约 1306 亿元,略同;唯支出分年有异,故折战前币值约 5.24 亿元。[②] 似应以交通部实收年份为准。

1. 铁路

抗战军兴至 1938 年 10 月,中国铁路员工以平均每天 1 公里的速度完成湘桂铁路的衡阳至桂林段;同时修筑了湘黔铁路的株洲至兰田段,并完成战前已开始的陇海铁路西安至宝鸡段工程,共新筑

[①] 本目所用资料,除另有注明者外,均据交通部:《十五年来之交通概况》,1946 年;龚学遂:《中国战时交通史》,1947 年,不再一一注明。
[②] 《中华民国统计年鉴》,1948 年;《财政年鉴》,1947 年。

表 12　抗战后方交通运输业的发展（1937—1945 年）

	1937 年	1938 年	1939 年	1940 年	1941 年	1942 年	1943 年	1944 年	1945 年
交通建设费									
当年币值（百万元）	63.3	58.3	151.5	371.1	558.8	1544.5	3162.3	14341.4	109939.2
折战前币值（百万元）	61.5	44.5	68.9	72.3	43.1	39.6	25.2	33.2	67.4
铁路									
营业里程（公里）	3921	3051	1941	2221	2473	2174	2992	1625	—
公路									
新修公路（公里）	1594	978	2583	949	2616	755	1571	1419	1871
改善公路（公里）	826	5584	9802	9313	11883	15347	16666	20292	18533
汽车登记（辆）	68917	36784	22778	16429	21636	30440	31833	32484	38199
国营货运（万吨公里）	3146	2857	2727	2194	18921	18917	15364	14669	17362
国营客运（万人公里）	108052	24777	19750	15917	7444	7102	17972	19694	31308
轮船									
轮船吨位（吨）	118484	87453	68794	58912	46540	62376	37303	73299	—
货运（万吨）	2287	762	127	95	80	62	156	216	—
客运（万人）	1634	871	163	204	331	493	881	1008	—
民航									
飞机（架）	29	27	22	24	17	17	32	36	68
货运（万吨公里）	34	21	50	85	178	393	1619	2395	2573
客运（万人公里）	1723	1008	2136	2122	2212	3721	3237	3738	5564

续表

	1937 年	1938 年	1939 年	1940 年	1941 年	1942 年	1943 年	1944 年	1945 年
邮政
邮路（公里）	598787	560745	557520	584161	597639	597790	422165	377764	580960
邮政局所（个）	74587	68654	69458	69906	70999	71293	30051	26824	60973
国内函件（万件）	76878	54185	61369	86716	87012	86826	73542	66408	59198
邮政职工（人）	28596	27833	31120	36439	40988	41041	27702	27708	40018
电信
电信局所（个）	928	941	971	1135	1167	1234	1347	1279	1329
电报（万字）	26121	25308	27541	30986	40999	39614	37406	35053	40278
长途电话（万次）	250	200	240	273	343	402	534	548	600
电信职工（人）	17762	20000	23000	25941	30105	32502	31601	30444	49000

注：

交通建设费：指国库拨款，据交通部统计，1937—1945 年共 1301.904 亿元，折战前币值 5.236 亿元。

公路：汽车登记不包括军用车。客货运量限国营公路运输机构营业车运量，其中 1937—1939 年为估计数。又据财政部统计，1937 年 7 月至 1945 年共 1306.439 亿元，折战前币值 5.236 亿元。

轮船：吨位不包括外国轮船。

民航：只包括中国航空公司、欧亚（中央）航空公司两家。客货运量中 1937—1939 年为估计数。

邮政：1943 年、1944 年两年为后方统计，其他年份均包括沦陷区，但不包括东北。

电信：1937—1939 年为估计数。

资料来源：交通部：《十五年来之交通概况》，1946 年；《中华民国统计年鉴》，1948 年；交通部：《公路统计年鉴》，1944 年、1945 年合订本；《交通部统计年报》，1946 年；《中国邮政统计汇辑》，台北 1955 年。

铁路708公里。此外，还修筑了安徽宣城的孙家埠至歙县一段和杭甬铁路的杭州至曹娥一段，共长314公里，或惜不久即沦陷或自行拆除。

1938年10月武汉、广州沦陷，中国已共丧失铁路8810公里（不计东北），后方旧路仅存滇越铁路（法资）、浙赣铁路、粤汉铁路株洲至曲江段、陇海铁路洛阳以西段，共2609公里。新修的湘黔铁路因敌扰株洲停工。湘桂铁路则于1939年年底完成桂林至柳州段，再南进时，因敌陷南宁而中止，改筑黔贵铁路。黔桂铁路于1939年开工，由柳州通往贵阳，环境险恶，均系利用拆旧路器材，1944年才修至贵州都匀，计398公里。而这年爆发黔桂战役，全路沦落敌手。1938年11月开始修筑叙昆铁路，即由昆明通四川宜宾，因法国不能供料，拆除滇越铁路南段铺轨，至1942年仅完成昆明至霑益（曲靖）174公里，因材料不足停工。西北方面，1939年开筑宝（鸡）天（水）铁路，长154公里，蜿蜒于崇山峻岭，隧道长达22公里，1945年年底才完成通车。此外，还在矿区修建了铁路支线多处，总长亦数百公里。

国民党当局原寄望于欧美援助以制敌，自始十分注意国际交通线。湘桂铁路之进展最快，即因与法政府达成协议，拟通镇南关与法属越南铁路接轨。1938年4月国民党全国代表大会讨论《非常时期经济方案》时，即把战时交通重点放在国际线上。[①] 1939年9月欧战爆发，旋法政府投降希特勒，湘桂铁路的出海计划连同叙昆铁路、成渝铁路的法国借款俱成泡影，乃至全力于滇缅铁路的建设。滇缅铁路系于1938年11月开工，由昆明至缅甸腊戌，长885公里，需工20万个。所用器材原靠滇越铁路内运，1940年6月，法国维琪政府应日本要求封闭滇越铁路，只好改从缅甸用滇缅公路运入。实际上筑铁路耗资费时，反不如公路之得宜。1942年年初日寇侵占缅甸，所有工程全部报废。

---

① 《交通建设》季刊创刊号，1941年，第332页。

据《十五年来之交通概况》所记，战时铁路建设情况如表 13。

表 13　　　　　　　　抗战时期的铁路建设　　　　　　单位：公里

时间	修筑	沦陷或拆除	应存
武汉撤退前	1022	314	708
武汉撤退后	1187	846	341
合计	2209	1160	1049

中国铁路原无确切统计。交通部另一统计，战时共修筑干线 2326 公里。[①] 总之，战时政府在铁路上花费最多，而修筑之路大半沦敌或拆除。当然，铁路在战时军民运输上亦不少贡献。战时车辆内调，故机车和客货车并不少。唯车辆损坏殊甚，不能补充。营运状况，从比较稳定的 1940—1943 年看，后方铁路营业里程平均为 2465 公里，为战前 1935 年 8983 公里的 27.4%。这 4 年的平均货运量仅为 1935 年的 7.8%，而平均客运量为 1935 年的 37.8%。战时铁路以客运包括军队运输为主。

2. 公路

国民政府在 1937—1945 年修建公路 14331 公里，改善公路 108246 公里，超过战前全国公路里程 13.3%，形成西南、西北两大公路网，对战时运输发挥了重大作用。公路是中央拨款和提供技术，由各省募集民工修建，故见效甚快。

西南公路网以昆明至畹町的滇缅公路为国际干线，该路长 959 公里，战前已有一段土路，战后动员 15 万民工，于 1938 年完成。连接滇缅公路，建有 3 条主干线。一为由昆明经贵阳至重庆的昆渝线。此路以贵阳为中心，可东通长沙，南达柳州，为战时最繁忙的公路线。二为由昆明经曲靖至泸州的川滇东路。此路虽短，但物资达泸州后可顺水下重庆，兵工器材、油料等多取道此路。三为由滇

---

① 交通部档案二〇（2）324，《抗战前后交通概况重要统计资料》。

缅路的祥云附近转北经西昌至乐山的川滇西路，长达1073公里。并与修自乐山至西康康定和由内江至湖南沅陵的横贯公路相衔接。此外，在湖南筑衡阳至宝庆和洞口至榆林湾的公路以通广西，在广西筑贺县至连县的公路以通广东。

西北方面，战前已建成西（安）兰（州）公路和西（安）汉（中）公路。抗战后，分段赶筑兰州经新疆北部与苏联铁路衔接的西北公路，长达3400公里，接运苏联援华物资。同时，修建了甘肃天水至陕西凤县（双石铺）的公路，使西兰公路接通四川；修建了汉中至湖北边界白河的公路，汉中成为交通中心。1942年3月滇缅公路断绝后，公路建设中心转到西北，修建了康青、青藏、南疆3条公路。康青路自康定至青海歇武，长792公里，穿越折多、海子等高山，给养须远从雅安补给，环境艰险，于1944年10月通车。青藏公路自青海西宁至歇武对河的玉树（实际尚未入藏境），长797公里，穿越青海草原，平均海拔4000米以上，气候高寒，施工条件更为险峻，于1944年9月完成。南疆公路自甘肃敦煌至新疆若羌，长739公里，道经荒漠，人烟稀少，至1946年1月才全部完工。

滇缅公路断绝后，国际交通仅靠昆明至印度的空中航线，运量有限。美国租借法案运华的物资积压在印度，乃由中美合作修建中印公路。该路自云南保山经缅甸密支那达印度阿萨姆邦的雷多，长2300余公里。中国负责保山经腾冲至密支那一段，高山密林，气候恶劣，中缅人民共同努力，于1945年4月完工。密支那至印度雷多段由美国负责修建，同年1月完工。此路又称史迪威公路。同时修建与公路平行的中印输油管道，同年2月完成。此项工程是在原始森林和瘴疠为患的条件下短期内完成，当时曾轰动世界。[①] 其目的在运输美军用物资，因对日战场已转移，实际并未发挥作用。

战时公路是仓促建成，路面差而环境恶劣，加以车辆不足，损

[①] 夏光南：《中印缅道交通史》，中华书局1948年版，第140—142页。

毁严重。但其战时运输的效益仍远大于铁路。表12所列汽车系登记数字，军用车不包括在内；而所列运量仅是国营营业车运量，更不全面。1944年，国营营业车4498辆，仅占登记汽车数的约13.8%，又私营营业车2823辆，约占8.7%，而机关、企业自用车约占77.5%。故实际运量约比表中所示大7倍，实为后方最主要的运输力量。

3. 驿道

后方道路崎岖，现代化交通设备不足，利用传统人畜力运力十分必要。交通部于1938年设驮运管理所，陆续开辟驿运路线，1940年9月改为驿运管理总处，各省亦设管理处。总处辖有川黔、川滇、川陕、甘新、新疆5条干线，长6689公里，其中陆路占87%，水运占13%。驿运并用于国际运输。新苏线，自新疆猩猩峡至苏联霍尔果斯，长2103公里。叶列线，自新疆叶城至印度列城（今克什米尔的巴基斯坦控区），分两路，东路长1005公里，西路1160公里。康藏印线，自康定经拉萨至印度葛伦堡（锡金南界属印境），长2510公里。各省的驿运管理处负责支线运输，川、滇等12省辟有主要支线21319公里，其中陆路占55%，水路占45%。

1940—1944年，政府的驿运机构共承运货物136万吨，运量1.96亿吨公里[①]，相当于同期国营汽车营业运量的28%。同期，政府拨付驿运建设费1.8亿元，仅及公路拨款的1.9%。国营机构以外，公私利用驿运运输量更大。1940—1943年共运军、公、盐、粮534万余吨，运量6.44亿吨公里[②]，相当于同期国营汽车营业运量的1.16倍。驿运不仅是战时后方所必需，也为在不发达经济条件下如何利用传统经济力量提供经验。

4. 水运

战前轮船运输操诸外商，本国轮船50万—60万吨，主要是民

[①] 交通部：《公路统计年报》1944年、1945年合订本。
[②] 交通部驿运管理处：《全国驿运概况》，1944年，第28页。

营、国营招商局及地方航政机构轮船不过占15%左右。抗战开始，政府统制轮船运输，征调87只、11.7万吨沉于长江，意欲阻敌舰进攻而无实效。另有大量轮船被敌炸毁或自沉，或改换西方国籍。武汉沦陷后，中国轮船吨位仅及战前15%，招商局亦仅余3万吨。

招商局等较大轮船不适川江航行。抗战初期，交通部即设川江、西江两造船厂，先后造200吨左右浅水轮船20余只，约4000吨；造6—60吨木船2671只，共42914吨。又贷款给各省船户，先后建造木船1400余只，17000余吨。① 木船在战时水运中发挥巨大作用，1941—1942年木帆船航线近4万公里，为轮船通航里程的3倍多；由船政机关登记和管制的木帆船有36万吨，其运力是轮船的5—7倍，在其他年份也都在轮船的3—4倍。② 不在管制的小木船和农业用船更多。

抗战期间，交通部疏浚整治水道，颇具成效。初期着重改进湖南、广西、广东间的水道，广西桂林至龙州间700里，已可通行小火轮。最重要的工程是沅江、嘉陵江以及四川境内水道的整治。沅江为湖南贵州间唯一水道，由常德开行的轮船仅达桃源，整治后，可抵沅陵，后延至辰溪，唯中游以上仍行木船。嘉陵江为川陕间要道，上下游同时整治。整治后，重型木船可上驶至陕西阳平关（原仅能到四川广元）；下游除枯水季节外，轮船可由重庆直驶南充（原仅能到合川）。四川境内水道整治綦江、涪江，包括筑坝，建闸，行驶重型木船。又整治金沙江，即长江上游，宜宾至屏山段已可驶轮船。交通部又设绞滩管理委员会，在川江、嘉陵江、沅江设绞滩站56处，1944年裁撤为38处。用半机械式绞机，最大站可绞运4000吨级轮船，一般能绞500吨上下。借绞滩之力，大型轮船已可驶入宜昌以上的川江。

5. 空运

抗战后，西南航空公司航线尽陷敌，停航。中德合资的欧亚航

---

① 参见王洸《中华水运史》，台湾商务印书馆1982年版，第263—268页。
② 交通部档案二〇（2）289，《交通统计概况》，1943年；《交通统计年报》，1946年。

空公司总部迁昆明，飞香港线、西安线及兰州线。欧战爆发后德方停供器材，仅维持西北航线。1941年8月中德断交，该公司改为国营中央航空公司，由政府改造几架旧轰炸机交公司维持飞行。

1938年12月成立中苏航空公司，基地在迪化，苏联提供飞机器材，经营自哈密经迪化至苏境阿拉木图线。不及1年，德苏战争爆发，公司停业。

中美合资的中国航空公司，战后基地迁重庆、昆明，经营飞往中国香港、缅甸腊戍和仰光、印度加尔各答等国际航线和国内各大城市的航线。太平洋战争爆发后，中印航空线成为唯一的国际航线。中美英三方合作，以印度丁江为中转站，辟丁江飞昆明、宜宾、泸县的航线，并在加尔各答设机组基地，即所谓驼峰航空线。由美国租借法案供给中国航空公司部分飞机和机件、燃料，月运量1000余吨，最高曾达2400吨，3年多共运物资4.4万吨。同时，美国航空大队在此线空运驻华美军所需物资，月运量最高达4000吨。运量高时已超过滇缅公路。

战时民航的客运量和货运量都是不断增长的，见表12。

6. 邮电

战时邮电事业有很大发展，亦见表12。

表内邮政统计与他项不同。因在1942年以前，后方与沦陷区之间始终保持通邮，故表内数字包括沦陷区。大约战事初起时，邮路里程减少1/3，邮政局所有1/4停闭。旋在各战区重组邮政机构，并在后方扩展邮政业务网，至1942年年底，新设邮政局所1.64万个，新辟邮路20万公里。① 故这时邮政里程和国内函件数均较战前增2%左右（1936年为584816公里，852636件），实则沦陷区是减少的，后方则大增。1943年起，海路既断，新辟的浙东、湘北和湖北与沦陷区的通邮路线也逐渐断绝，故表见邮路和业务都大减。但就后方说，是增长的，与战前全国数量相去不远，邮

---

① 交通部档案二〇（2）289，《交通统计概况》，1943年。

政员工亦相若。后方邮政的发展，也反映了战时教育中心的内移和共产党领导的抗战文化的高涨，与沦陷区的衰落形成对比。

电信方面，战前有电报线路约9.3万公里，电信局所1272个，战时损失近半；电话因在城市，损失95%以上。战时后方电信业务剧增，增架电报线路4.5万余公里，长途电话线路4万余公里，并先后完成贵阳—桂林、桂林—衡阳、衡阳—长安3条载波线路，始用载波机，电信业务量超过战前。原设上海的国际无线电台逐步内移至成都，又移重庆。湘桂战役后，东南各省靠无线电报联络，后方电台由70余座增至170余座，无线电机较战前倍增。凡此都未计军用专线。

7. 财务经营

战时政府对运价实行管制，邮电资费1940年以后才开始调整，在通货膨胀下，上升速度远远低于一般物价。用指数比较，简况如下：

表14　　　物价和运费、资费指数（1937年1—6月=100）

	1938	1940	1942	1945
后方批发物价	131	513	3900	163160
铁路货运价	116	240	1322	42267
公路货运价	108	308	1949	25867
轮船货运价	165	516	2262	24614
航空货运价	113	253	1857	22819
国内函件资费*		160	1000	4000
国内电报资费*		180	600	20000
长途电话资费*		100	400	26250

注：*以战前资费为100，按各年调整后数计算，国内函件1945年指数系按该年10月调整前计算的。

表14中轮船业因以私营为主，1940年以前运价上升与物价持平，此后政府改行补贴政策，运价亦远低于物价。其余项目，大都

是公营。战时后方不仅物料难得，需用人力亦多，故各业经营上，除抗战初期铁路、公路略见账面盈余外，无不亏损，依靠政府补贴和国家银行贷款维持。邮政历年亏损总额达 85 亿元，政府补贴 31.6 亿元；电信历年亏损 62 亿元，政府补贴 54 亿元。1945 年上半年，补贴公路运输 100 余亿元。而通货膨胀下的银行贷款，亦无异一种补贴。

战时后方交通，无论在基建和经营上，都依靠劳动人民的努力。这不仅因为战时工价上升速度低于物价，交通部门得以降低成本，还更得益于劳动人民的爱国热情。后方工程建设少有机械，主要靠人力。如湘桂铁路千余公里的路基，全由民工挑土筑成；宝天铁路 20 余公里的隧道，全赖工人腕力凿通。滇缅公路穿越怒江、澜沧江、漾濞江 3 条大河，经原始森林和荒僻地带，15 万民工奋战 1 年。类此建设征用民工，半属无偿劳动。交通部门职工除邮电已见表 12 外，余无系统统计。1942 年调查交通各部门总数为 19.3 万余人，内铁路近 6 万人，公路约 5 万人。[①] 此外，1940 年仅西南 5 省注册的驿运力夫即有 10.5 万人[②]，1941 年登记木船 36 万吨，船工亦需数万人。广大交通职工对抗战做出伟大贡献，也做出很大牺牲。据统计，交通职工战时伤亡 5864 人。

（原载《中国资本主义发展史》第三卷，人民出版社 1993 年版）

---

① 《交通部统计年报》，1946 年。
② 黄弘：《略论战时西南交通建设》，1985 年，重庆市档案馆藏。

抗战期间的后方商业[*]

一 后方市场的扩大

战时后方与我们所说的战前内地应大体接近，这一地区与沿海地区相比，经济是相对比较落后的。战前这一地区占有全国2/3以上的面积、一半以上的人口，而近代工业资本只占全国近代工业资本的19%，为4亿余元[①]。不仅是近代工业，手工业也较沿海地区落后，对外交换主要是农矿初级产品。大部分省区对外区贸易都是长期入超，如西南四省平均年入超约5000万元，西北因无海关而难以确计，但估计情况与西南大体相近。抗日战争爆发后的政治经济形势为后方的发展提供了一定的有利条件，后方的市场也处于不断扩大之中。战争中，任何国家都会出现程度不同的市场繁荣，主要是因为战争刺激了需求的骤增，特别是政府财政支出急剧扩大，这些都转化为市场上的有效购买力。中国战时后方兼有建设任务，政府、银行和民间的资本投资都很活跃，尤其是1941年以前，社会资本增加极为迅速，工矿建设和交通运输建设都有比较明显的进步，文教和社会活动也空前活跃。后方各省原有的财政支出不会减少，只会相应有所扩大，中央财政支出则基本转入后方。据表1统计，战时国家财政支出总额约15014亿元，折合战前法币约82.4

---

[*] 本文摘选自《中国近代商业史论》，中国财政经济出版社1999年版。
[①] 参见吴承明手稿《旧中国工业资本的初步估计》，该估计不包括矿业。

亿元，其中军费支出约占 59.7%，约 49.2 亿元，经济建设支出约占 10.15%，约 8.36 亿元。这些都是后方市场上新增的需求。另外，从人口结构变化来看，后方市场需求的扩大也很显然。战时由沿海地区迁入西南者约 50 万人，迁入后方其他地区者约 20 万人；按 1942 年田赋附征实时计算军粮数约 628 万人，这些都属非农业人口的增加。战时川康区征军工约 90 万人，征民工约 250 万人，这些都是农业转非农业的人口。非农业人口的大量增加，加以国际和国内新交通线的开辟，工矿区的建设，驻军地区和新的行政、文化点的形成，在原有城镇扩大的同时，一批新的大小城镇蓬勃兴起，都成为新兴市场。

关于市场供给。战时后方农业还是有一定发展的。据《中华民国统计年鉴（1948）》关于后方十五省区的农产品产量统计，战时后方主要农产品生产没有大的起伏，产量还比较稳定。1938—1945 年，前半期粮食总产量大体在 13 亿担以上，后半期也在 12 亿担以上或 13 亿担以上，其中稻谷产量在 7 亿担左右，小麦产量在 2 亿担左右，杂粮起伏稍大。我们以 1942 年为例，按 1936 年不变价格计，1942 年主要粮食作物的总产量为 12.2 亿担，总产值约为 365522 万元，相当于 1936 年全国粮食作物总产值的 42%。棉花生产也基本稳定，战时平均年产棉花约 700 万担，其中 1942 年约 886 万担，1945 年约 516 万担，其他年份都较稳定。大豆、油菜籽、花生等油料作物的产量也都大体稳定，大豆除 1942 年产量略低于 3000 万担外，其他年份都在 3300 万—3800 万担；油菜籽除 1938 年、1945 年较低外，其他年份都在 4400 万—4900 万担，与战前水平相差不大；花生年产量都在 2000 余万担。按 1936 年不变价格计，1942 年后方经济作物的产值约 107110 万元，相当于 1936 年全国经济作物总产值的 40.6%。以上两项合计，1942 年农作物总产值约 472632 万元，相当于 1936 年全国农作物总产值的 41.78%。另外，就畜牧业发展来看，以 1942 年为例，大牲畜中水牛、黄牛的产量分别相当于 1936 年的 69%、57%，其他减少较多；羊的产量相当于 1936 年的 34%；猪的产量相当于 1936 年的 57%；鸡的产量相当于 1936 年的 48%。从《中国国民所得》一书关于畜牧业产值的计算来看，年产值中猪、牛、鸡（鸡蛋）三项即占 83.22%，其中猪又占 57.34%。据此加权，1942 年后方畜牧业的产值应相当于 1936 年的 50% 以上，以低限计也应有 12 亿元以上。其他农产品无统计可依，我们可参照畜牧业的样本，估计园艺、林业、渔业的产值也都相当于 1936 年的 50%，则园艺业和林、牧、渔业 1942 年的产值分别约 131266 万元、149270 万元，合计约 280536 万元。与上述农作物总产值相加，1942 年后方农业总产值约 753168 万元，相当于 1936 年的 46%。

表1　　　　　抗战期间国民党政府财政支出简表①　　　单位：法币千元

年度	总支出 当年币值	总支出 折合战前币值	军费支出（1）当年币值	军费支出（1）折合战前币值	占总支出比重(%)
1937.7—1938.6	2091324	2030412	1387559	1374145	66.4
1938.7—12	1168652	892101	491616	375279	59.7
1939	2797018	1271372	1536598	698454	55.0
1940	5287755	1030751	3773367	735549	71.4
1941	10003320	771861	5130834	395838	51.3
1942	24511227	628493	12048057	308924	49.2
1943	58815767	468988	32961268	262828	56.1
1944	171639201	397341	104006920	240773	60.6
1945	1215088597	744722	854210900	523542	70.3

年度	经济建设支出（2）当年币值	经济建设支出（2）折合战前币值	占总支出比重(%)	经济建设支出中 工矿等建设投资 当年币值	工矿等建设投资 折合战前币值	交通建设投资 当年币值	交通建设投资 折合战前币值
1937.7—1938.6	167769	162883	8.0	104179	101145	57000	55340
1938.7—12	136491	104192	11.7	70846	54081	60884	46476

---

① 为保持著者行文原貌，文中涉及的表格样式、数据除有考证外均不作修改。下同。

续表

年度	经济建设支出（2）			经济建设支出中			
	当年币值	折合战前币值	占总支出比重（%）	工矿等建设投资		交通建设投资	
				当年币值	折合战前币值	当年币值	折合战前币值
1939	368186	167358	13.2	121896	55407	238174	108261
1940	557063	108590	10.5	96222	18757	438694	85516
1941	991828	76530	9.9	225701	17415	712211	54955
1942	2563220	65724	10.5	501436	12857	1904949	48845
1943	4056208	32343	6.9	552409	4405	2951386	23534
1944	17513315	40543	10.2	1643223	3804	14341373	3320
1945	126877350	77763	10.4	11357500	6960	109939179	67382

注：（1）军费支出包括国防建设及军事工业经费。

（2）经济建设支出包括对工矿、交通、农林、水利等建设投资以及西北建设费等专项拨款。

资料来源：据《中华民国统计提要（1947年）》、《中华民国统计年鉴（1948年）》、《财政概况统计（1943年）》（财政部编）、《财政年鉴（1947）》等所载国民党政府战时预决算及国库支出统计等资料综合整理。

关于农产品的商品率，我们估计要较战前为高。战时后方通货膨胀日益加剧，对农民利益的损害尤为严重。农业收入低于工业，差距不断扩大，农民出售产品的价格上升慢于购买产品价格的上升，农民价格损失日益增大，农民购买力呈下降趋势。这样，农民为完税纳赋和换取必要的生活资料、生产资料，不得不出售更多的农产品。1941年，国民党政府鉴于粮价上涨，为保证军需民用，实行田赋征实和粮食征借征购，从征借数量来看，相当于粮食产量的5.3%。历年实收稻谷占稻谷年产量的8%—15%，实收麦占年产量的4%—6%[①]，比重似不算高。但是，田赋征实后，原来地方的田赋附加和积谷等仍照征，各种摊派有加无已。据估算，连同地

---

① 参见张友揆《中国的对外贸易和工业发展》，上海社会科学院出版社1984年版，第153页；张公权《中国通货膨胀史（1937—1949）》，文史资料出版社1988年版，第93页。

方征粮，在四川每亩实征 2.38 石，合平均每亩产量 4 石的 59.5%；湖南滨湖 10 县实征额占 52.79%；云南赋额较轻，亦达 49%，杂项摊派尚不在内①。可见农民粮食的 50% 左右进入市场，但主要是以实物形式纳税赋或以较低价格被政府征购的。

另外，其他很多重要农产品也因政府的统制而低于市价出售，如丝、茶、桐油、猪鬃和后期的棉花、蔗糖等，至通胀严重的后期，很多农产品都是以低于生产成本的价格出售。因此，农民出售的不仅是剩余产品，还需出售一部分属于维持自身生存的必要产品，商品率的提高是以降低农民自身生活水平为代价的，是侵占农民必要劳动的结果。事实上，战时后方的经济是以牺牲农民的利益来发展的，政府在很大程度上也是以牺牲农民的利益来维持战争和财政的。农民是抗日战争中最大的牺牲者，也是对战争最大的贡献者。综观战时后方市场，粮食和食物的供应是基本可以满足需要的。食物类物价的上涨远远低于其他类商品物价的上涨幅度，农民的利益牺牲是很明显的。

战时后方的工业和手工业在 1942 年以前，发展速度还是比较迅速的。战前后方近代工业落后已如前述。战争爆发后，沿海工业相对发达地区相继沦陷，国民党政府在向后方的败退中，从战争需要考虑，将沿海地区的一些国营和民营工厂内迁。1937—1939 年，全部内迁厂约有 600 家，其中由经济部工矿调整处补助内迁的民营厂矿达 448 家，内迁器材数为 12 万吨，内迁技工人数为 1.22 万人。国营厂矿的内迁另有统计，资料不详，但估计器材、技工以及技术和管理人员内迁数量应大于内迁民营工厂。这些内迁工厂对于工业基础薄弱的后方来说，是一支重要的骨干力量，对后方工业的发展起到了重要的作用。战时后方的前半期，外贸困难，外商厂和洋货的压力解除，加上战时军需民用骤增，市场需求扩大，各地资

---

① 据刘明夫《国民党征粮政策下的人民负担和粮食损耗》，见董长芝等《中国现代经济史》，东北师范大学出版社 1988 年版，第 200 页。

本和技术力量也向后方集中，近代工业得以蓬勃发展。同时因后方动力等基础工业尤为薄弱，后方手工业也处于兴盛时期。

国民党政府为保证战时军需民用，采取了一系列措施扶持和发展后方工业，除政府直接投资兴办国营厂矿（参见表1）外，还鼓励民间投资设厂，国家银行也向厂矿发放贷款或直接投资。战时发放工矿贷款累计约691亿元，折合战前法币约2.3亿元，对工矿业的投资总额折合战前法币约为1.5亿元，当然这些贷款和投资大部分投向公营厂矿。另外，经济部也负责向民营厂矿投资和贷款，并协助供应器材、培训技工，在一定程度上促进了后方工矿业的发展[1]。据《中国资本主义发展史》第3卷估计，战时后方近代工矿业的登记资本为7.01亿元（其中公营资本3.85亿元，民营资本3.16亿元），但登记资本与实际运行资本有较大差距，难以与战前比较。根据我们的估算，战时后方工矿业的资本额为158375万元，其中公营资本86783万元，民营资本71592万元[2]。战前后方工业资本4亿余元，加上矿业也不会超过5亿元。以5亿元计，战时后方近代工矿业资本较战前增长了217%，相当于战前全国近代工矿业资本的48.9%（不包括东北，如包括东北，比重则为31.65%）。

战时工矿生产数量的统计很不完整。笔者据产量统计，较完整的28种主要工矿产品按1933年不变价格作了产值估计，战时生产以1942年为最高水平，该年28种主要工矿产品的产值为237332万元，较1938年增长113%，1938—1942年，平均年增长率为20.9%（其中公营为44.3%，民营为11.4%）。1942年以后，后方生产渐趋衰退[3]，这与国民党政府的经济统制政策消极影响扩大和太平洋战争后的进口商品急速增加有关。从战时后方市场总体情况看，纺织品、日用品还是供不应求，战时后方历年衣着类物价远

---

[1] 吴太昌：《抗战时期国民党国家资本在工矿业的垄断地位及其与民营资本比较》，《中国经济史研究》1987年第3期。
[2] 同上。
[3] 同上。

远超过其他商品价格的上涨幅度。不过，这些商品的消费具有较大的弹性，市场仍能基本平衡。生产资料商品，前期供应偏紧，后期则因进口增加和生产衰退，部分产品出现销售困难。

二 通货膨胀和商业繁荣

以上我们从供求方面考察了后方市场扩大的物质基础。市场的扩大导致商业的繁荣。战时后方商业资本的发展未见系统的调查资料，仅重庆市1942年有一些调查，现将有关资料列入表2。重庆是战时后方的政治经济中心，也是后方最大的商业中心。由表2可见，至1942年9月，重庆商业户数达25920家，占重庆各类企业总数的93.5%；重庆市全部投资分配中，商业投资所占比重高达72.7%，可见重庆商业的繁荣和民间资本投资的畸形发展。战时滇越、滇缅、中印各交通干线均以昆明为起点，昆明成为战时对外贸易中心。战前昆明有私营进出口商十数家，战时增加到100余家，并出现广东帮、喜州帮、腾冲帮、蒙自帮等大商人资本[1]。昆明的其他商业也很繁荣，1942年昆明拥有资本4亿元以上的大商人14人，1亿元以上的140余家，1000万元以上的数百家[2]。西安是西北地区一大商业中心，战前以经营陇海路运来的纺织品、百货为主。抗战初期，外来货源减少，而本地区工业较落后，棉布商业衰落，先后倒闭820余家，恒泰祥这样的经营规模较大的老字号也营业低落，以后逐渐有所恢复，但以小户为主。西安百货业则一直有所发展，百货公会原有会员商店150家，从业人员850人，抗战后期增至350家，从业人员达1250人。[3]

---

[1] 据《昆明市私营进出口商业社会主义改造资料》，1959年油印本。
[2] 据李炳焕《八年来大后方之工商业》，《银行周报》第13卷第1—2期合刊，1946年1月。按此资料推算，1942年昆明商业资本至少在330亿元以上，如此看来这项资料的币值不可能是1942年的，应该是1945年年底的。
[3] 《西安市棉布业历史资料》《西安市百货业社会主义改造历史资料》，均为1959年油印本。

表 2　　　　　　　抗战时期重庆市的商业资本（1942 年）

	家数	资本（万元）	资本（%）
1. 全部投资的分配（1942 年 9 月）			
投资总计	27712*	68161.2	100.0
内：商业	25920	49535.3	72.7
工矿业	1613	17957.0	26.3
运输业	162	551.4	0.8
农业	14	117.5	0.2
2. 商业资本的分配（1942 年 9 月）			
商业总计	25920	49535.3	100.0
内：纺织品业	3074	10227.2	20.6
百货业	2403	4998.5	10.1
五金电料业	1549	3193.2	6.5
烟业	1508	3033.6	6.1
粮食业	1513	944.5	1.9
其他	15873	27138.3	54.8
3. 棉布商业资本的运用（1942 年 1 月）			
棉布业总计	331	1533.3	100.0
内：居间商	4	21.4	1.4
贩运商	119	135.6	8.8
零售商	23	51.5	3.4
贩运兼居间	132	870.6	56.8
零售兼居间	43	87.6	5.7
零售兼贩运	10	366.6	23.9

注：* 分项之和与总数不符。

资料来源：1. 及 2. 据邓翰良《十年来之商业》，载谭熙鸿编《十年来之中国经济》中册，1948 年。3. 据李紫翔《抗战以来四川之工业》，《四川经济季刊》第 1 卷第 1 期。

以上我们就重庆、昆明、西安的不完整资料说明了战时后方商业发展的情况，但这些远不能说明后方的商业活动。后方商业的繁荣并不完全是在正常的市场扩大的基础上发展而成的，而另有其主导因素，其中最重要的因素是战时的通货膨胀。战时国民党政府军费、公务和建设等支出庞大，而收入远低于支出，财政赤字一般都占财政支出的70%左右，1941年更高达86%，这些赤字只有靠国家银行的垫款来弥补。但这不过是个过渡，银行吸收的社会存款尚不足以应付贴放，它们给政府的垫款实际是用增加法币发行来抵充的，这也是战时通货膨胀的直接原因。战前，银行发行货币须有六成现金准备和四成有价证券的保证准备，法币可无限制兑换外汇。抗战后，政府决定"另账"发行不设现金保证的法币，到1939年9月公布的《巩固金融办法纲要》规定：现金准备可用商业票据、栈单、投资等抵充，法币的发行实际已没有什么限制，中央银行、中国银行、交通银行、中国农民银行于1940年发行法币增至78.7亿元。以后四联总处规定，自1942年7月1日起，所有法币发行统由中央银行办理，就更无所谓缴存准备了，法币发行量倍增。后方物价随法币发行量的增长而上涨。从1941年起，物价已如脱缰之马，难以抑制，通货膨胀已成恶性发展之势。发钞与物价成了并肩赛跑的两匹野马。其后，政府以田赋征实和花纱布管制等实物经济的办法平抑物价，初始尚有一些成效，如田赋征实对于保证军队和公教人员食粮供应、抑制粮价等尚称有效，但最终都无明显成效，未能控制物价狂涨。不过，政府确实是从中得到了很大的差价利益。例如，根据政府1942—1945年的征粮数量，按当年价格计，其价值都大于历年的税收总额，实际上是最大一笔税收，如不征实，政府的财政支出每年要增加25%左右[①]。又如花纱布管制，有人估计1945年政府获差价利益932亿元[②]，相当于当年税收总额

[①] 据许涤新、吴承明主编《中国资本主义发展史》第3卷，人民出版社1993年版，第469—471页。

[②] 杨荫溥：《民国财政史》，中国财政经济出版社1985年版，第138页。

的91.15%。

政府以滥发货币弥补财政赤字，实际上是对国民收入的再分配，以此掠夺国民所得。在通货膨胀中，农民利益受损害的情况已如前述，其他劳动者利益受损害的程度也极为严重。根据吴大业先生的研究，将重庆各阶层人员的历年实际收入指数列为表3。由表3可见，战争初期，因工厂内迁和交通、基建事业勃兴，一时工资上升，工人状况尚好。但随着通货膨胀加剧，从1939年起，重庆工厂工人的实际收入开始下降；从1940年起，运输、基建等非工厂工人的实际收入也开始下降；服务业人员的收入大大低于工人；靠薪金收入的普通公教人员在通货膨胀中所受威胁最大，到1943年，他们的实际收入只及1937年的10%—17%。另据资料，士兵的收入状况更差，1944年货币兵饷的购买力只有战前的5%。

表3　　　　　　　　重庆各种人实际收入的指数

年份	工厂工人	非工厂工人	服务业者	公务员	教师
1937	100	100	100	100	100
1938	124	143	83	77	87
1939	95	181	64	49	64
1940	76	147	29	21	32
1941	78	91	21	16	27
1942	75	83	20	11	19
1943	69	74	57	10	17

资料来源及说明：据吴大业：《物价继涨的经济学》，1945年，第34—36页。该书原名《通货膨胀的经济学》，因国民党当局讳言通货膨胀，只好改名。其工人二栏系重庆政府社会部的统计。

在国民收入再分配中，有所失必有所得。利益受损害的是广大劳动者，利益所得者是谁呢？在通货膨胀中最大的受益者是掌握货币发行权的国民党政府，它一方面滥发货币以弥补财政赤字；另一方面则以通货膨胀为手段之一,造成国家垄断资本的高速积累,这种积累具有原始积累的性质。其次得利的是豪门资本集团,"豪门资本"是战时出现的名称,大体是指那些掌握财经大权、亦官亦商的大官僚直接或以其亲属名义经营的资本集团,也就是人们战时所说的"官僚资本"。从资本形态看,这些豪门资本属私人资本,但它们的代表人物都是重要官僚,握有实权。这些官僚利用他们掌握的权力,使其所属的资本集团获取了特殊经营权,获取了特别贷款、外汇。在通货膨胀中,这些重要官僚利用他们掌握的政府进行经济决策所需的重要信息和获取的银行贷款、外汇,或进行黑市交易,或利用汇率变动之机低进高出,获得超额利润或暴利。这些豪门资本集团,不仅指孔、宋之类中央政府大员,也包括地方一些挟有巨资的军阀、官僚、政客等。战时报刊、专著对这些豪门资本集团营私舞弊,利用通货膨胀巧取豪夺、大发国难财的丑恶行为,抨击甚多,文献传闻不胜枚举。马寅初先生在《提议对发国难财者开办临时财产税》中说:"几位大官,乘国家之危急,挟政治上之势力,勾结一家或几家大银行,大做其生意,或大买其外汇。其做生意之时以统制贸易为名,以大发其财为实……至于这几位大官大买其外汇之事实,中外人士,知之甚稔。"[①] 在通货膨胀中,政府受益、国家积累,这对于抗战救国来说,还具有积极的意义;而豪门资本集团以权谋私、利用通货膨胀发国难财,实是罪大恶极,也是战时政府腐败之源。大官僚巧取豪夺,众多官吏亦为非作歹,滋生出不少不法之徒,勒索民众,贿赂公行,社会风气败坏日甚,焉能不引起民怨民愤?

在通货膨胀中获得利益的还有投机资本和商业资本。物价上涨,总会增加购买倾向,造成商业繁荣。在严重通货膨胀条件下,物价剧升,银根亦趋松弛,这就出现投机资本。投机资本是个不明确的称谓,是战时的通俗说法。经济学上的投机,原是指市场价

[①] 《时事类编特刊》第 54 期,1940 年 7 月。

格，尤其是期货价格上的投机买卖，因此可以直接获得通货膨胀的利益。在战时后方，投机主要是利用物价上涨和利息率的差额，囤积倒卖商品，以及进行美金储蓄券、美金和黄金买卖的投机活动。投机是对于预期价格的买卖，是市场正常需求的增量；价格不断上涨，投机变成囤积，又成为市场供给的减量；一增一减都增强了投机的活力。政府在战时不能对通货膨胀采取紧缩政策，而是采取管制办法，而管制物资一般都会出现减产效应，又都必然出现黑市，进一步促进了投机的活跃和扩大，而这种投机又是政府难以取缔的，因为最大的投机者正是上面所说的那些豪门集团，也有国家银行和公营公司参与其间。

另一方面，战时后方充斥大量游资，也为投机资本的活跃推波助澜。据统计，太平洋战争前麇集上海、香港的游资有80亿元，活跃于后方者达50亿元；太平洋战争后内移，故在后方市场上兴风作浪的游资超过100亿元①。这些游资不投于生产事业，以囤积商品、放高利贷、倒卖外汇、黄金为主。如花纱布是战时政府严厉管制的商品，但也是投机最盛行的行业。据记载，1941年实行限价后，棉纱"黑市开始比法价高10%—20%，以后不断增高……一时（重庆）新设纱号如雨后春笋，由原有30余家骤增至200余家"②。新设纱号，有的是纱厂暗设以营黑市，当然客观上也是因为政府收购价完全脱离生产成本，厂商不得不以黑市经营弥补产销脱节的亏损。如重庆申新纱厂就将厂纱寄存其关系户德庆纱号，待纱价飞涨后再行售出。战时后方，各行各业无不参与商业经营和投机活动，不但金融业、工业等进行商业和投机活动，机关、团体为维持公务人员生计，也纷纷参与商品和外汇、黄金买卖，大有全民皆商之势。加上游资充斥其间，通货膨胀更成燎原之势而不可挡。据重庆市有关资料，重庆民营金融业在1939年年底、1940年年

---

① 漆琪生：《论旧工商之危机与新工商之使命》，《新工商》第1卷第1期，1943年7月。

② 《裕大华纺织资本集团史料》，第397页。

底、1942年3月三个时期的放款总额中，商业放款分别占89.3%、96.9%、70.1%①，而且这些金融企业自身也在进行商业投机和物资囤积。1941年年底检查四川各地金融业，报有囤积物资案400余起；1942年检查四川20个市、县银行仓库，报违法储货363起，总值6.6亿元。其实，这些虚应的"检查"触及的只是一些"小菜"，真正的投机活动尚未触及。涉及国家银行黄金、外汇买卖个别大案的揭露，亦只不过是冰山一角，受惩处的也只是一些充作替罪羊的喽啰而已。如1945年中央银行业务局长郭景琨等黄金买卖舞弊案即为典型一例，真正大作黄金、外汇投机买卖的豪门集团并未受到惩处②。

前面我们已经说过，战时后方商业的繁荣并不只是由于市场的扩大，主导因素在于通货膨胀的刺激，这也可以由上面关于战时投机资本发达的叙述中看出。投机活动本质上就是商业活动，所以战时后方商业资本的发展与工农业生产的发展是不成比例的，进入流通领域的资本远大于正常情况下经营所需的资本额。商业资本的畸形发展既是通货膨胀的结果，也是通货膨胀恶性发展的催化剂。商业资本在通货膨胀下是受益的。批发商业所获取的通货膨胀的利益，大体上可包括在上述囤积居奇的投机利润中。利用物价上涨快于利息率的上升，零售商也从通货膨胀中获得利益。后方自1940年起，商品零售价格的上涨快于批发价格的上升，并呈现不断扩大态势。这说明零售商业获得了更多的利益。张公权先生根据吴大业整理的战时重庆投机活动的资料，编制了战时重庆投机活动历年实际收益指数；《中国资本主义发展史》第3卷根据1940年后方商品批发价和零售价变动差距，编制了后方零售商业的实际收益指数，一并列入表4，以作为战时后方商业繁荣成因的说明。

---

① 据陈真编《中国近代工业史资料》第一辑（上），生活·读书·新知三联书店1957年版，第779—780页。

② 参见中国人民银行金融研究所编《中国近代金融史稿》下册，第11章，油印本。

表4　　　　　　　　　　战时后方收益指数

年份	重庆投机活动的实际收益指数	后方零售商业的实际收益指数
1938	100	
1939	397	
1940	808	100
1941	550	111
1942	720	129
1943	263	157
1944		178

战时后方商业的繁荣在很大程度上是投机商业的繁荣。这种繁荣既不源于生产，自然也不可能促进生产发展，在抗战后期更是成为后方经济的畸形发展物，成为后方经济社会的癌变组织。通货膨胀、商业投机、社会腐败，三者互为因果，互相促进，形成恶性循环，已为国民党政府统治下经济的崩溃和政权的垮台埋下了火种和地雷。

（原载《货殖》第三辑，中国财政经济出版社1999年版）

中国近代商业史论

一 关于对外贸易

1911—1920年，中国对外贸易继续增长，1920年的进出口总值比1910年增长55%，但增长速度明显低于前一时期，主要原因在于第一次世界大战的影响。第一次世界大战期间，中国的出口持续增加，1918年比1913年增长40%，而进口货物则相对减少，1918年比1913年减少了34%。但这并不反映中国对外贸易条件的改善，也不表示出口能力扩大和竞争力增强。实际上中国出口商品的购买力呈持续下降趋势，1918年、1920年出口品购买力分别比1913年下降22%、36%。也就是说，在1920年，中国必须比1913年多输出36%的货物，才能换回和1913年等值的进口货物。中国进出口贸易入超水平的降低也很短暂，1920年的入超由1919年的0.16亿关两突增至创纪录的2.21亿关两，表明西方列强战后卷土重来，商品输出达到新的水平。

这一时期，进出口商品的结构有所变化。生产资料的进口有明显增加，1920年生产资料进口值已占进口总值的28.5%。消费品的进口相对减少，但值得注意的是，粮食进口大幅度增加，中国开始成为贸易上的缺粮国家。贸易国别的变化反映了列强在华势力的消长，这一时期的主要贸易国为英、日、美三国，不过英国的地位在下降，而日、美则急剧上升。这一时期开放的10处通商口岸，9处集中在东北和华北地区，反映了日本在华势力的迅速扩张。

1921—1936年，对外贸易呈现较复杂的变化。就海关统计而言，1920—1930年，外贸总值持续增长，平均年率约5.5%。但其时银价剧跌，若按金价（美元）计，则1920—1930年的贸易总额并无增长。至30年代，由于东北的沦陷和世界经济危机的影响，也由于国内经济的停滞，中国对外贸易大幅度下降，平均水平只及1920年的8%，相当于1928—1930年平均水平的48%，若按金价计，则在1920年的1/3左右。即使加上东北地区的外贸值，进出口贸易仍呈下降趋势，这是30年代中国经济危机的反映。这一时期，贸易入超显著增大，1921年突破3亿关两，1930年突破4亿关两，1931年又突破5亿关两，对经济发展造成了严重的影响。

1935年法币改革以前，中国是国际上唯一采用银本位制的大国，因而国际市场银价的变动对贸易有重要的影响。20世纪二三十年代是银价剧烈变动的时期，1921—1928年的波动，是战后调整性的下降，对中国出口贸易尚无不利；1929—1931年，银价剧跌，进口并无明显减少，出口购买力反而下降；1932—1935年，银价骤涨，进口大增，白银大量外流，导致中国陷入严重危机。因此，银价无论涨跌，进出口商品的价格都与理论价格水平发生偏差，结果都对中国出口不利。这是由于中国进出口商品结构的特点、出口商品在国际市场上丧失价格主动权以及贸易机构为外商垄断等多种因素造成的。简言之，是由于中国对外贸易无自主权的半殖民地性特点造成的。

关税自主的本来目的在于保护本国的农工商业，但国民党政府几经周折取得关税自主权后，基本上实行的是财政关税，20世纪30年代关税改革对民族经济的保护作用非常有限。由于国际市场的变动和国内近代工业的发展，这一时期进口商品中生产资料的比重进一步增加，由1920年的28.5%增加到1936年的44.4%，棉纺织品等消费品的进口有较大下降，但粮食进口持续增加，反映了30年代中国深刻的农业危机。丝、茶、大豆等传统的主要出口商品在30年代持续下降，蛋和蛋制品、皮革以及钨、锑、锡等战略矿产品的出口有一定增长，以农矿初级产品为主要出口商品的结构这一时期无明显变化。关于贸易国别，"九·一八"事变前，对日贸易处于首位，其次为美国、英国、德国；30 年代，美国跃居首位，但日本独占东北市场和在华北大量走私不在统计中，德国则超过英国。

抗日战争时期，中国市场被分割。日占区的市场又分为台湾、东北、华北和华中沦陷区三块。日本殖民统治时期，台湾的对外贸易基本上是对日贸易，实质上只是宗主国本土与海外殖民地之间的贸易。对外贸易完全由日本商人包办。台湾对日出口商品以糖、米、茶、水果、樟脑等农产品为主，进口商品繁杂，但基本上都是日本制成品，二者都具有显著的殖民地特点，台湾只是日本的原料供应基地以及商品倾销和资本输出场所。日本占领下的东北经济发展，与传统的殖民经济如台湾经济有很大的不同。日本在东北投资的重点是基础工业和重化工业，对农产很少关注。东北主要出口商品大豆的产量在 1931 年后持续下降，出口地位也不断下降，而矿产品和金属制品的出口比重则不断提高。原因在于，日本帝国主义力图利用东北的资源优势，加强东北的战争潜力，使其成为日本准备和进行侵略战争的基地。因此，东北的外贸与台湾结构不同，结果也不同。台湾外贸基本是出超，而东北 1932 年以后即由出超变为入超，巨额贸易逆差由于日本的大量投资而得到平衡，其结果也就是日本经济势力在东北的不断扩张。日本占领华北华中后，对进出口贸易实行严格控制，本意在于掠夺沦陷区的战略物资，但由于货币政策与之相左，反造成华北华中沦陷区对日元集团地区的大量贸易入超。太平洋战争后，沦陷区的经济和对外贸易都急剧衰退，对外贸易实际上也只限于日元集团地区之间。不过，日占区和国民党经济区间的走私贸易一直都很活跃。

抗战期间，国民党统治区的对外贸易是在极为艰难的条件下进行的。对外贸易分为两部分，一是经海关进行的一般贸易，二是中国与外国政府间的易货贸易。因交通运输的困难及政府外贸政策和管制措施多有失当，战时后方对外贸易动荡起伏较大。战时一般进口总值约 4.4 亿美元，易货实际进口近 3 亿美元（大部分为军用品），商品结构以棉纱、棉制品等消费品为多，生产资料进口较少。一般出口总值约 2 亿美元，易货出口 2 亿余美元，基本上都是农矿初级产品，其中政府机构经营的农矿产品出口值占出口总值的 74% 强。可见，战时后方对外贸易的主体是国民党政府。国民党政府对进口的管制完全着眼于财政，不顾后方近代工业的生存和发展，是导致后方 1942 年以后经济趋于衰退的重要原因之一。对于出口贸易，国民党政府既严格管制，又直接经营，因外贸主权操诸外人之手，经营活动总体来说是失败的。而贸易条件的不断恶化和管制措施的失当又导致农矿生产的严重衰落，矿业生产基本趋于停顿。

抗战胜利后，国民党政府对经济状况和"美援"盲目乐观，采取鼓励进口的外贸政策，造成国外商品如潮涌入，1946 年贸易进口值达 6.53 亿美元，为战前 1936 年的 2.3 倍，出口则因汇率过低受抑，仅值 1.79 亿美元，出现空前的巨额入超。其后，虽经采取措施，但为时已晚。除商业性对外贸易，这一时期还有联合国救济总署和美国 1948 年援华法案两项非贸易渠道的对华商品援助，以及大量美国剩余物资和难以确计的走私美国商品，进口商品仍以制成品为主，粮食和棉花的比重大为提高。进口市场基本为美国所独占，这一局面是美国通过美援、投资及一系列不平等条约而取得的。美国独占中国市场，严重阻碍中国民族工业和社会经济的发展，只能加速经济的崩溃和国民党政权的垮台。

总体来说，1911—1949 年的中国对外贸易状况表明了中国的殖民化程度是在不断加深，贸易条件不断恶化，不等价交换和巨额贸易入超是中国对外贸易的两大永恒主题，挥之不去，解决不了。归根结底，在于中国经济的落后，落后就得受剥削，主权就会旁落。民国历届政府，都是大地主、大资产阶级的既得利益集团，最终都置民族大义和民族利益于不顾，成为帝国主义列强的附庸，依靠他们，解决不了中国的富强问题，也解决不了对外贸易的主权问题。

二 关于国内市场

民国以后，直至抗日战争前，国内市场基本呈扩大趋势。造成国内市场扩大的主要因素是：城镇和非农业人口不断增加，商品需求也随之大量增加；进出口贸易的增加；农产品进一步商品化；手工业的进一步发展；国内近代工业的兴起和发展；交通运输业和金融信贷的近代化。生产、流通和资本运用，三者互为促进，造成了商品生产的发展和市场的扩大。

根据以前的资料和笔者的修正，我们估算1920年中国工农业总产值为1740292万元，其商品值为944641万元，加上进口商品值118759万元，国内市场商品总值为1063400万元。以上估计的产值和商品值，用的是生产价格，不包括流通费税等，与消费市场的批发价格相比约低25%，而且仅指一次交易所值，与商品的市场值相差更大。据有关资料测算，1920年的国内市场较1910年扩大了1/3左右。按同样方法估算，1936年国内市场商品总值为1830833万元，较1920年增加72.2%，平均年增长率为3.46%；若按可比价格计，1936年商品总值为1561623万元，较1920年增加46.9%，平均年增长率为2.42%。看来，增长速度是极为有限的。

抗战期间，国内市场分割，现有资料不足，难以估算国内市场规模。1947年的国内商品生产总值也是根据部分资料推算与1936年相比的指数，而后按1936年各业商品值乘以指数求得，只能是个近似值。1947年国内生产商品总值为1318969万元，较1936年减少21.25%；进口商品总值为304231万元，较1936年增加95%。1947年国内市场总值为1623200万元，较1936年减少11.34%。1947年以后，随着解放区的不断扩大，国民党统治区的市场更是进一步缩小，逐渐趋向崩溃。根据以上估算，旧中国经济发展的高峰还是1936年。

关于国内市场的商品结构，我们以估算较为准确的 1920 年、1936 年两年作比较和说明。以当年价格相比较，1936 年国内市场农产品所占比重有所增加，进口商品则有所下降，近代工业产品比重增加的百分点与手工业产品比重减少的百分点相当；以可比价格相比较，农产品、矿产品、进口商品所占比重在 1920 年和 1936 年几乎没有变化，近代工业品比重的增加仍与手工业品比重的减少相当，约 7 个百分点。可见，传统产业仍在发展，近代工业的发展虽较快，但基本的产业结构尚无质的变化，国内市场的主体仍是传统产业商品。另外，在近代工矿产品中包括了外资在华企业，而 1936 年在工业品中，外商占有 35% 以上的比重，矿冶产品中外商实际控制了 80% 左右，这表明帝国主义列强以扩大资本输出在一定程度上替代了商品输出。

中国国内市场的商品流通中，地产地销、城乡贸易等以短距离贸易为主的地方小市场具有重要的作用，在交易数量及价值上远超过埠际的长距离贸易，但这种地方小市场在近代已越来越具有国内以至国际商品流通集散地的性质，因而逐渐从属于都市中心市场。国内市场的商品流向是：工业品由沿海通商都市流向内地，农产品和农副加工产品由内地流向沿海通商都市，这与外商控制下的中国进出口贸易的流通模式并无二致。因此，国内市场价格水准的决定和价格结构也与进出口贸易基本相同。无论是工业品，还是农产品和农副加工产品，其价格水准都是由通商口岸决定的，最终也是由国际市场决定的。由此形成的国内市场工农业产品的不等价交换，严重地剥夺了农民的利益，造成农村对城市的负债，这是 30 年代农业危机和农村破产的重要原因。

三 关于商业资本

商业行业众多，网点遍布城乡，且经营规模从巨商到小贩大小悬殊，估算商业资本十分困难。根据前人研究成果，我们采取由国内市场商品总值推算商业资本的办法。1920年国内生产商品总值为94.5亿元，但这是按生产价格计算的，而且仅指一次交易所值。若改为以消费市场批发价格计，则国内生产商品的一次交易值为118.08亿元，加上进口商品值，国内市场商品一次交易总值约为130亿元。《中国资本主义发展史》一书综合多种资料，认为近代商业资本与商品交易值的比例平均为1∶4。据此估算，1920年中国商业资本为32.5亿元。另外，据《中国资本主义发展史》估计，1920年外国在华资本中商业资本额为8.7亿元，这样1920年中国国内商业资本的总额应是41.2亿元。以同样方法估算，1936年中国国内市场一次交易所值为224.95亿元，所需商业资本为56.24亿元，加上外国在华投资中的商业资本额13.82亿元，中国国内商业资本总额应是70.06亿元。这些推算，当属低限，商业资本的实际额恐怕要高得多。抗战时期，商品值难以综合，商业资本额当然也难以估算。战后的恶性通货膨胀和商业投机泛滥，已无正常流通可言，估算1947年的商业资本也无意义。

四　关于新式商业的发展

鸦片战争以后，外国资本利用买办制度不断扩大对华商品交易，但洋行、买办的活动一般只限于通商口岸，难以深入内地城镇和农村产地进行购销业务。除少数外商在内地自设营销机构外，一般都是就近与通商口岸的中国商人进行交易，利用华商的国内商业网推销洋货和收购出口产品。这些通商口岸的经营进出口商品的商号，有些是从前资本主义商人转化而来，而大部分是新生的。以它们为主的商业体系，代表了鸦片战争后形成的一种新式商业资本。新式商业随着进出口贸易的不断扩大而发展，甲午战争后逐步繁荣，民国以后则有了进一步的发展和繁荣。这种新式商业资本，与其他近代产业互为促进，对中国资本主义关系的扩大和社会经济的发展具有积极的作用。

中国的新式商业与进出口贸易密切相关，主要行业有棉布商业、五金商业、百货商业、西药商业，这些都以经营进口商品为主；茶商、丝商、大豆贸易商及桐油、猪鬃等农副产品商业，这些都以经营出口商品为主。当然，经营进口商品的新式商业，随着国内近代工业的发展，货源也逐渐发生变化。如棉布商业，1913年机制布消费总量中，进口布占93.5%，国内生产的机制布仅占6.5%；1920年国内生产的机制布比重增至15.2%，其中华商厂产量约占一半；1936年进口棉布大为减少，而且主要为东北进口，国内机制布产量已占机制布消费总量的79.2%，其中华商厂产量占22%，这也说明外商以资本输出代替了商品输出。又如西药商业，开始只经营进口西药，后来华商西药房逐渐开始制造新药，并逐步从商业中分化、独立出来，形成民族制药（新约）工业，国产西药得以替代部分进口西药，在一定程度上促进西药更广泛地使用，西药市场也不断扩大，并从中心城市逐渐深入内地。至1936年，华商药房已超过外商药房，打破了外商对西药商业的一统天下。

特别值得一提的是，民国以后在广州、上海等都市陆续开设大型百货公司，这是中国商业发展史上具有重大意义的开创之举。先施、永安、新新、大新等大型百货公司的创建人都为华侨，资本也大多从华侨中募集。其资本组织和企业经营管理，基本上仿效英国百货公司，引进了比较先进的经营管理办法。这些公司开始都以经营"环球百货"为号召，进口商品为主。如永安公司早期经营商品中，国产工业品仅占2%，土特产、手工艺品占25%，其余73%都是洋货。这种情况至20世纪30年代才发生逆转，1936年、1937年，永安等公司的国货占货源的比重达到65%。这些大型百货公司对发展百货商业，繁荣市场，引进资本主义商业的经营管理经验起了重要作用。

中国出口商品以丝、茶、大豆为大宗，因此本文也是以经营这些大宗出口商品的商业为考察对象。根据分析，我们可以看到，民国时期至 1936 年，中国丝、茶的出口除 1921—1929 年带有恢复性的上升外，其余都是衰退的，1930—1936 年，丝、茶的出口、生产都大幅度下降，价格暴跌，市场萎缩，这说明了中国丝、茶等农产品对国际市场依赖之深。我们还以大豆为例，描绘了市场流程图，分析了从国际市场到地方小市场各个层次商人的经营状况及其作用，由此可见中国农产品生产和流通之一斑。这种以规模狭小但基数甚大的小生产为基础的多渠道、多环节、高费用、高利润的商业流通体系，对于中国农副业生产的负面影响是不容忽视的。

五 帝国主义及买办商业网的发展

民国以后，外国在华贸易商急剧增加。1910 年外商在华企业 3239 家，1920 年达 7375 家，其中主要是贸易商，增长速度远大于贸易额的增长，原因主要是由于贸易方式的变化，小型贸易洋行增多，尤以日商为多。外商企业的增加，也造成买办队伍的扩大，至 1920 年曾任买办的人数估计为 4 万人。尽管这一时期中小买办增多，但仍涌现一批拥资百万甚至数百万巨富的"第二代""第三代"大买办。他们比前期的大买办更有活力，并比较倾向于新式工商业的投资，当然在追求奢华享受方面也远远过之。随着经济实力的增长，中心城市的商会、商团组织也基本上都为大买办所把持，代表了大资产阶级的利益，而与中小工商业者存在着重大的利益冲突。

买办制度是外商扩展对华贸易的重要工具。但随着贸易形势的发展，原有制度逐渐不能适应外商企业的需要，外商与买办的矛盾也日益发展。为调整二者关系，扩大对华商贸活动，一些外商在 20 世纪初开始进行改革买办制度的试验，其做法大体可以分为高级职员制、经销制、代购制、合伙制四种形式。总的来说，这些形式的基本着眼点是在于松解外商和买办之间的特殊依附关系，而代之以一般经济关系，以利益驱动，促使买办更好地为外商服务。这些改革试验，基本上都是收效的，买办制度的变革为外商带来了贸易的扩大和利益的进一步增加。

进入 20 世纪二三十年代，买办势力逐渐衰落。其原因主要不在于买办制度的变革，而在于买办作为一个阶层，其经济实力和社会势力的相对降低。五四运动后，反帝爱国运动高涨，人民觉悟提高，买办受到社会批判和谴责，声名扫地，其社会势力急剧下降。民族资本主义工商业和金融业有了较大发展，大资本集团兴起，华商开始与外商直接经营，买办已不是中外商品交易中不可或缺的中介力量，买办阶层的经济地位相对削弱。买办出于社会压力，也逐渐改换门庭，投资工商业转入实业家行列者日多，买办阶层日趋分化，在经济和社会生活中逐渐消亡。

六　传统商业网及其与帝国主义买办网的结合

在经济发展极不平衡的中国，无论是帝国主义买办网，还是民族资本的新式商业网，都难以深入广阔的乡村腹地，它们必须借助传统的商业网，共同构筑中国国内市场的流通体系。民国时期，随着国内市场的不断扩大，广大城镇和农村的传统商业也在继续发展，并依然是国内市场商品流通的主体。当然，这一时期的传统商业已越来越多地受到通商口岸城市和其他商业城市的影响，受到对外贸易的影响，更广泛地与国内中心市场及国际市场发生联系。尽管中国在民国时期年出口商品值只占国内生产商品总值的 7%—8%，进口商品值一般仅占国内商品总值的 10% 左右，但这部分商品的流通却逐渐对中国市场乃至生产活动在一定程度上起着支配作用。进口商品价格取决于国际市场，自不待言。中国出口的农矿初级产品和手工业品也基本上受国际市场制约，市场行情完全依世界市场转移。总之，帝国主义买办网和中国传统商业网的密切结合，使得中国的国内市场成为帝国主义世界市场的一部分，不过只是处于附庸地位。

中国传统商业网的主体,在下面是地主、富农及基层政权的小官僚,在上层则是大中官僚和军阀。民国初期,中国政局混乱,地方割据,军阀混战,山头林立,各自为政,从中央到地方,大大小小的利益集团都为谋取自己的特殊利益而拼死争斗。国民党政府时期,这一情况也没有根本转变,地方各自为政的割据局面依然存在。帝国主义列强充分利用中国的这一特殊政治环境,谋求扩展各自的势力范围,因而造成了国内各商业中心与某些国家的特殊经济关系,中国的国内市场大多为帝国主义列强分割和利用。军阀官僚为扩大实力,还必须依靠地方经济势力的支持,因此与各地商人、买办的关系也极为密切,而商人也可借助政治势力的保护谋求更多权益。总之,帝国主义及其买办、特权商人和封建军阀官僚势力相互勾结,相互支持,相互回报,帝国主义借钱、卖军火,买办和商人"报效"军饷,而军阀官僚则提供政治保护或以特权相授,甚至以国家和某一地方的利益牺牲为代价,这种结合带有超经济性质,并与政权和官吏的腐败相联系。

七 国民党国家资本的商业垄断

国民党国家资本的商业垄断活动始于30年代经济危机的后期,1933年起,先后设立棉业统制委员会、蚕丝改良委员会、红茶运销委员会(后正式称为中国茶叶公司)、七省粮食运销处等机构,常以改良品种、防止中间剥削、集中运用银行资金为号召,动机似乎为商民着想,但商界多有疑虑,相关商业统制措施都引起商界反对,未能发挥稳定市场、度过危机的应有作用,上述机构也未能实行真正的统制活动。

国民党国家资本的成功的商业垄断活动,始于1936年与易货偿债政策相联系的农矿产品贸易。希特勒上台以后,德国扩军备战,急需钨、锑等战略资源和桐油、猪鬃等农业品,1935年派特使求见蒋介石,商谈以贷款易货方式向国民党政府出售军火、兵工和重工业设备，中方以农矿产品偿还贷款。蒋介石欣然允诺，资委会受命与德方谈判，达成一亿马克的中德贷款易货协定。为实施易货协定，国民党政府决定农产品的收购和运交由中央信托局办理，矿产品的收购和运交则由资委会办理，同时宣布对桐油、猪鬃、钨、锑等农矿产品实行贸易管制，以便利易货偿债活动。

以中德易货为开端，几个大国对中国的农矿原料展开了激烈的争夺，纷纷以贷款易货的方式攫取中国的农矿产品。抗战前期，苏、美、英等国与中国的易货偿债合同的总额达4亿多美元，这些合同都规定中国农矿产品的价格以伦敦、纽约的市场价为准，实际上将中国外贸主权置于列强控制之下。长期以来，由于帝国主义在国际贸易中利用垄断地位进行不等价交换，导致中国在对外贸易中处于不利地位。本来，国民党政府对重要农矿产品的贸易管制和经营应该是有利于改变这种不平等地位的，因为中国重要农矿产品在世界生产和贸易中均占首位，完全可以利用国家统制的力量控制这些产品的产销，以稳定和提高出口价格，不断改善贸易条件（事实上资委会在自营贸易初期就达到了这一目的）。但偿债性易货方式使得贸易统制可能具有的这种积极作用化为乌有。在偿债性易货活动中，国民党政府不能根据国际市场的需求变化增减出口，而是必须按协定要求如期如数交付偿债产品，使得中方受制于他国，重要农矿产品的对外贸易条件难以改善。在帝国主义以统制对统制的情况下，抗战期间国民党政府在外贸活动中，不仅承担了农矿初级产品与工业品不等价交换的双重损失，而且还要以低于一般市场的价格结算偿债农矿产品，实际上是承受了三重损失。战后，中方在对美贸易中还继续承受着这种损失。

中国重要出口农产品的生产完全是一家一户的个体生产，这些农产品的粗加工以及钨、锑、锡等矿业的生产基本上处于工场手工业形态，有些则同样未脱却个体手工业和家庭副业的形骸。历来由于封建经济、商业资本、地方军阀和豪强资本以及帝国主义的压迫，以上生产始终只是一种简单再生产的结构，生产单位自身不能积累，生产方法和技术难以改进，生产力十分低下。国民党政府以利润和财政为首要，无意于农矿生产的改进和生产力的提高，它所进行的贸易管制基本上没有触动原有的产销结构，只不过在这一结构中增加了一个居间垄断的国家统制机构而已。抗战期间，通货膨胀日益严重，农矿产品的生产成本急剧上升，而政府核定的垄断性收购价格变动迟缓，逐渐低于农矿产品的产销成本。在通货膨胀以及价格和贸易管制的双重压迫下，被统制农矿产品的生产陷于困境，至后期基本趋于崩溃，各业几乎停顿，这不能不说是国民党政府商业垄断活动失败的必然结果。

抗战期间及战后，国民党政府除对重要出口农矿产品统购统销、实行贸易管制外，还对粮食、花纱布、燃料、部分日用必需品、重要原料和工业器材等实行管制或专卖，以及直接从事商业性经营，其活动已在前面择要叙述。另外，各级政府为增加地方财政收入，也纷纷涉足商业，公营贸易也有一定规模。这些机构目的在于搜刮地方，经营活动主要凭借地方特权，为一省一地的利益，地方政府各自为政，设置流通壁垒，堵塞物流，或者广设厘卡税站，阻滞正常商业往来，上下左右交相争利，分割市场，严重损害正常的流通和生产。

国民党国家资本的商业垄断活动是多方面的，这种垄断不是社会产业发达和集中的结果，而恰恰是产业不发达、规模狭小分散，易于为商业资本所控制的结果，这是旧中国半殖民地半封建经济结构的必然产物。国民党政府商业垄断活动的实现，并不只限于经济上的手法，更重要的是通过国家政权的力量，采用超经济的强制办法来实现的，其整个贸易活动过程也是国民党国家垄断资本进行残酷的原始积累的过程。国民党国家资本的商业垄断活动，外不能争得国家权益，内不能促进各业生产，它是旧中国社会经济不得发展的重要原因之一。

八　通货膨胀和商业投机

抗战期间，国民党政府支出庞大，财政赤字一般都在财政支出的70%左右，1941年更高达86%，这些赤字全靠国家银行的垫款来弥补，而银行垫款又只能用增加发行法币来抵充，这就是战时通货膨胀的直接成因。资料表明，战时后方物价随法币发行量的增长而上涨，1941年起，物价已如脱缰之马，难以抑制，通货膨胀已成恶性发展之势，发钞与物价成了并肩赛跑的两匹野马。战后，国民党政府发动内战，财政形势更趋恶化，仍采取滥发货币的不二法门，与战时相比，物价上涨的速度已不断超过货币增发的幅度，说明通货膨胀处于恶性循环之中，社会经济已面临崩溃。

政府以滥发货币应付财政赤字，实际是对国民收入的再分配，以此掠夺国民所得。在严重的通货膨胀下，利益受损害的是广大劳动者。通货膨胀最大的受益者是掌握货币发行权的国民党政府，它一方面滥发货币弥补财政赤字，另一方面则以通货膨胀为手段之一，造成国家垄断资本的高速积累，这种积累具有原始积累的性质。其次得利的是豪门资本集团。"豪门资本"大体指那些掌有财经大权、亦官亦商的大官僚直接或以其亲属名义经营的资本集团，也就是人们战时所说的"官僚资本"。从资本形态看，这些豪门资本属私人资本，但他们利用权力，使得所属资本集团获取特殊经营权，获取特别贷款、外汇，在通货膨胀中，利用他们掌握的政府经济决策的重要信息，利用获取的银行贷款和外汇，或进行黑市交易，或利用汇率变动低进高出，都可获得超额利润或暴利。豪门资本集团以权谋私，利用通货膨胀大发不义之财，也是政府腐败之源，大官僚巧取豪夺，众多官吏亦为非作歹，滋生出不少不法之徒，勒索民众，贿赂公行，社会风气败坏日甚，激起民怨民愤。

在通货膨胀中获得利益的还有投机资本和商业资本。物价上涨，总会增加购买倾向，造成商业繁荣。在严重通货膨胀条件下，物价剧升，银根松弛，这就出现投机资本。投机资本是特殊的商业资本，主要是利用物价上涨和利息率的差额，囤积倒卖商品，进行黄金和外汇交易等投机活动。而这种投机活动又是国民党政府难以取缔的，因为最大的投机者正是上面所说的那些豪门资本集团，也有国家银行和公营公司参与其间，正是它们构成了在商业投机活动中兴风作浪的主体。另外，战时战后国民党统治区充斥大量游资，也为投机资本的活跃推波助澜。

战时战后的国民党统治区，各行各业无不参与商业经营和投机活动，不但金融业、工业等进行商业和投机活动，机关、团体为维持员工生计，也纷纷参与商品买卖和黄金外汇交易，一片全民皆商之势。商业资本的畸形发达既是通货膨胀的结果，又是通货膨胀的催化剂。商业投机和通货膨胀互为推动，造成流通脱离生产，市场畸形繁荣。这种虚假繁荣既不源于生产，自然也不可能促进生产的发展，而恰恰是压制了生产，并腐化和毒害社会，成为国民党统治区经济社会的癌变组织。通货膨胀，商业投机，社会腐败，三者互为因果，相互促进，形成恶性循环，为国民党政府统治下经济的崩溃和政权的垮台埋下了火种和地雷。

九　新民主主义商业

1927年大革命失败以后，中国共产党开始走上武装夺取政权的道路。随着革命根据地的建立和发展，根据地的商业作为一种特殊的战争条件下的区域商业，显示了不同于国民党统治区商业的特点。可以说，中国革命根据地的新民主主义商业是近代商业史中最为独特的一个内容。

土地革命战争时期，中国共产党先后创建了十几个革命根据地，这些根据地大都处于反动统治薄弱的经济落后、交通不便的地区。国民党政府在对革命根据地进行军事"围剿"的同时，对根据地实行严厉的经济封锁，妄图困死根据地。为打破敌人封锁和避免私商的过度剥削，为建立正常的商业流通，保障根据地的军需民用，根据地开始设立商业机构，从事商品经营，这是新民主主义公营商业的发端，同时发动群众设立各种商业合作社，保障人民生活必需品的供应。另外，根据地克服"左"倾错误影响，鼓励私营商业，发展集市贸易，以改善供应。根据地还注意市场调控，保护生产和消费各方面的利益。这是新民主主义商业的雏形。

抗战期间，中国共产党领导的各抗日根据地，除陕甘宁边区处于后方（但仍受国民党军队的包围和封锁）外，其他都处于敌后，商业流通一方面要抵御日伪的经济掠夺和破坏，并打破其封锁；另一方面要在艰难危险的战争条件下保持根据地内部的正常物流，保障军民需求。在这种情况下，各根据地都实行了"对外统制，对内自由"的商业贸易政策。对外贸易统制，可以集中根据地的物力、财力进行对敌贸易斗争，打破日伪及国民党军队的经济封锁，防止根据地的重要物资被敌掠走，同时又可有计划地适当出口，在有利的条件下换回我所需要的物资，而切断敌方以奢侈品、迷信品和毒品对根据地的走私活动。在对敌贸易斗争中，公营商业机构发挥了积极的作用。当然在初期也发生过混乱状况，一些公营商业机构各自为政，利用权力经商，扰乱市场和统制贸易等现象也多有发生，后经治理整顿，公营商业方走上了正轨。各根据地人民群众组织的各种商业合作社发展也很迅速，为扩大商业流通做出了积极贡献。对内贸易自由，对鼓励发展私营商业和集市贸易，具有重要的积极作用，有力地促进了根据地市场和商业的发展。

抗日战争胜利以后，中国共产党领导的根据地已经扩大到拥有1亿人口、100万军队、200万民兵的广大解放区。1947年年底，中国人民解放军由战略防御转入战略反攻，战争已被引向国统区。随着大中城市的不断解放，解放区逐渐连成一片，商业也开始由以农村为主转向以城市为主，从小区域的自成体系转向大区域的流通和统一市场。为促进解放区商业在新民主主义制度下的迅速恢复和发展，中国共产党及时制定了相应政策和办法，逐步拆除各解放区之间的商业壁垒，加强对私营商业的保护和改造，并积极开展对外贸易，使商业较好地发挥了促进经济恢复、保障战争需要和人民生活的作用。这时的公营商业除继续统制对外贸易进行对敌贸易斗争和保障部队供给外，已在更大规模和范围内承担起调控市场的责任，因此也迅速发展起来。据不完全统计，到中华人民共和国成立前夕，全国公营商业机构有2000多个，职工8万余人。商业合作社发展也很迅速，中华人民共和国成立前夕，解放区共有基层合作社22800个，社员1380万人。由于公营商业的发展和对市场的有力调控，广大解放区在经济恢复过程中，克服了由于私商投机造成的物价波动，保持了市场的基本稳定，促进了解放战争的迅速推进。新民主主义商业在解放战争时期已趋于成熟，并为新中国的商业发展奠定了良好的基础。

（原载《中国近代商业史论》，中国财政经济出版社1999年版）

中国国家资本的历史分析*

中国国家资本始于中国封建国家对经济领域的干预和对工商业的直接经营（这一部分可以视为国家资本前史），贯穿整个近代和新中国国有企业，大体按历史的顺序，考察两千多年来中国国家资本的变化和特点，从中探讨中国国情以及国家资本的地位、作用和演变趋势。列宁在评论民粹派经济学家对俄国资本主义发展问题的研究时指出："我们有人往往把'俄国资本主义的命运'问题的实质描述成这样：似乎速度如何（即资本主义发展的速度如何？）的问题具有主要意义。其实，究竟如何和从何而来（即俄国前资本主义的经济结构如何？）的问题具有重要得多的意义。民粹派经济学最主要的错误，正是对这两个问题作了不正确的回答。"① 中国资本主义发展的缓慢、曲折与中国封建经济的长期延续原因是相通的。同样，中国的社会主义的产生和发展与以上两个因素也是密切相关的。中国的社会主义是在资本主义发展不充分、生产力比较落后的半殖民地半封建旧制度基础上建立起来的，彻底摆脱旧制度、确立和完善新制度需要一个漫长的过程，这就是社会主义初级阶段的国情。国情是传统的反映，传统可以批判，可以改造，但无法割断，那样做无异于一个人试图拎着自己的头发离开地球。鉴古知今，中国特色，在于中国的国情和传统。

---

* 合作者：魏明孔、朱荫贵、武力、剧锦文。
① 《列宁全集》第 3 卷，人民出版社 1984 年版，第 343 页。

一 中国封建社会经济结构及国家经济职能

马克思指出:"从直接生产者身上榨取无酬剩余劳动的独特经济形式,决定着统治和从属的关系,这种关系是直接从生产本身产生的,而又对生产发生决定性的反作用。但是,这种由生产关系本身产生的经济制度的全部结构,以及它的独特的政治结构,都是建立在上述的经济形式上的。任何时候,我们总是要在生产条件的所有者同直接生产者的直接关系——这种关系的任何形式总是自然地同劳动方式和劳动社会生产力的一定的发展阶段相适应——当中,为整个社会结构,从而也为主权和依附关系的政治形式,总之,为任何当时的独特的国家形式,找出最深的秘密,找出隐蔽的基础。"[1] 毫无疑问,中国封建社会的发展具有自身的特点,这只有以马克思主义关于人类社会发展一般规律的概括为指导,从中国封建社会的事实出发,同时在与其他国家和地区封建制度的比较研究中,通过对中国封建经济结构的分析才可以阐明。这里既不应该从个别的原理出发,也不能用简单的现象比较代替对本质的分析,更不能用比附代替比较,硬造出一个世界"中心",逼中国封建社会的实际去就"范"。诸如中国未完成封建化、中国封建社会长期停滞、万劫不复、存在一个"超稳定结构"、中国封建社会末期不可能分解出资本主义因素,中国资本主义"外铄"论,这类讨论大体都与上面所说的简单化的研究方法有关,是背离中国社会实际和马克思主义一般原理的。

中国封建经济形态的发展大致可以分为两个阶段,第一个阶段是领主制经济阶段,约从西周至春秋末期;第二个阶段是地主制经济阶段,自战国时期至清代,这一阶段以唐代中叶为界又可分为两个时期,前期贵族地主经济占统治地位,带有较多的农奴制残余,

---

[1]《马克思恩格斯全集》第25卷,人民出版社1974年版,第891—892页。

后期才是比较典型的成熟形态的地主制经济。中国区别于欧洲等地封建国家的主要是第二阶段。一般封建国家或者是没有经历过这一发展阶段（如德国和俄国），或者是这一阶段与资本主义关系同时（也可能略有先后）产生于领主制经济的崩溃时期，因而未有充分发展即逐渐为资本主义生产方式所排斥和取代（英国、法国可算作这类国家的典型），经历最长的也不过三百年左右。只有中国这一阶段延续了两千多年，由于没有新的生产方式的挑战而得到充分的发展，取得了典型的独立的形态。我们将着重分析这一阶段社会经济结构的基本特征。

在封建经济形态下，农业是社会主要生产部门，这样土地制度当然就是社会经济结构的基本要素，或称核心要素。中国封建社会第二阶段的土地制度是比较复杂的，它具有以下一些特点。

1. 土地私有制和土地国有制并存，土地私有制占统治地位；地主土地所有制和自耕农小块土地所有制并存，地主土地所有制占统治地位。在第二阶段前期，贵族地主所有制、庶族地主所有制、国家土地所有制、自耕农所有制并立，贵族地主所有制占有相对优势，作为地主所有制补充的国家所有制和自耕农所有制也还具有一定的规模；后期，地主所有制、国家所有制、自耕农所有制虽仍然并立，但国有土地相对减少，自耕农大批转化为佃农，地主所有制占有绝对优势。

2. 一方面，由于土地制度的多样性，地权的分散和流动具备了条件，在相当范围内土地可以自由买卖；另一方面，中国封建土地所有制缺乏严格的等级结构（越到后期越是如此），社会各阶级和各阶层的经济地位与经济身份可以变动不居，以土地作为社会财富和阶级身份的主要标志。上述两点使得地租、利润、利息结合在一起，形成地主、商人、高利贷者三位一体的经济纽带，加剧了土地兼并，促进了小农经济的破产和大土地所有制的发展。

3. 国家和地主一般不直接经营农业，而是将土地租与小佃农分散经营。中国佃农较领主制下的农奴具有相对的自由（当然仍不同程度地保留着对地主的人身依附关系，而且越在前期这种依附关系越为严重），但佃农与土地的结合不稳定，经济上缺乏保障，处于竞争之中，这一方面提高了社会劳动生产力，另一方面也加强了地主剥削的残酷性，土地剩余生产物的地租化与赋税化强化了地主阶级及其国家的统治，使得小农经济地位日益恶化，分散经营的小农业基本上是一种简单再生产的结构。

土地制度多样性和土地经营分散性的必然结果就是，中国封建地主所有制不可能形成领主经济制下那种完整的庄园经济体系，一家一户进行个体生产的小农不仅生产自己所需的农产品，而且生产日常所需的一部分工业品，这种自给自足的小农业和家庭手工业相结合的生产结构成为中国封建经济的细胞组织，成为中国封建社会第二阶段自然经济的特殊表现形式。另一方面，中国小农经济农工结合体的基本特征是"耕织结合"，自给范围主要限于吃穿，相当一部分生产资料（如生产工具）和生活资料的供给要依赖交换和市场，而封建地主占有的剩余劳动主要是谷物地租、极少工业品和农产品制品，其消费更要依赖市场，如果再考虑到纺织品原料及区域性产品生产的地理条件限制，那么这种自然经济的不完整性就更为明显了。因此，作为封建地主制经济必要补充的城乡小商品生产在中国封建社会第二阶段得到存在和高度发展；与此同时，以分散狭小但基数极大的小农经济和小商品生产为基础的商业，特别是转运贸易也得到了繁荣与发展，构成了中国封建社会第二阶段自然经济失去典型形态以后的特有现象。这种与地主制经济伴生的商品经济独立性有限，在一定程度上仍然保持着对于封建自然经济的依附和从属地位。不过，商品经济的发展终究是社会生产力作用的结果，是社会分工扩大和交换扩大的产物。较领主制经济代表着更高劳动生产力的地主制经济使典型的自然经济形态发生变异，需要小商品生产和商业的发展作为它的补充，自然经济和商品经济互为依存，二者相反相成，扩大了中国封建社会第二阶段的经济基础。中国封建社会中央集权国家制度正是在这样的基础上建立和发展起来的。

马克思指出,"全国性的分工和国内交换的多样性","正是建立统一的管理体系和统一的法律的唯一可能的基础"。① 以往关于中国中央集权封建国家制度的讨论,或言地主经济是其基础,或言小农经济是其基础(这种观点是完全错误的),或从二者的结合上加以论证,总之都一致认为自然经济是中央集权国家的基础,而忽视商品经济发展对其形成的作用,甚至削足适履,否认商品经济与自然经济的区别,把它们等同起来。一定的政治制度和国家形式总是经济发展的结果。世界历史的发展已经证实,在以领主经济制为特征的比较纯粹的自然经济形态下,是不可能产生中央集权形式的国家制度的。如欧洲奴隶制时代一度繁盛过的中央集权国家制度到了中世纪的封建自然经济时代便不复存在了;查理大帝企图在领主制经济占统治地位的法兰克王国建立君主集权制度,但他不曾成功;拜占庭帝国在封建领主制确立以后,其中央集权制度也就逐渐消亡了;亚洲的日本竭力仿效汉制,但历经一千余年也未能建立起中央集权国家。再如,中国封建社会魏晋南北朝时期由于贵族地主领主化而导致中央集权制度几番衰落的史实,中国封建社会第二阶段的前期和后期因地主经济制成熟程度和商品经济发达程度不同而显示出中央集权国家制度发展水平和稳固程度的差别,这些都是明显的例子。

本文不拟探讨中国封建社会中央集权国家制度形成和发展的整个过程,也不涉及这一制度的其他方面,这里我们只着重说明中央集权封建国家的经济职能以及它对社会经济结构所产生的深刻影响。根据马克思对"古代东方"国家职能的论述,在一定条件下古代国家是可以具备某种经济职能的。当然中国和印度等国家不同,并不是由于地理环境的影响才成为一个中央集权的封建国家,上面我们已经分析过,中国中央集权国家制度是建立在发达的地主

---

① 《马克思恩格斯全集》第10卷,人民出版社1962年版,第462页。

经济和与此相联系的商品经济较高程度发展的基础上的，它正是封建社会文明高度发展的产物。中国封建社会第二阶段较为发达的生产力和广泛的社会经济联系使得中央集权的封建国家具有较印度等国家更为完备和发达的经济职能。这种经济职能并不像印度等国家那样出于对共同灌溉的需要仅仅从事公共水利工程，固然中国封建国家也大规模地从事水利工程的建设，而且从事交通和国防等公共工程的建设，但这些还不是其经济职能的主要部分。中国中央集权封建国家的经济职能表现在三个方面：第一，从事水利、交通、国防等公共工程的建设和管理；第二，通过赋税和各项经济政策干预社会的再生产；第三，直接经营手工业、商业和农业。

关于第一点，此乃中央集权国家顺理成章之举，无须赘述，只是应该强调，公共工程的建设和管理需投入大量的人力、物力和财力，它在整个国家支出中所占比重相当可观，对社会经济发展的作用也是极为重要的。第二、第三两点是相互关联的。马克思说过，"在任何一种生产方式的基础上，商业都会促进那些为了增加生产者（这里是指产品所有者）的享受或贮藏货币而要进入交换的剩余产品的生产；因此，商业使生产越来越具有为交换价值而生产的性质"，"商业对各种已有的、以不同形式主要生产使用价值的生产组织，都或多或少地起着解体的作用"。[1] 中国封建社会第二阶段，社会分工的扩大和商品经济的发展不断促进了地主制经济的繁荣，但作为封建地主经济补充的小商品生产和商业的发展在客观上又是对自然经济的否定，它的过度发展必然会危及地主制经济的基础，动摇中央集权封建国家的根本，这是地主阶级所不能容忍的。因此，封建国家政权通过赋税和各项经济政策干预社会再生产，力图抑制商品经济的发展，以求巩固地主阶级统治的根本。历代王朝都以"重农抑商""强本抑末"作为其经济政策的中心，力言奖励农桑耕织，并以重征商税、限制商人经营活动、贬低商人社会地位

---

[1] 《资本论》第三卷，人民出版社 1975 年版，第 364、371 页。

等手段抑制商业资本的发展和它对小农经济的瓦解作用。但商品经济的发展是社会生产力的体现，这种经济力不是封建国家的某种经济政策就可以任意抑制其发展的，所谓"今法律贱商人，商人已富贵矣；尊农夫，农夫已贫贱矣！"① 这便是历史发展的真实写照。正是在自然经济和商品经济的这一矛盾运动中，中央集权封建国家的第三种经济职能得到了高度发展。

官营手工业早在领主制的周代就已经以与农奴制相对应的工奴制形式而存在，其时主要生产封建贵族需用品和军用品，是自然经济的典型形态。及至汉代，官营手工业出现了重要的变化，生产活动不再限于非营利性的自用工业品和军用品的生产，逐渐扩展到营利性的关系国计民生的重要产品的生产，如制盐、冶铁及其他矿业、货币铸造、造船等，经营规模越来越大，生产组织也越来越严密。中央集权封建国家垄断重要工业品的生产，其意一在增加财政收入，扩大集权国家的经济力量；二在抑制商品生产的发展，巩固地主制经济，而后者是更为重要的。正如《盐铁论》所载："今意总一盐铁，非独为利入也，将以建本抑末、离朋党、禁淫侈、绝并兼之路也……往者，豪强大家得管山海之利，采铁石鼓铸、煮海为盐，一家聚众，或至千余人，大抵尽收放流人民也。远去乡里，弃坟墓，依倚大家，聚深山穷泽之中，成奸伪之业，遂朋党之权，其轻为非亦大矣。"②

与此同时，封建国家的经济活动也扩展到商业领域，国家设立了均输、平准、常平仓等商业机构，凭借其强大的经济力量以及超经济的政治力量建立起以京师为中心的全国性商业网，对一些重要商品实行专卖和榷酤制度，在相当程度上保持了对流通和市场的控制，并获得巨额盈利。由此可见，封建国家"重农抑商""强本抑末"的政策在实际执行过程中是有区别的，它们抑制的只是民间

---

① 《汉书》（卷24上），《食货志》（上），中华书局1962年版。
② 桓宽著，王利器校注：《盐铁论校注》（卷1），中华书局1992年版，第78—79页。

工商业，而官营工商业的发展是完全符合地主阶级利益的，扬此抑彼，彼消此长，总为巩固地主制经济的统治地位。这是制度选择的结果。封建国家在以经济政策干预和调节社会再生产的同时，利用经济手段，也就是以直接参与经营活动的形式为既有经济社会制度提供保障，应该说是制度创新吧。

封建政权直接从事工商活动这一经济职能在唐宋及以后各代不断得到发展和完善，工商业活动的范围和规模进一步扩大，内部分工和生产技术都达到很高的程度，构成了中国封建经济繁荣的一个重要方面。官营工商业从本质上说有异于一般商品经济，但它具有商品经济的外在特征，是中国封建社会第二阶段经济结构演变的产物，是自然经济变异后产生的一种特殊的混合型经济。官营工业的发展，限制了民间手工业特别是城市手工业的市场，阻断了商业资本向产业的转化；同时官营商业的发展也进一步加强了封建地主经济对城乡手工业的控制，抑制商业资本的发展，削弱其对小农经济的瓦解作用，使其不得不依附于地主经济。官营农业以屯田制度为主体，其军事政治作用自然重要，但历代规模和影响不一，在经济总量中份额较小。官营工商业作为中国封建社会经济结构的一个组成部分，作为自然经济和商品经济之间的缓冲结构，作为一种经济力，进一步强化了地主经济制的经济基础，也巩固了中央集权的封建国家制度。因此，官营工商业在中国封建社会经济结构中的地位和作用是绝不可以忽视的。纵观历代王朝，其前期政治比较清明，政策比较得当，国家参与、干预和调节经济的能力较强，社会总体处于上升和发展阶段；而进入中后期，统治集团趋于腐败，国家参与、干预和调节经济的能力不断削弱，甚至出现反向调节，政府之手变成"掠夺之手"，加剧小农等劳动阶层的破产，促进豪强兼并，经济停滞衰退，天灾人祸交汇，社会矛盾逐步激化，王朝显现出下半世光景，这时离农民起义和朝代更迭也就不远了。中国封建社会就是在这种周期性变化中曲折上升和发展的，当然，这种大动荡式的改朝换代对经济社会发展的负面影响也是众所周知的。

二　中国封建经济与资本主义发展

"商人资本的存在和发展到一定的水平，本身就是资本主义生产方式发展的历史前提。"① 可以说，自唐宋以后，中国封建社会经济结构内部就已经出现了产生这一历史前提的物质条件，明代以前已有一些关于资本主义关系偶发、先现的记载。学者们一般也认为明代中叶以后，中国封建社会已出现明显的资本主义关系的萌芽。但说到底，萌芽指的只是一种生产方式稀疏地散现在旧的社会经济结构中，严格讲，并不构成新生产方式的一个独立发展阶段。马克思说："资本主义社会的经济结构是从封建社会的经济结构中产生的。后者的解体使前者的要素得到解放。"② 中国资本主义萌芽虽早，封建经济结构的解体却极为缓慢。原因何在？任何一种生产方式都具有历史的暂时性，所谓"超稳定结构"的说法在历史上和逻辑上当然都是缺乏根据的。在生产力发展的作用下，新的生产关系一旦产生，其势就不可阻遏，这时旧生产方式能维持多久，一方面在于它内部结构的坚固性，另一方面在于它对新生产方式暂时的包容性，中国封建社会经济结构在上述两个方面及其结合上都有独特之处，因此解体缓慢，阻滞了资本主义生产方式的发展。

封建经济结构的解体一般是通过商业资本的作用体现出来的，中国封建社会的商业也相当繁荣和发达，但它对旧生产方式的解体作用却与它的发达程度不成比例。正如马克思所分析过的，"商人资本的发展就它本身来说，还不足以促成和说明一个生产方式到另一个生产方式的过渡"，"它对旧生产方式究竟在多大程度上起着解体作用，这首先取决于这些生产方式的坚固性和内部结构。并且，这个解体过程会导向何处，换句话说，什么样的新生产方式会

---

① 《资本论》第三卷，人民出版社 1975 年版，第 365 页。
② 《资本论》第一卷，人民出版社 1975 年版，第 783 页。

代替旧生产方式，这不取决于商业，而是取决于旧生产方式的性质"。① 中国封建社会商业资本的发展有两个显著的特点，一是其对于小农经济和小商品生产的寄生性，二是其对于地主制经济的依附性。在中国封建地主制经济下，作为商品进入流通领域的社会产品有以下几个类别：（1）农工结合的个体农民的必要产品（自耕农则有部分剩余产品）；（2）独立手工业者的产品；（3）封建地租；（4）后期民间手工业工场的产品；（5）官营手工业产品；（6）国家赋税（包括国有土地的地租和部分产品）。工场手工业属资本主义经营，后两类与民间商业资本的活动无关，都先存而不论。从前三类可以看出，社会商品的主要提供者还是个体农民和独立手工业者。农民不是直接的商品生产者，他们是为了取得不同的使用价值出卖和交换其部分必要产品的，他们"不必要象在正常资本主义生产方式下那样，使土地产品的市场价格提高到向他提供平均利润的程度，更不必提高到提供一个固定在地租形式上的超过平均利润的余额的程度。所以，没有必要使市场价格提高到同他的产品的价值或生产价格相等的水平"。② 另一方面，作为小商品生产者的独立手工业者虽与农民有异，但他们的生产动机也不在追求剩余价值，他们的产品进入流通主要是为了交换其他必需产品，其生产结构和小农经济一样，也是狭小的简单再生产结构。

以这二者为广阔基础的商业资本在不发达的共同体的产品交换中得到独立发展，取得了对产业的支配地位，它通过欺诈和贱买贵卖侵占了农民和独立手工业者的绝大部分乃至全部剩余产品（这里指封建地主及其政权掠夺所余部分），对于佃农来说则是直接侵占了必要产品。尽管商业和商业资本的发展使生产不断朝着交换价值的方向发展，生产的总量也不断增加，但绝大部分生产者的经济地位都难以改善，有些甚至会日益恶化，使他们更进一步为封建地

---

① 《资本论》第三卷，人民出版社 1975 年版，第 366、371 页。
② 同上书，第 908—909 页。

主和商业资本所控制。马克思所说的从封建生产方式向资本主义过渡的两条途径中"生产者变成商人和资本家"这条"真正革命化的道路",[①] 大概是很难出现在中国封建社会的独立小商品生产者面前的,更不要说农工结合体的个体农民了,自然经济的家庭手工业是抵御资本主义生产方式的最坚固的堡垒。而另一条"商人直接支配生产"的途径,由于商业资本对于地主阶级的依附性,其过渡也是极为艰难和缓慢的。中国封建社会第二阶段由于土地制度的特点而形成地主、商人、高利贷者三位一体的格局,商业资本与地主经济之间具有某种融通性,商业利润大量为土地所吸收,其结果当然不是促进商品经济的发展,而是促进了土地兼并和大土地所有制的发展。总之,商业资本对于地主经济的依附性以及它与地主经济之间的融通性大大削弱了商业资本对封建经济结构的解体作用。恩格斯说:"商人对于以前一切停滞不变、可以说由于世袭而停滞不变的社会来说,是一个革命的要素……现在商人来到了这个世界,他应当是这个世界发生变革的起点。但是,他并不是自觉的革命者;相反,他与这个世界骨肉相连。中世纪的商人决不是个人主义者,他象他的所有同时代人一样,本质上是共同体的成员。"[②] 看来,中国封建社会第二阶段商业资本作为革命的要素,其对于封建经济结构的解体作用是不能过高估计的,而它作为封建共同体循规蹈矩的成员倒是相对比较称职的。这是我们在比较中西封建经济向资本主义过渡的不同特点时应充分予以注意的。

以上是我们所要说明的中国封建社会经济结构坚固性的一个方面,另一方面就是封建国家经济职能的作用和影响。在封建经济的发展过程中,就工业方面的生产形态来说,最具有积极意义的是城市手工业和农村独立手工业,它们的发展及向规模更大、分工和协作更为发达的工场手工业的过渡标志着资本主义的曙光。上面已经

---

① 《资本论》第三卷,人民出版社 1975 年版,第 373 页。
② 同上书,第 1019 页。

说过，由于商业资本的寄生性榨取，城乡独立手工业难以向工场手工业过渡，这里我们还要进一步强调官营工商业的活动对其发展的限制。

官营手工业对城乡独立手工业发展的阻碍主要表现在对劳动力的控制和对市场的限制两个方面。唐代中叶以前，官营手工业的劳动力除官奴婢和刑徒外，大量是为封建政权服徭役的更卒、匠人和丁夫等，他们基本上是无偿劳动，这一时期官营工业对劳动力的使用主要采取劳役制的形式。唐代中叶至明代中叶，官营工业劳动力的性质从劳役制逐渐过渡到工役制，手工业者对封建政权的依附关系较前一时期有所削弱，但国家通过户籍制度的建立，把手工业劳动力固定起来，使城乡独立手工业者成为官营手工业的劳动力后备军。这种劳动力国家编户制度妨碍了独立手工业者经济活动的正常开展，工匠服役地点一般都远离乡土，往返很费时日，当值一月，实际费时两至三月，特别是官吏的苛扰和盘剥更使得名为募雇的官营手工业工匠所得无几，近乎无偿劳作。官营手工业对民间手工业劳动力的封建束缚是城乡独立手工业发展的严重障碍。

官营手工业在市场方面对民间手工业发展的限制也是很显然的。中国自秦汉就建立了统一的中央集权的封建国家，但在自然经济占统治地位的情况下，作为市场主体的还是地方小市场和区域市场，至于可以为手工业的发展提供较多机会的重要产品的全国性市场虽然早就存在，但那基本上是为官营工商业所垄断和独占的，即使是封建统治阶级所需的工业消费品（特别是奢侈品）市场也由于官营手工业的自给性生产而大大缩小了。这样，城乡独立手工业当然只能与自然经济的农村家庭手工业去争夺狭小的地方市场了。市场的扩大是商品生产发展的前提，官营手工业的存在极大地限制了城乡独立手工业的市场，使其经营规模相应狭小，生产技术的进步和生产力的提高都很缓慢，同时商业资本向产业的转化也就更为困难了。这里还应当提及官营商业的作用。官营商业通过对重要商品的垄断性经营，不仅抑制了民间商业资本的发展，削弱了它对自然经济的解体作用，而且也阻止了民间手工业对全国性市场的渗透和冲击，进一步加强了封建国家对民间手工业的控制，保证了官营工业的支配地位。此外，官营商业控制和垄断了国际贸易，抑制市场的对外扩展，这对于民间工商业发展的消极作用也是不能低估的。欧洲资本主义生产关系最早是出现在航运业、纺织业和采矿业中，主要是因为这些生产部门在社会经济发展中具有全局性影响，易于开拓市场，同时也是生产力最有可能取得突破的部门。在中国，除以上三个行业外，陶瓷、造船等也是具有全国性意义、生产力水平较高的部门。但是在明代中叶以前，由于官营手工业在工业生产方面居支配地位，上述各个部门较高的生产力水平主要不是体现在城乡独立手工业中，而体现在官营手工业中，这是城乡独立手工业中极少出现规模较大的手工工场的根本原因。

在社会经济总的发展过程中，各种经济力是相互影响、交互发生作用的。以上我们说的只是问题的一个方面。另一方面，官营手工业本身也是生产力，作为一种经济力，它对于整个社会经济的发展也具有积极的意义。官营工业凭借封建国家所集中的巨大的人力、物力和财力，可以从事大规模的公共工程建设和手工业生产，生产规模的扩大导致分工和协作的发展，导致生产技术的不断进步和生产力水平的提高，同时官营作坊较为先进的生产技术和生产工具的传播也刺激与促进了民间手工业的发展。应当看到，中国封建社会生产的发展和经济的繁荣与封建国家的经济活动是密切相连的。明代中叶以后，随着生产力的发展，社会经济联系日益广泛，市场进一步扩大，城乡独立手工业有了一定的发展机会，雇佣较多工人进行较大规模生产活动的手工作坊逐渐增多，资本主义因素开始缓慢地出现。民间工场手工业的发展和雇佣劳动的大量出现，加剧了手工业者和封建政权的矛盾，他们力图摆脱封建束缚而进行的阶级斗争也日益发展，官营作坊工匠的逃亡、怠工和故意压低产品质量，城乡独立手工业者的逃避轮输、抗税、罢市、"盗矿"，乃至暴动，这些都显示出，官营手工业工役制剥削方式已经越来越成为生产力发展的桎梏。民间工场手工业的发展和竞争使官营手工业生产力水平原有的相对优势逐渐减弱，由于工匠的斗争和管理上的痼疾，官营作坊的生产成本骤增，产品质量则不断下降，这就迫使封建王朝不得不进一步改变官营工业的劳动制度和逐渐缩小官营工业的经营范围。明成化以后，官营工业中的应役工匠逐步开始以银代役，官府用代役银或雇募工匠生产，或直接向市场采买，匠籍制度名存实亡，国家对手工业劳动力的控制削弱，盛及几朝的官营工业开始走下坡路了。清初匠籍制度被明令废除，雍正二年（1724年）又宣布废除工匠当官差的制度，其后，经营范围已经大为缩小的官营工业普遍采取了自由雇募制度，手工业者对于封建政权的依附关系大大松弛，这是工场手工业和资本主义关系进一步发展的重要标志；同时也说明，社会生产力的发展总是要突破原有经济关系的障碍的。

我们还可以从封建国家的经济职能进一步说明中国封建经济结构对于资本主义生产方式在一定时期内的包容性。资本主义时代是从工场手工业时期开始的，工场手工业的发展促进了手工业和农业的分离，加速了小农和小手工业者的被剥夺以及他们与生产资料的分离，为资本主义开辟了国内市场和创造了进一步发展的前提。但是，马克思也强调指出，"工场手工业既不能掌握全部社会生产，也不能根本改造它。工场手工业作为经济上的艺术品，耸立在城市手工业和农村家庭工业的广大基础之上。工场手工业本身狭隘的技术基础发展到一定程度，就和它自身创造出来的生产需要发生矛盾"①。"真正的工场手工业时期并没有引起根本的改变……只有大工业才用机器为资本主义农业提供了牢固的基础，彻底地剥夺了极大多数农村居民，使农业和农村家庭手工业完全分离，铲除了农村家庭手工业的根基——纺纱和织布。这样，它才为工业资本征服了

---

① 《资本论》第一卷，人民出版社 1975 年版，第 407 页。

整个国内市场"。① 因此，我们在肯定工场手工业对封建生产方式解体作用的同时，还应该认识到，工场手工业的独立性是有限度的，它的发展并不一定立即导致旧制度的崩溃，旧的生产方式在一定条件下可以包容它，这种包容的程度在不同的国家由于封建经济结构的不同特点而呈现出差异。从世界资本主义发展的历史看，工场手工业也是一个过渡时期，这个时期可以在资产阶级政权下完成，也可以在封建政权下完成。例如，英、法两国工场手工业的发展大体是同步的，但法国资产阶级革命却比英国晚了差不多一百五十年，而且是在英国工业革命的影响下才发生的。中国封建经济结构对于工场手工业性质的资本主义生产方式的包容性，由于封建国家的经济职能的作用显得更为突出。

中国封建社会具有高度的物质文明，其经济结构一方面具有坚固性，另一方面也富有较大的弹性，能够容纳较高水平的生产力。官营工业是封建经济的一个组成部分，但它作为一种经济力，代表了较高的生产力，对于整个社会经济的影响是客观存在的。就生产力水平而言，官营工业和民间工场手工业并没有什么区别，它们所不同的只是占取剩余劳动的经济形式。任何生产关系的变革总是生产力发展到一定程度的结果，因此，民间工场手工业要彻底打破旧的经济关系，就必须创造出比官营工业更高的生产力。从明中叶到清初，我们还没有看到这种情况，清代中期至鸦片战争前，民间工场手工业有了较快的发展，在一些生产部门较之官营工业已具有优势地位，但它所代表的生产力水平也还不足以完全突破原有的生产方式，封建经济结构在一定程度上仍然可以包容它。

鸦片战争以前，中国封建经济结构已经开始缓慢解体，资本主义有了一定程度的发展，但民间工业的发展还远没有达到形成一个工场手工业时期的水平，即便我们假定没有外国资本的入侵，中国的民间工业能否独立地发展到工场手工业时期完成向自由资本主义

---

① 《资本论》第一卷，人民出版社 1975 年版，第 816—817 页。

的过渡，恐怕也是大有疑问的。尽管清代中期以后官营工业逐渐丧失了在一些工业部门的支配地位，但作为封建经济的物质基础，它在若干部门仍是不可取代的；同时封建国家加强财政措施和政策干预，并通过官营商业的活动和培植特权商人等手段继续保持对社会经济的控制，民间工业是很难脱离封建国家经济职能的影响而独立发展的。况且，官营工业与资本主义性质的工场手工业之间并没有什么不可逾越的障碍，官营工业在劳动制度和商品性生产等方面有过许多重要变化，特别是雍正以后官营工业普遍采取自由雇募的劳动制度，计工给值，虽然不能说这是一种根本性的转变，但至少可以看作是官营工业向资本主义性质的国家工场手工业过渡的前兆和准备。封建社会向资本主义过渡是根本不同于资本主义社会向社会主义过渡的，前者不需要以政权性质的截然变更作为生产关系转化的标志。因此，以政权的封建性质否定官营工业向资本主义国家工场的转化是缺乏根据的，我们应该以生产资料所有者占取直接生产者剩余劳动的基本形式作为衡量官营工业生产关系性质变化的标志。如前所述，社会经济发展过程中各种经济力是相互影响和交互发生作用的。清代中期以后，在民间工场手工业和其他社会经济力的作用下，官营工业既有趋于衰落的一面，同时又有向资本主义经营方式转化的一面。据现有资料看，鸦片战争以前官营工业在矿冶、铸钱、织造等部门已经大量采取了资本主义方式的雇佣劳动制度和经营制度，我们可以将其视为中国国家资本主义的初始形态。这也是封建政权适应生产力发展的制度选择。

总之，按照中国社会经济发展的正常程序，中国资本主义的发展道路完全不同于英法等西方国家，它一开始就将是国家资本主义与民间资本主义并进，完成工场手工业时期的过渡和封建经济结构向资本主义经济结构的转化，不经过典型的自由资本主义阶段即伴随大工业的产生而进入垄断阶段。这是由中国封建社会经济结构的固有特性所决定的。不过，历史无法假定。中国封建社会到了清代后期，封建政权腐败日甚，管理能力下降，缺乏制度和政策创新能力,脱离世界发展潮流,已经成为经济和社会发展的严重障碍,甚至没有保护国家安全的能力,落后挨打以及丧失领土和主权都是不争的史实。剧烈的社会变革已是不可避免。

三 中国近代国家资本的发展、膨胀及崩溃

鸦片战争以后,由于外国资本的入侵,中国社会经济的发展脱出了常轨,进入了一个剧烈变化的时期,封建的社会经济结构加速解体,逐渐向半殖民地半封建的经济结构转型。在外国先进生产力的作用下,中国传统的封建经济结构未完成其向工场手工业时期的过渡,便进入了近代机器工业的创建时期,作为中国近代资本主义关系三种基本形态的外国资本、国家资本以及民族资本也先后产生和发展。

在中国近代资本主义关系的三种基本形态中,居于支配地位的无疑是外国资本。鸦片战争前后,外国商品在中国市场上尚无足够的竞争能力,外国资本对中国的侵略以走私鸦片、贩卖苦力、军火贸易、房地产投机和战争掠夺为主要内容,商品输出并不占重要地位,资本输出当然更谈不上,基本上是一种原始积累性质的殖民掠夺。及至19世纪60年代,由于西方主要资本主义国家工业革命的完成和机器的普遍使用,商品生产成本不断降低,竞争能力加强,同时也由于不平等条约的作用,中国国内市场发生变化,外国商品对华输出迅速增加。外国资本纷纷在中国设立各种洋行,通过买办的商业网,垄断了中国的进出口贸易,并在一定程度上支配着中国的国内市场。19世纪末,世界资本主义的发展进入了帝国主义阶段,甲午战争标志着外国资本对中国的经济侵略进入了资本输出时期,其后,外国产业托拉斯和财团资本开始在中国进行大量产业投资,逐渐在交通运输、资源和能源开发等基础工业部门以及纺织等主导工业部门居于垄断地位。同时,帝国主义列强还以政府借款形式不断扩大资本输出的规模,控制了中国的财政金融和重要的经济

命脉。中国资本主义发展过程中，膨胀最迅速的是外国资本，而本国资本的发展则相对缓慢。外国资本作为一种外来的经济力量，在一定程度上促进了中国封建经济结构的解体和资本主义关系的发展，但外国资本的主体是在对华经济侵略活动中积累起来的，它的扩张严重阻碍了中国资本主义的发展。当然，决定中国资本主义发展道路和前途的是内因，根本问题还在于中国社会经济结构内部的变化。

中国近代国家资本和民族资本与鸦片战争以前的资本主义萌芽有着明显的继承关系。例如，中国民族资本主要是继承资本主义的民间工场手工业发展而来的。鸦片战争以后，外国商品的倾销在一定程度上破坏了中国传统手工业的发展，但这种破坏主要表现在农民家庭手工业性质的棉纺织业。据《中国资本主义发展史》[①] 一书考察，中国三十二个传统的手工行业，鸦片战争后衰落的有七个，继续维持的有十个，有较大发展并向机器工业过渡的有十五个，清代前期已有资本主义萌芽的十几个行业中，只有踹布和刨烟丝两业为外国商品所替代，其余都维持下来，并有九个向机器工业过渡，这是民间资本主义关系发展的主流。关于外国资本和民族资本的发展过程以及它们的地位和作用，学界论述甚多，不再赘述。下面我们要着重说明在中国资本主义发展史上别具特色的近代国家资本主义的产生和发展过程以及它在半殖民地半封建经济结构中的地位和作用。

人们通常所说的国家垄断资本主义是从现代资本主义的发展中引申出来的概念。资本主义从自由阶段进入垄断阶段即帝国主义阶段以后，各种固有矛盾不是消失或缓和了，而是空前地尖锐化了。在这种情况下，垄断组织依靠自身的经济力量已经难以维持其垄断统治地位，私人资本占有形式也越来越不能容纳社会生产力的发展，垄断资本要求直接利用国家机器来维护它的统治，加强对国内

---

① 许涤新、吴承明主编：《中国资本主义发展史》，人民出版社1985年版。

外劳动者的剥削和掠夺。于是,"资本主义社会的正式代表——国家不得不承担起对生产的领导"①,一般垄断资本主义逐渐向国家垄断资本主义发展,国家这个"理想的总资本家",通过国有经济的建立和对社会经济活动的全面干预,使国民收入的再分配有利于垄断资本,从而进一步强化了垄断资产阶级的统治,延缓了资本主义制度的衰落。总之,国家垄断资本主义的出现和发展,是帝国主义阶段资本主义各种固有矛盾进一步激化、社会危机不断加深的必然结果,是生产社会化高度发展的产物,在一定程度上调节着社会矛盾,拓展了资本主义的发展空间。国家干预和调节能力的不断加强,是制度趋于成熟的标志,这一点与中国地主制经济制度的发展何其相似。

很显然,中国的国家资本主义不是在这样的条件下产生和发展的。中国国家资本主义有其独特的产生背景和发展过程,我们应该在国家垄断资本主义的广义概念上去理解和分析它。中国的国家资本主义不是在生产集中的基础上产生的,它不是生产社会化高度发展的产物,而恰恰是生产分散、资本主义极不发达的产物。溯其源,中国国家资本主义在鸦片战争以前就已产生,它是中国封建经济结构向资本主义转化过程中的必然产物。因此,我们不能把中国国家资本在其初级形态的基本特征简单地归结为垄断。近代国家资本的产生乃是由于外国资本的入侵加剧社会经济结构的分解和动荡,动摇了封建统治的基础,清政府不得不"师夷长技",从 19 世纪 60 年代开始引进西方先进的生产方法,大力投资和创建近代企业,以求增强军事和经济力量,维持其摇摇欲坠的统治,史称"洋务运动"。这是不得已的选择。洋务派近代企业系由已是国家资本主义初始形态的官营工业转化而来,创建者本意在维护旧的经济结构,但生产力的发展进一步突破封建的生产关系,洋务派近代企业的发展导致了封建官营工业向国家资本主义的全面过渡。不论

---

① 《马克思恩格斯选集》第三卷,人民出版社 1995 年版,第 628 页。

是清政府举办的民用工业，还是它举办的军事工业，其占取无酬劳动的形式是相同的，都具有资本主义的性质，它们是中国国家资本主义的初级形态。

洋务派近代企业不是生产的集中，实在只是小生产的汪洋大海里一种相对集中的生产，其封建性质自不待言，而且在很大程度上须依赖外国资本，但这种初级形态的不完备的国家资本主义，也多少具有与外国资本抗衡、抵御其入侵的性质。从历史的观点看，中国传统的经济结构在其转型过程中首先产生和发展国家资本主义，这也具有某种必然性。中国资本主义近代工业并非由工场手工业时期过渡而来，它的出现不是生产力在某些主导部门取得突破的结果，而是西方先进生产力引进和移植的结果，这种引进和移植首先是满足"自强"的需要，它必然从以军事工业为中心的重工业开始。鸦片战争前后中国资本原始积累过程非常缓慢，大量的剩余产品以赋税形式为国家所占有，民间资本是没有力量独立兴建以重工业为主的近代企业的，而且国防本国家之责，从重工业开始的近代企业的创建当然只能由清政府来承担，至于它能否承担这一责任那是另一个问题。事实上，由于清政府鼓吹"中学为体，西学为用"，力图把资本主义生产方式纳入旧的封建体制，加上主办官员的腐败无能，洋务派企业大多经营不善、较少成效，没有形成具有规模的资本积累，故未能有力地促进中国资本主义关系的发展。

就国家资本主义的产生来说，日本和中国颇有共同之处（当然，两国经济结构有差异，中国早有官营工业的传统和国家资本主义的历史渊源，其近代国家资本产生固然早，惰性也大），尽管二者的发展结果是大相径庭的。明治维新前的日本和鸦片战争前后的中国境遇类似，19世纪70年代日本为求自强也首先由国家创办了第一批近代企业，80年代以后政府陆续把军事工业以外的一些国有企业出让给私人，以促进和扶植民间资本主义的发展。与此同时，国有企业也一直保持着可观的增长。甲午战争以后，为适应对外侵略扩张的需要，日本国有经济始终保持着迅速的增长，20世纪30—40年代建立了军事国家垄断资本主义的全面统治，可以说日本的资本主义是在国家资本带动下和对外侵略中发展起来的。

看来，在中国和日本这类外国资本入侵前本国资本主义关系已有一定程度发展的国家，由于外国先进生产力的影响首先产生和发展国家资本主义不是偶然的，中国和日本国家资本主义的产生不仅早于西方的国家垄断资本主义，甚至也早于西方的一般垄断资本主义，它只是中国这类国家原有经济结构转化过程中的必然选择。那种把中国国家资本主义视作不发达国家国家资本主义原型、认为是受世界国家垄断资本主义影响而产生和发展的说法恐怕是失之偏颇的。

甲午战争以后，孱弱腐败的封建政权完全成为帝国主义的侵略工具，根本不能承担领导社会经济发展的责任。辛亥革命是一场不彻底的资产阶级革命，它推翻了清政府，证明了帝国主义终究不能任意支配中国的命运，但它未能完成反帝反封建的任务，政权转到受帝国主义支持的大地主和买办资产阶级联合专政的北洋军阀手中，其后国家资本的买办性质日益加强，越来越成为外国资本的附庸。北洋政府时期，国家资本仍然有所发展，官商合办和官助商办是其主要形式，与此相应，亦官亦商的官僚资本也已初具形态和规模。

恩格斯指出："与所有其他曾经占统治地位的阶级相比，资产阶级的特点正是在于：在它的发展过程中有一个转折点，经过这个转折点之后，它的威力手段每进一步的增加，从而首先是它的资本每进一步的增加，只是使它愈来愈没有能力进行政治统治。'站在大资产阶级背后的是无产阶级'。"[1] 五四运动标志着这个根本的转折。马克思主义传播和十月革命的胜利把社会主义道路展示在中国人民面前，中国无产阶级革命运动的兴起和蓬勃发展使帝国主义、大资产阶级和地主阶级加紧勾结，企图强化其联合统治镇压人民革

---

[1] 《马克思恩格斯全集》第16卷，人民出版社1964年版，第451页。

命运动，企图以对社会经济的全面控制和垄断挽救旧制度的覆灭，国民党国家垄断资本的形成和膨胀就是他们维持半殖民地半封建经济结构的重大努力。同样是一次选择。国民党垄断资本的产生主要不是针对帝国主义的（在一定程度上具有抗日因素），而是在帝国主义支持下针对中国共产党领导的新民主主义革命的，是新民主主义经济的对立物。国民党政权背离了孙中山先生的政治和经济主张，背离了孙中山先生设想的发展道路，改变了孙中山先生关于发达国家资本的初衷。国民党国家垄断资本是中国产业不发达的产物，而它的膨胀则又窒息了产业的发展；它既是中国半殖民地半封建经济不得发展的结果，又是中国社会经济不得发展的原因。国民党国家垄断资本的发展和膨胀是中国资本主义发展史上真正具有规模的原始积累过程，它所进行的积聚和掠夺使中国人民承受了极大的痛苦，包括中产阶级在内的各个阶层都受到伤害，尤其是抗战胜利以后，腐败和投机横行，通货恶性膨胀，社会生产力特别是农业和中小工业遭到严重摧残，经济逐步走向崩溃。

过去，我们将国民党国家垄断资本也称为官僚资本。据实考察，二者应该加以区分。客观地说，国民党国家资本在发展经济、支持抗战方面是做了大量工作的，也取得了一定成就，在这些机构服务的广大员工所做的贡献也是应该肯定的，不能将国民党的失败简单地归咎于国家资本的存在。而严重危害国家、社会和百姓的是真正的官僚资本，它是权力和资本相结合的产物，是国民党政权腐败的产物，以孔宋为代表的豪门资本以及大大小小的豪强资本成了国民党政权的恶性肿瘤，这是一种最恶的资本形态，而且发展到了极致。不过，责任最终只能由国民党政权和国民党国家垄断资本承担。在一定程度上也可以说，国民党政权是亡于腐败。

以上我们说明的是中国传统的经济结构向资本主义转化的一面，特别是着重说明了国家垄断资本膨胀发展的过程。但中国资本主义发展的水平并不高，在整个社会产业结构中所占的比重较小，中国的封建经济体系继续坚韧地维持着。其根本原因仍在于中国半殖民地半封建社会经济结构的独有特征。鸦片战争以后，中国农村以小农业和家庭手工业相结合为特征的自然经济进一步解体，国内市场有所扩大，为近代资本主义的发展提供了一定的条件。但农村自然经济的解体主要表现为农民家庭手工业的衰落和商品性农业有所发展，而作为封建经济结构基本要素的土地制度并没有发生根本的变化，地主阶级仍然保持着对农村的封建统治。中国农村自然经济解体的加速主要是外国商品大量入侵引起的。由于中国封建经济结构的坚固性和它在一定程度上能容纳较高水平生产力的弹性作用，外国资本入侵和瓦解这个经济结构在客观上具有极大的困难，不过外国资本发现利用中国传统的经济结构进行寄生性剥削却有很大的便利。因此，它们不是以摧毁封建经济结构、在中国发展资本主义为目标，而是以勾结中国的官僚、封建势力，培植买办，利用原有的商业高利贷网剥削中国的农民和手工业者，作为其支配中国市场、扩大经济侵略活动的基本手段，即使是在外国资本侵略活动的资本输出时期，这一手段也仍然占有重要的地位。

至于带有浓厚封建性的国家资本，它本来就和地主经济互相依存，当然更是竭力维护腐朽的封建制度。正如列宁所说，国家资本主义的性质决定于政权的性质。从清政府到国民党政府，从洋务派企业到国民党国家垄断资本，封建经济的主体始终不曾受到触动，这里资本和封建经济的对立已为国家资本的半封建性质所化解，中国封建经济结构的维持和延续主要得力于国家政权的保护和国家资本与之密切的结合。民族资本是中国近代资本主义关系中最具有积极意义的一种资本形态，但中国的民族资本从来也没有成为一支独立的经济力量，它一方面依附于外国资本和国家资本，另一方面它和封建经济联系的纽带仍然相当牢固。民族资本与封建经济之间既有对立的一面，又有利害共通的一面，而后者是主要的方面，民族资本在很大程度上是利用封建势力和封建剥削网从事经营活动的，地主、资本家也往往是兼而为之的。这里，我们把民族资本和国家资本并列在一起说明，绝不是要抹杀二者之间的区别，也不是否定民族资本以及民族资产阶级的两面性（不过，就民族资产阶级参加革命的可能性来说，其反封建的一面要远逊于反帝的一面），只是为了强调民族资本在半殖民地半封建经济结构中的依附地位，它在中国社会经济发展过程中虽然具有积极的意义，但并不能代表近代中国社会发展的方向，这一点它和国家资本是相同的；唯其如此，民族资产阶级不能领导中国的民主主义革命，而只能成为革命力量可以争取的同盟军。

总之，外国资本、本国资本和封建经济三位一体，这是中国半殖民地半封建经济结构最根本的特征，它说明中国资本主义的发展是建立在极为脆弱的基础之上的。帝国主义的侵略和资本主义关系的扩大虽然促进了自然经济的解体，但由于农村封建制度的延续，农民被迫力求自给，这种解体过程总的来说是非常缓慢的，直至全国解放，中国农村的经济结构和生产结构没有发生本质的变化，继续保持着封建的半自然经济状态，市场的扩大很有限，在20世纪30—40年代的相当长一段时间里市场是不断呈现萎缩趋势的。另一方面，由于封建经济制度的存在，自然经济的解体并没有为资本主义在农村的发展开辟道路，而是造成了地主土地所有制的发展和农村经济的破产，造成农村金融的枯竭和农民购买力的不断降低，这也正是中国这样一个以农民为主要居民的国家国内市场难以扩展、并不发达的资本主义还每每遭遇市场危机的根本原因。同时，农民经济地位的日益恶化和极端贫困也为新民主主义革命的发展准备了充分的条件，破产的农民不能为资本主义大生产所吸收，而是作为无产阶级最可靠的同盟军成为中国革命的主力。

鸦片战争以后中国资本主义发展的历史表明，这种外国资本、本国资本和封建经济三位一体的经济结构，有利于帝国主义的经济扩张和对中国的政治控制，而不利于本国资本主义的发展，特别是民族资本，外有帝国主义的压迫，内有国家资本和封建经济的阻遏，其发展更为艰难。半殖民地半封建经济彻底崩溃的事实说明，半封建的资本主义是注定要失败的。

在中国资本主义发展史上，甲午战争是一个分界线。一方面，它表明在帝国主义时代，随着殖民地化程度的不断加深，中国失去了发展资本主义的外部条件，已经不可能正常地、独立地发展到资本主义。另一方面，甲午战争以后，外国资本、本国资本和封建经济三位一体的半殖民地半封建经济结构逐渐凝固化，失去了自身调节的能力，无论何种资本，都不具有打破封建经济结构的力量，无论是国家资本，还是民族资本，都不能承担摆脱帝国主义控制和压迫的任务，半殖民地半封建的中国是不可能走上资本主义道路的。

国民党国家垄断资本的发展和膨胀只是进一步加剧了旧中国半殖民地半封建社会的各种矛盾，这种生产方式的崩溃是必然的，它所集中的巨大的生产力恰恰为新民主主义革命向社会主义革命的过渡准备了必要的物质条件，这是半殖民地半封建的旧中国向社会主义新中国过渡的必由之路。要使中国社会经济走上正常的发展道路，要使社会生产力得到解放，就必须从外部打破半殖民地半封建的经济结构，这个任务只能由无产阶级来担当。只有无产阶级领导的新民主主义革命和社会主义革命能够救中国，历史的结论就是如此。这是一次根本性的制度选择，中国国家资本的发展由此进入了新阶段。

四 新中国国家资本的发展与运行的经验教训

1949 年中华人民共和国成立，中国经济和社会从此进入了全新的发展轨道。新政权在国民经济恢复时期迅速形成了具有一定规模的国家资本和国营经济，1953 年转入大规模经济建设。在过渡时期总路线的指导下，通过对农业、手工业和资本主义工商业的社会主义改造，通过价格"剪刀差"不断地转移农业剩余，国家资本的规模进一步扩大，控制力不断增强，社会主义经济制度得到确立。尽管在较短时间里我们借助国家资本建立起相对独立完整的工业体系，在一定程度上保证了国家安全，但由于忽视价值规律和市场规律，管理水平不高，也形成了经济运行大幅波动、产业结构严重失衡和资源配置失调浪费的不良局面，这也成为我国实行改革开放的重要历史背景。

1. 国家资本的产生

迅速建立和发展国有经济，这是中国共产党和新政权恢复国民经济、实现新民主主义向社会主义过渡的必然选择。经过历时4年的没收国民党政府遗留下来的官营企业和官僚资本企业，初步形成了新中国的基础工业，形成了中央工业与地方工业的基本框架，并以此初步建立起了能够控制国计民生的国有经济。以解放区公营经济为基础组建的国营经济，主要集中在金融与贸易领域。此外，苏联移交、外国转让及其他来源也形成了一部分国营经济。这些就是新中国最初的国家资本。

中华人民共和国成立以后，对城乡私人资本主义经济实行"利用、限制、改造"的政策，在国民经济恢复时期，作为国家资本与私人资本合作的经济形式——国家资本主义已有初步发展。1953年，中国共产党提出了"党在过渡时期总路线"，并明确以国家资本主义的形式完成对资本主义工商业的社会主义改造。通过"公私合营"的方式将私营资本主义工商业转变为国营企业，私有资本转变为国家资本，整个过程到1956年年底基本结束。

中国共产党创造性地将马克思列宁主义的理论运用于中国的实际，通过"赎买政策"成功地用和平的方法解决了无产阶级和资产阶级的矛盾问题，资本主义企业改造成了社会主义企业，原来的工商业者也转变为社会主义劳动者。社会生产力没有因为制度变革受创，而且有了显著的提高。当然，国有企业资产的主要部分，还是来自国家投资。在整个公私合营过程中，私人股份合计为24亿元人民币，而在"一五"计划期间，国家预算内投资即达到531.2亿元，加上预算外的投资，国家基本建设投资达到588.5亿元，是公私合营中私人股份的24.5倍。由此可以看出，这场声势浩大、影响深远的消灭资本主义生产资料私有制的变革，并没有成为国有企业及其资产的主要来源，但是它却为后来国家集中剩余和资源配置提供了制度基础。应该说国家资本主义是新中国实行社会主义改造的基本形式，它也应该长期发挥作用，认识这一点对于我们理解社会主义初级阶段的国情具有重要意义。社会主义改造基本完成以后，从上到下都急于求成，很多脱离实际的举措，往往都与对上述问题的认识偏差相关，片面强调社会主义制度的纯粹和政府的计划管理，而过早放弃国家资本主义的市场作用，这不能不说是一个遗憾。

2. 国家资本的扩张

计划经济时期，我国经济发展的总目标是早日实现工业化和确立社会主义制度。1949年3月党的七届二中全会和1949年9月第一届全国政治协商会议都确定了优先发展重化工业和国营经济的基本政策。1956年社会主义改造基本完成后，我国的所有制结构基本上由国营经济和集体经济两大部分构成。而国家工业化则主要是通过政府投资推动的，由此形成了国家资本持续扩张的机制。

1950年3月，实行"统一财经"体制，中央政府的投资逐步成为基本的投资形式。到1952年年底，我国基本上完成了国民经济恢复的任务，从1953年起我国开始实施第一个国民经济五年计划。从"一五"计划执行的结果看，政府的基本建设投资完成588.5亿元，属于中央政府直接管理项目的投资占82%，地方政府占18%。在优先快速发展重工业的方针之下，这个时期政府投资领域主要集中在工业方面。在重工业内部，又以机械制造特别是国防工业为主，从项目来看，则是以苏联援建的156个重点项目为核心。在1958年至1960年的"大跃进"期间，国家基本建设投资共完成1007亿元，但其中不少投资并没有形成真正的生产力，导致了20世纪60年代初国民经济的严重困难。国民经济经过1961年至1965年的调整，刚转入良性发展轨道，1966年就爆发了长达十年的"文化大革命"。在此期间，政府投资呈现出以"备战"为中心的加快重工业和内地工业发展的特点。1976年10月，"四人帮"

被粉碎,"文化大革命"结束,我国又掀起新一轮投资高潮。在"新跃进"的指导思想下,不切实际地加快了项目建设和国外设备技术的引进,再次造成了国民经济的波动。1952年,全民所有制企业的固定资产原值仅有240.6亿元,到了1978年就增加到4488.2亿元,后者是前者的18.7倍,年均增长12.4%。

在计划经济时期,国家资本形成中有相当部分是通过工农业产品"剪刀差"的方式从农民那里提取的。在改革开放以前,国家通过统购统销获取的牌市价差额为2800亿元。再加上农业税收入与支农资金之差194.28亿元,政府在这一时期大概从农民手中将近3000亿元资金转化为财政收入和国家资本。

3. 国有经济的管理体制和经营状况

从1949年到1978年,我国的国营企业是名副其实的国家所有、政府经营的企业。国营企业又分为由中央各部和总公司直接经营管理的中央直属企业,以及分属于省、市、县地方政府经营管理的企业。然而,无论是中央企业还是地方企业,在计划经济体制不断变动的年代里,都缺乏经营管理的自主性,基本成为政府的附属物。

中国工业基础薄弱,生产力相对落后且发展极不平衡,国营企业数量众多,但技术装备和管理水平差距巨大,采取高度集中的经营管理体制显然不适应生产力的发展。在计划经济体制下,我们也一直探索国有企业管理体制的变革,如民主管理改革,公私合营企业的管理,"鞍钢宪法"的制定和实施,托拉斯管理体制的试行,中央和地方管理权责的划分,这些方面的变革也取得了一定成效。但管理体制的变动过于频繁,历次变动也总是围绕中央与地方权限的划分进行,是在没有触动单一公有制和行政性计划经济体制的前提下进行的,虽然其动机是调动两个积极性,减少中央决策的僵化,但是结果却事与愿违。过多的权力下放给地方而又缺少必要的制约,加上"反右"和反"反冒进"形成的经济建设急于求成的情绪,使得经济运行中不断出现波动和混乱。无论条条块块如何分割，国企的管理体制变动都没有把企业作为解决问题的主体，忽视价值规律和市场法则，其结果往往是在"放乱收死"的怪圈里打转。

1949—1978年，国营企业效益变动的特点是波动幅度太大。有的时期增长率超过了80%，而有的时期则又是负增长，但总体上是呈下降趋势的。国营工业企业的劳动生产率是起伏不定的。国民经济恢复时期和第一个五年计划时期，国营企业全员劳动生产率处于不断上升的状态；"大跃进"时期则出现了大幅下滑；三年调整时期则出现了恢复性的增长；"文化大革命"时期再次出现负增长；"文化大革命"后期到1980年又有所回升。企业之间的劳动生产率差距很大。国营企业不合理的大面积亏损发生于"文化大革命"时期，1977年、1978年，国营企业的亏损状况仍然存在。

4. 国家资本的历史贡献

国家资本、国有经济推动我国经济发展的历史贡献，主要体现在以下几个方面：

（1）国营企业成为推进中国工业发展的主要力量，奠定了社会主义制度的经济基础。1949—1978年，中国工业的发展速度是相当惊人的，这与国家持续的巨额投资密切相关。不仅国营工业的增长率与全部工业的增长率同步，而且，国营工业的增长速度还快于整体的增长速度，国营工业成为推进我国工业增长最主要的因素。

（2）建成一批大型项目。计划经济的最大优势在于可以在短时期内聚集大量资源，并集中投放于重点项目上，从而迅速形成生产能力。从1953年到1980年，国家投资建成的大中型项目合计达到3531个，其中工业为2324个，占总数的65.8%。运输邮电次之，为493个，占总数的14%。在工业中，机械和电力又是最多的。这些重大项目的建成，大大提升了我国的生产和技术能力，也成为以后我国实施改革开放的重要物质基础。

（3）国营经济的发展优化了区域经济布局。国营工业企业的迅速发展，不仅提高了我国的工业在三次产业中的比重，还改善了我国工业的区域布局，尤其是西部地区的工业生产能力获得超常发展。从工业的产值上看，1952年沿海和内地的比率为69.4∶30.6，到了1978年就改变成60.9∶39.1，内地工业产值增长了近9个百分点；从轻重工业产值的角度看，1952年的轻工业沿海与内地的比率是71.5∶28.5，到了1978年就变为64.5∶35.5，内地重工业的比重增加了7个百分点。再从产品结构方面看，在计划经济时期，一些以原材料为主的基础性产业，发生了从沿海向内地大转移的过程。到1980年，相当部分的基础性原材料已经由内地生产了。这是国家资本的功绩。

5. 国家资本运行的内在矛盾

计划经济时期国家资本的过度扩张和国有经济的僵化管理模式，使得国家资本的运营效率大打折扣，体制内部的矛盾越来越突出。

（1）国家资本过度扩张及其"挤出效应"。在一个经济极度落后且人口众多的国家发展经济，国家资本有其存在的必然性，国家资本的发展无疑会成为解决资本短缺的有效手段，并通过国有经济的方式带动国民经济的发展。然而，并不是所有发展水平的企业都适于国家管理和经营的。我国国家资本在其发展过程中，特别是在对资本主义工商业的改造中，将已经存在的私人资本国有化，实际上是对其他资本的一种排斥和"挤出"，特别是那些适于私人经营的有特色的中小企业。我们承认私人资本的盲目性和见利忘义，但我们不能否认私有资本的运营效率。再则，在一国的资本市场范围内，如果仅有一种性质的资本存在，就会失去竞争的激励和约束，这就不能保证资本的所有者做出正确的决策，并使资本运营的效率逐步提高。因此，从这个意义上讲，计划经济最终的瓦解恰恰是资本不能获得合理收益的必然结果。

（2）僵化的国有经济管理体制与巨量的交易成本。计划经济时期，国有经济的管理体制几经变动，但基本上是在中央与地方政府之间进行权力再分配，而企业始终缺乏经营和管理的自主权。对国有经济的管理是通过计划指标逐级下达。在"条条"为主的体制下，国营企业被若干政府职能部门进行系统管理，企业如果要与其他系统的企业发生经济联系，只能通过系统的管理部门实现，企业间是不能直接联系的；在"块块"为主的体制下，国营企业是被一个个地方政府进行管理的，假如不同地方的企业要进行经济往来，只能通过地方政府来实现，企业间也不能直接发生关系。显然，这两种管理体制都有其僵化的一面，给国营经济的管理带来了巨大的交易成本，造成社会资源的浪费。

（3）高度集中管理与价值规律的矛盾。价格由政府人为确定是国家资本主导的计划经济的核心内容之一，而这显然与价值规律的内在要求是矛盾的。再则，理论上我们可以对全社会进行统一定价和统一核算，但现实中，产品和服务千差万别，对全社会进行统一核算几乎是不可能的。即便我们花费巨大代价粗略地做出一个统一核算结果，往往不是已经过时，就是难以操作而大打折扣。

（4）国家资本扩张与经济结构失衡。计划经济时期，国家资本的扩张确实有其合理的一面，但过度扩张就会成为经济结构失衡的隐患。"大跃进"时期，为了实现"超英赶美"的高速度，国家资本迅速膨胀，结果是忽略了国民经济各部门、各地区之间的内在联系；"文化大革命"时期，由于对"三线"等产业的巨额投资，经济结构再次严重失衡；国家资本的过度扩张，使得积累率始终保持在较高水平，而消费率则被压缩到很低水平，积累和消费结构总是处在失衡状态，等等。长期的经济结构失衡，导致国家人力、物力和财力的巨大浪费，宏观经济运行及其效率提升受到严重影响。

（5）不合理的国有经济治理与经营结构。在计划经济时期，国有经济被赋予了多重目标，它们不仅承担了发展经济、为国家直接提供利润的职责，还承担着许多诸如安排就业、职工社会保障等职能，甚至国家安全和城市发展的职能。过多的企业目标很难对企业的管理者进行业绩考核，而管理者很容易以其他方面付出为由，掩盖企业的经营管理不善。

就国营企业的激励机制而言，虽然与国家的利益没有根本冲突，但却存在着一些具体利益上的差异，这为计划管理带来一定难度。企业出于方便经营的需要，会尽可能地多占各种资源，并通过讨价还价的方式降低国家下达的指标；同时尽可能提高职工的收入和福利。从约束机制来看，由于国营企业属于政府所有，政府与企业之间实际上是所谓的"父子关系"，政府对企业的管理实际上也是"软约束"。尽管政府通过各种计划指标对国营企业实施管理，但事实上企业完不成指标也不会受到惩罚，企业吃国家的大锅饭的现象比比皆是。企业吃国家的大锅饭，职工吃企业的大锅饭。在平均分配的体制下，工人干好干坏一个样，积极性难以调动。在这种国营经济管理体制下，企业没有经营管理和进行经济核算的动力。其结果就是，不能保证现有生产能力的合理利用，并发挥其最大的经济效果；也不能保证用尽可能少的活劳动和物化劳动的消耗，创造出尽可能多的新的生产能力。这些正是国营企业劳动生产率一直难以提高的重要原因。

（6）国家资本控制与所有制实现形式多元化的矛盾。在计划经济时期，全民所有制在一定范围内和一定程度上，还包含"大全民"所有和"小全民"所有的关系，还必须适当利用物质利益去推动它们努力管好生产。然而，在国家资本成为国民经济的主控力量的体制下，任何意义上的"分权"都会被认为是对社会主义经济基础的削弱，从而使各种更灵活的企业组织形式失去了产生的前提。

以上原因导致的国民经济低效运行的状态已经难以为继，彻底改革这种不适应生产力发展需要的旧体制的条件日渐成熟。这里需要强调，这一时期经济发展主要依靠高积累，在一定程度上侵害了农民的利益，工农差别、城乡差别难以缩小，传统的二元经济结构也有强化之势，"三农"问题已经成为社会主义经济制度和经济结构的短板，制约了经济的发展，也影响了制度的稳定。改革正应始于此。

五　国家资本在改革开放中得到新的发展

党的十一届三中全会吹响了中国改革开放的号角。在农村改革先行并取得成效的基础上，20世纪80年代初，围绕搞好搞活国有企业这个中心环节，以转变控制方式，提高国家资本运营效率和增强国有企业竞争能力为出发点，我们开始了一系列改革和探索。又从90年代初期开始，国有经济适应社会主义市场经济的逐步确立，在有进有退、有所为和有所不为的方针下坚持调整重组，全面改革国有资产的管理体制，进一步提升了国有经济的影响力和控制力。经过30多年的不懈努力，经营性国家资本在运营形态、运行效率和基本功能等方面都发生了重大变化，突出体现在更贴近市场规则的要求，经营更加灵活和自主，更能够发挥其对国民经济的影响和控制、弥补市场失灵和"诱致"市场产生的基本功能。

1. 改革国有企业制度，提升国有资本的微观效率

扩大企业自主权是国有企业提升经营效率、实施市场化改革的逻辑和历史的起点。1978年10月，四川省率先给予省内一些国营公交企业一定的自主权，从此拉开了国有企业改革的帷幕，"放权让利"的改革迅速扩大到几乎所有的国有企业。在"放权让利"的改革实施不久，又在国有企业中实施经济责任制和"利改税"，尽管实施的时间较短，但起到了承上启下的作用。1984年党的十二届三中全会通过了《中共中央关于经济体制改革的决定》，提出企业的所有权和经营权可以分离，一些企业据此创新实施了承包经营责任制，并很快成为当时具有中国特色的一种国有企业改革的主流模式。它是按照所有权与经营权分离的原则，以承包经营合同形式确定国家与企业的责、权、利关系，使企业在不改变产权关系的基础上，实行自主经营、自负盈亏的经营管理制度。与单纯"放权让利"式改革相比，承包经营责任制已经涉及政企分开、企业

自主权的法律认可等一系列国有企业深层次的制度问题。但是，承包经营责任制也难以从整个制度体系上克服国有企业产权关系不清的弊端。国有企业基本产权制度的改革被提到议事日程。

1992年10月召开的党的十四大明确提出，中国经济体制改革的目标是建立社会主义市场经济体制。企业是市场的基本经济单元和竞争主体，必须在社会主义市场经济体制下重新确立企业的市场主体地位。在这一背景下，一些企业以建立现代企业制度为目标，开始探索企业产权多元化的改革，主要形式是企业的股份制。

2. 实施国有经济战略性重组，提升国有资本的社会收益

尽管国有企业在建立现代企业制度方面取得了较大进展，但国有经济整体上的被动局面却未见根本好转。国有独立核算工业企业的亏损面仍在扩大，亏损额不断上升。与此同时，非国有经济却出现了快速发展的态势。针对这种情况，中央于20世纪90年代初期提出了对国有经济实施战略重组的决策，即抓大放小、有进有退，从整体上搞好国有经济的战略决策。对国有大企业和企业集团通过"三改一加强"将其搞好，对国有中小企业采取多种形式放开搞活；在重要行业和关键领域，要增进国有经济的控制力和影响力，在其他行业和领域，则可有进有退，重在提高国有资本的社会收益。

我国国有企业中绝大多数是小企业，大中企业数量虽少，但在国民经济中的地位十分重要。抓住、抓好这些"关键少数"，使其通过建立现代企业制度、优化资本结构、加速技术改造和加强内部管理，提高企业素质和规模效益，发挥骨干作用，就能巩固公有制的主体地位，发挥国有经济的主导作用，并有效地影响、带动一大批中小企业共同发展，也会增大对危困企业的调整能力。而对于数量众多、产业和地域分布分散的中小国有企业，采取更放开一些、更灵活一些的改革举措，比如实行兼并、联合或租赁，有的改组为股份合作制或直接出售。这就是后来人们所称的"抓大放小"。

在促进国有大企业发展的过程中，让国有公司陆续走向资本市

场，成为国有控股的上市公司，使国家资本由过去的实物形态转化成更具流通性的证券形态。国家资本形态的高级化反映了国家资本变动的最新趋势，也是我国社会主义市场经济体制日益走向成熟的重要标志。

随着国有企业的改革思路从"放权让利"转向企业制度创新，从搞好每个企业转向搞活整个国有经济，国有经济在产业上的战略重组就成为必然选择。2001年年初，中央政府正式提出国有经济要在196个工业行业中进行产业重组。15个行业必须由国有工业垄断或以垄断为主；35个行业国有工业无须垄断经营，但应保持一定的控制力；146个一般竞争性的产业国有工业应逐步退出。2004年，国资委针对中央企业的现状和调整方向，进一步划分了三大类和七个领域，央企据此重组。2006年12月18日，国务院办公厅转发国家国资委《关于推进国有资本调整和国有企业重组的指导意见》，进一步明确提出七大行业将由国有经济控制。对于军工、石油和天然气等重要资源开发及电网、电信等基础设施领域的中央企业，国有资本应保持独资或绝对控股；对以上领域的重要子企业和民航、航运等领域的中央企业，国有资本保持绝对控股；对于石化下游产品经营、电信增值服务等领域的中央企业，应加大改革重组力度，引入非公经济和外资，推进投资主体和产权多元化。同时，国有经济对基础性和支柱产业领域的重要骨干企业保持较强控制力，包括装备制造、汽车、电子信息、建筑、钢铁、有色金属、化工、勘察设计、科技等行业。这一领域国有资本比重要降低，国有经济影响力和带动力要增强。其中，机械装备、汽车、电子信息、建筑、钢铁、有色金属行业的中央企业要成为重要骨干企业和行业排头兵企业，国有资本在其中保持绝对控股或有条件的相对控股；承担行业共性技术和科研成果转化等重要任务的科研、设计型中央企业，国有资本保持控股。

随着一系列改革措施的推进，特别是现代企业制度的逐步建立，国家资本企业获得新生和新的发展，在市场体制下管理能力不断提高,制度创新和科技创新能力不断增强,虽然重组后数量大减,但对于国民经济的影响力和调控力没有下降,而是在新的高度上进一步提升。

3. 国有资产监管体制改革

从1978年算起,国有资产监管体制改革大致经历了三个阶段。

第一阶段为国有资产监管体制的初创时期(1978—1988年)。这一时期,由于政府实施了向企业放权让利和大规模经营承包制的改革,政企关系开始发生了变化;同时,中央政府还将大量原来属于中央各部委管辖的企业下放给地方,尤其是下放给中心城市管理,从而改变了过去中央政府过度集中管理国有资产的模式,一些中心城市拥有了更大的国有资产监管、运营的权力。

第二阶段为国有资产监管体制的积极探索时期(1988—2002年)。这一时期的标志是1987年深圳市成立全国第一个专门的国有资产管理机构和1988年国务院成立了国有资产管理局,并部分地履行监管职能。此后,北京、上海也先后进行了改革的尝试,形成了各具特色的国有资产监管模式,这些有益的探索为后来形成全国统一的国有资产监管体制创造了条件。这个时期的改革实践,使人们开始确立了国有资产产权的意识,提出了国有资产保值增值的目标。但是,由于改革处于探索过程中,这一时期形成的国有资产监管体制仍然存在着许多突出的问题。

第三阶段为国务院国资委的设立与新型国有资产监管体制的基本形成期(2003年至今)。1998年下半年,原国有资产管理局撤销后,一般竞争性行业的主管部门被撤销,经营班子人事和监督职责归并到一个部门,但收益分配和国有产权变动等权能仍由不同部门负责。这种多机构分割权能的体制直接造成了国有产权的分割和国有资产运营效率的下降。2001年经营性国有资产增长仅为6.6%;国有资本收益权被忽视甚至被侵犯,造成每年流失数百亿国有资产。政企职责不明和分割管理,使得管资产和管人、管事相脱节,产权责任追溯机制难以建立等。在这一背景下,2002年11

月党的十六大召开并提出设立专门的国有资产监管部门的建议。2003年3月，中央和地方国有资产监督管理委员会分别陆续成立，统一了管人、管事和管资产的权力。中央政府设立国家国有资产监督管理机构，全面负责国有资产的监督管理职能。将原来国务院三个部委的职能统一归并于国有资产监督管理委员会之中。与此同时，省、市（地）两级地方政府国有资产监督管理委员会的设立工作也相继展开。2003年6月，国务院发布《企业国有资产监督管理暂行条例》颁布，进一步明确了我国国有资产监管的基本框架。

综上所述，国有企业改革确实取得明显进展，国家资本的产权边界已经有所明确，国有经济的功能和形态已经发生了巨大变化。但仍有一些深层矛盾没有得到解决，国家资本与社会主义市场经济体制之间的关系还没有完全理顺，国有企业更深层次的改革，国家资本功能的再调整正处于攻坚阶段。

国有经济的产业分布及其结构不合理的状况仍有巨大的调整空间。目前国有资本仍然分布在众多的行业和领域，其中一般加工业、商贸和服务业大约占近一半，而这些领域还可以继续实行退出。此外，在垄断产业领域，那些可竞争性环节和业务，也需要国家资本退出。而需要国家资本重点强化的社会公益性领域，国家资本的供给却明显不足。因此，对国有经济实施战略性产业重组的任务依然十分艰巨。

建立真正意义上的现代企业产权制度仍然任重道远。国有企业的产权明确界定、产权结构的合理配置、产权的正常流转、产权收益的有效保护等四大产权制度尚未完全落实。相当一部分国有大型企业特别像中央所属的国有企业集团依然采用国有独资模式，企业内部组织结构和治理结构安排存在许多不一致的方面，旧体制保留下来的"老三会"和现代企业制度要求的"新三会"之间的矛盾导致企业"内耗"不止，企业治理效率难以提高。

一些国有企业在改制过程中未能处理好利益相关者之间的关

系。有些改革措施既损害了投资人、债权人的利益,也损害了广大职工的利益,而一些企业的"内部人"则大肆攫取国家的资财,国有资产和国家资本仍处于不断流失的风险之中。

国有资产监管体制存在政企、政资的再次合一。尽管我们已经建立了专门的国有资产监管机构,但国有资产监管部门既做裁判,又当运动员的问题并未根本解决,如何使政企彻底分开是国有资产监管下一步必须解决的问题。

为了推动国有企业改革向纵深发展,并在改革中解决国家资本的经营效率、国有资产的保值增值和防止流失的问题,需要采取更缜密和更有针对性的政策措施。

①尽快构建起系统而完善的国有资产管理体制。我们必须按照政企分开、资本经营和生产经营分开,全国国有资产联网管理的原则,逐步完善国有资产管理体制的政策安排。

横向上实行"政资分开"。建立与行政系统相独立的国资监督和管理系统,建立国有资本经营预算制度。为真正实行"政资分开",现在的国资监督和管理体制还要探索,如一时难以做到,也可把国资监督和管理机构作为"特设机构",以谋求剪断与政府的"脐带"。

纵向上实行"上下权益分开"。针对原有的"地方没有所有者权益"的弊端,改为由中央和地方"分别代表国家享有所有者权益"。现在上下的权益划分是按现有资产边界确定的,地区之间差异较大,今后面临调整的任务。要尽快明晰国有产权和地方政府产权。

经营上实行"所有权与经营权分开"。国有资产监督和管理部门固然代表国家行使所有权职能,但不可逾越权力边界。国有资产监督和管理部门在加强国有资本的"监督和管理"的前提下,必须尊重和维护企业的市场主体地位及其权利,不能直接干预企业的经营活动。

针对垄断产业的特殊性,建立和完善符合中国实际的管制体制。

②继续推进国有经济的战略性重组。国家资本是一种战略性资本，它应当存在于国家的战略性产业、战略性区域，在关键时期发挥作用。国家资本应当追求长远的战略性收益，而不应当过多顾及眼前的和暂时的利益。自20世纪90年代中期以来，我国国有经济产业分布与产业重组的重点集中在一般竞争性领域，主要是实施战略性"退出"，这方面的任务已大致完成；接下来，国有经济、国家资本需要向具有战略意义的行业和领域推进，包括向基础设施领域、社会公用事业及其他一些自然垄断和行政性垄断行业推进。

对于垄断性行业，特别是行政性垄断行业，包括金融、电信、电力、民航、铁路、邮政、石油等应当确定为下一阶段国家资本改革和调整的重点。通过渐进市场化的办法，即在垄断行业可市场化的部分逐步引入市场竞争机制，持续往复，直至使垄断行业的市场化水平提升到合理程度。与此同时，要积极探索垄断性国有企业产权制度的改革，以混合所有制、多元产权结构为目标，通过公司化改造逐步引入非国有资本，增强国有控股企业的治理效率。而将有限的国家资本更有效地集中于最具战略意义的产业上。

要充分发挥国有大型企业的技术与科技实力雄厚的优势，鼓励它们在涉及国家战略性技术方面发挥更大作用。比如在常规性研发方面，国有企业要利用已经形成的国家级技术中心承担更多重大的、关键性的技术攻关和技术创新。此外，要鼓励有实力的国有企业成立专门的创投公司，扶持那些有较大潜在价值的技术开发项目。

政府要有意识地通过对国家资本在不同地域间的重新调配，为经济不发达地区创造基础条件。比如政府要在这些地区投资建设各种基础设施，按照当地的资源状况建立一些国有企业，通过创造市场而实现市场的扩大效应。

③推进国有企业产权制度改革，完善企业法人治理体系。以"混合所有制"模式来改革现有国有大型企业的产权结构。积极借

助包括股票、债券和产权交易等资本市场,将有条件的国有企业的产权逐步推向市场,实现部分企业的整体上市或企业的部分产权的自由交易;对于那些需要保证政府控制权的企业来说,要在不丧失控制权的前提下,鼓励引进外资、民营资本性质的大的战略投资者,以打破单一所有的产权结构,扩大国家资本的支配力和影响力。

以《公司法》为准绳,完善国有企业的法人治理体系。国有企业改革已经从制度创新进入到完善治理结构的新阶段。从公司治理结构和治理机制的角度看,国有大型企业要在变革其产权制度的基础上,将重点放在建立以股东大会为核心的企业权力机构、以董事会为核心的决策机构、以监事会为核心的监督机构和经营管理者之间的竞争制衡机制,以及相应的决策机制、激励机制和约束机制上。

努力营造适应国有经济环境的企业家成长及发挥作用的氛围。国有企业是特殊的企业制度,有着特别的企业文化和理念,但都需要企业家发挥作用。不过,正因为国家资本、国有企业所特有的战略属性,国有企业中的企业家更应具备战略经营的能力和素质。就国家资本的所有者——政府而言,要针对国有企业的特殊性来安排今后的改革,注重精神激励与经济激励相结合,为国有企业的企业家发展成长和发挥作用创造更好的环境。另外,也要完善考核体系和奖惩制度,逐步建立责任追究的法律制度。奖优罚庸,对胡乱作为造成国有资产重大损失者则须追究经济责任或刑事责任,对腐败者更应依法严惩。

④推进国有企业的配套改革。国有企业改革是一个十分复杂的系统工程,它不仅涉及政府与企业,企业与员工、在职员工与退休、下岗人员等方方面面的利益,而且与众多社会机构或单位有着千丝万缕的关系,因此,在对国有企业制度实施改革的同时,需要实施多方的配套改革。

要通过各种方式解决"企业办社会"问题。要依据"主辅分离"的原则，坚决地将过去企业举办各种与主业无关的经营性业务，以及医院、学校等社会职能机构剥离出去，使企业一心一意地专注于经营、专注于主业。当然，国有企业在"去社会职能"的同时，也不要忘记应当承担的社会责任。

要解决依法破产问题。破产虽然可先搞一段政策性破产，但作为制度性安排，应建立依法破产机制。对于这些国有企业配套改革的内容，不应只看成包袱，根据过去的经验，这恰恰是国有大型企业改革由外围攻向核心部位的切入点，一些难度较大的国有大型企业改革正是从"主辅分离"开始的。

⑤改革国有企业的分配制度。通过改革提高国有企业的效率是我们改革国企的出发点，但相当一部分企业曲解此点，认为只要对企业的主要管理人员激励到位，企业的效率就能得到提高。部分企业出现了忽视广大职工利益，在利益分配上严重不公的问题，挫伤了普通职工的积极性，这是无助于企业效率提高的。以后的改革中必须高度重视职工权益保护。无论是企业转制、并购或破产，要充分考虑职工的合法权益，充分尊重职工在改革中的意愿。坚决制止损害广大员工权益的企业行为。

要重新确立和完善国有企业的初次分配制度，对高管的激励应有明确的制度安排，对一些垄断行业和企业的过度分配必须有效加以抑制。这些方面的改革须由政府主导，不能放任垄断行业和企业高管自行其是。在多种经济成分并存而国企相对处于主导地位的格局下，政府不只是守夜人，更应该是社会利益关系的协调人，建立社会各阶层和群体之间较为平衡的利益分配体系，实乃政府当务之急。必须逐步建立规范统一的国有企业分配制度，并使其成为全社会分配领域的标杆，特别是应该成为国家公务员及事业单位分配制度改革的标杆和基础。

⑥强化反腐败工作，遏制国有资产流失势头。国有企业中存在的腐败和国有资产流失的根源之一在于现行制度存在缺失。须尽快制定出关于委托人、代理人以及各类利益相关者之间权、责、利清

晰的法律规则，明确在参与国有企业运营时，各自拥有的法定权利，同时必须承担保证国有资产保值增值、防止国有资产流失、防止侵占职工经济利益等相应的责任。在此前提下，如果认定参与的任何一方有牟取私利的越轨行为，就可以界定其为腐败或犯罪，从而使腐败行为同其他正常经营行为清楚地区别开来，就为准确地打击腐败行为创造了条件。这些年，我们先后制定了许多关于国有企业的法律、法规，从不同侧面，在一定程度上对国有企业的各参与方的权利与义务作了界定，但没有一部能够称得上是全面的、系统的和到位的。国家应尽快启动立法程序，研究制定一部关于国有企业的根本法律。

实施既有助于寻利又能遏制寻租的制度变革是遏制国有企业腐败和国有资产流失问题的根本途径。制定法律是为了建立规则，在法律还不完全到位的情况下，仍然有必要对现行规则实施变革。这其中对各种利益集团左右政府决策的行为要予以特别关注和全力阻止，要严防官商勾结、权钱交易，这一点适用于拥有公权力的各级部门、官员和各类企业。当前，要重点打击国有产权交易中恶意侵吞国有利益，人为造成国有资产流失的腐败行为。

国家是国有企业的资本受益方，必须大幅提高对国有企业利润的收缴比例，其余利润也应大多转为资本，小部分用于企业激励。这样有利于平衡社会利益关系，也有利于公平竞争。垄断性国有企业通过国家授予的垄断特权获取的大量垄断利润，更应收归国有，这部分利润如留在企业，在激励和监督难以到位的情况下，极易产生资源的扭曲配置和挥霍性腐败浪费。通过征收更高比例的资源占有税和提高利润上缴比例将这些资金收归国库，一方面，可以缓解解决社会公平问题资金不足的压力；另一方面，当企业需要时再作后续投资也无妨。

整合、充实、加强监督资源，提高全社会特别是国企委托人的监督能力。整体来看，这些年，政府投在对国有企业代理人的监督资源并不少，只是由于体制原因使其散布在不同的管理部门和各个企业中间，实际上它们并未发挥出整合的规模监督效应。要通过改革从内外两个方面使分散的监督资源逐步整合起来。从内部来看，比如将存在于国有企业中的纪检、监察、会计、审计等监督力量统一于各监管机构专门监察部门，实行有限的垂直管理。政府要强化国有资产委托人的监督能力，建立起一支能够代表委托人利益的强大的反腐败队伍。从外部而言，通过加强审计、税务、工商、监察以及社会舆论等部门的联动，整合国有企业外部的监督资源。其中将国家的会计和审计部门独立运作是一个重要的制度选择。将企业的财务会计从企业的人事关系和工资关系中独立出来，由国家直接设立的专门机构统一管理。同时，政府对企业法、会计法等有关法律作适当修改，以明确国有企业财务会计应由政府根据其经营规模适量选派，并对财务会计的职责和权利以及考核和奖惩办法作出明确规定。独立会计的经费由政府财政解决。政府的审计机构要通过法律给予更大的独立行为权，根据国外的经验，将效益审计作为审计机构的主要职责。如果发现企业在运用国家资金上有腐败现象，就要提请有关部门进一步调查。要研究将政府的审计和会计合署运营或财政和会计合署运营的可行性。

⑦鼓励大型国有企业和国家主权基金不失时机地走出国门。这些年，我们已经有许多国有企业成功地走出了国门，取得了很好的经济效益和经营经验。这些经验表明，国有企业和国家资本投资于海外的实业和资本市场，可以获取我们急需的能源、原材料、先进技术和先进的管理，也能使我们的大量外汇储备通过国外的资本市场保值增值。因此，政府对国有企业和国家资本实施海外投资应持积极鼓励的态度。其中当然也有许多惨痛教训，对于走出去的国有企业或具有国家资本背景的投资机构，必须建立严密的治理结构和治理机制，以及有效的预警机制和责任追究制度，防止因"廉价决策"而导致重大失误；否则，由此造成的经营风险和后果是无法控制的。

六　新时期国家资本的战略地位和功能定位

经过古代、近代、现代和当代几千年的沧桑历史，中国经济在近30多年里进入了前所未有的辉煌时期。经过不断的改革，国有企业逐步融入了市场经济，成为参与市场竞争的重要成员；国有经济通过战略重组，更多地集中于一些关系国计民生的支柱产业和上游产业；国家资本正在通过证券化而实现向高级形态的转换。实践表明，以国家资本具有显著调节功能的中国模式的确取得了令世人瞩目的成就。在各国相互借鉴并深化自身发展模式的背景下，根据我国历史经验分析概括国家资本、国有经济在市场经济体制特别是转轨经济中的功能定位，显然具有重要的理论和实践意义。

1. 成为实施国家经济战略的基本工具

根据世界一些国家特别是后发国家经济发展的历史经验，国家资本、国有经济在发展本国经济、建立民族产业方面具有不可替代的作用。在进入市场经济之后，我们认为，国有经济、国家资本在国家经济发展战略方面仍然有其不可替代的作用和价值。国有经济、国家资本的存在为国家实现其战略目标提供了强有力的支持。

战略性高科技的研发与推广。在人类社会步入新经济的时代，科学技术的重要性日益凸显，科技发展水平的高低直接关系到一个国家或地区的综合实力与竞争能力。信息技术、新能源、宇航空间技术、核能技术、新材料、海洋与生物技术等科技研发领域的成果对于一个国家的竞争力将发生根本性影响。但是这些领域中，某些研发活动的资本投入规模之大、风险之高、回收周期之长、保密性之强、涉及方面之广又是绝大多数非国有企业、民间资本所无法承受的，这就需要依托国家资本的力量来组织科学技术的研发活动。一些发达国家也更多地以国有企业的形式建立和发展高科技行业。比如，美国航天局、欧洲宇航局、空中客车公司等，都是由国家资本控制的。我国的航天、核能技术同样在国家资本的推动下取得了快速发展。

战略性产业的控制。从经济学角度看,所谓战略性产业都具有体现国家工业化水平、产业关联性强、对于整个经济增长带动系数大的特点。显然,一国的战略产业不是固定不变的,而是随着经济发展水平变化的。在特定条件下国家资本应当对这些战略性产业实施某种程度的控制,有助于国家战略的实现。对于已经失去战略意义的产业,国家资本则要主动退出,以免影响这些产业的竞争效率。

战略性资源的开发与获取。土地、石油、煤炭、铁矿、稀有金属矿产、森林等战略性资源是国民经济的命脉,开发战略性资源对于国民经济发展具有重要意义。而且,战略性资源还涉及国家安全。国家资本直接控制战略性资源,可以在资源开发、利用等方面更有效、更直接地体现国家意志。从各国的经验来看,国有企业在战略性资源产业中均占有相当比例。

2. 成为政府宏观调控的政策工具

市场经济发达国家实施宏观调控的主要手段是财政政策和货币政策,国有经济还不足以成为一种政策工具。在我国,由于国有经济依然是一支重要的经济力量,它所具有的影响力和控制力完全可以成为像财政和货币政策那样的政府调控经济的政策工具。事实上,正是由于国家资本、国有经济所具有的政策意义,我国正在形成区别于西方国家的市场经济模式,即社会主义市场经济模式。这个模式的基本含义可以概括为:政府通过财政、货币以及国有经济等政策工具来调控市场,市场再引导其他企业的运行,以实现政府追求的经济目标。当然,需要强调的是,这里的国有企业是近乎中性的一种经济组织,即国有企业是经济组织,但又不是以营利为唯一目的的。否则,国有企业就会利用政府的力量形成市场垄断,从而使这个模式最终陷于失灵。总之,国有企业应该坚持经济效益和社会责任的统一,坚持可持续发展,在制度建设、依法经营、善待员工、合理分配、规范管理、节约资源、保护环境以及回报社会诸多方面，成为全社会的榜样。

3. 成为捍卫国家经济安全的屏障

我们可以将资本大致分为实体资本和虚拟资本两大类，在市场经济状态下，会形成实体资本市场和虚拟资本市场。市场总是存在风险，各国经济发展史充分表明，市场的风险有时会通过市场危机的方式集中释放，并给一国乃至全球带来巨大打击，甚至会使一国经济在短时间内陷于瘫痪和破产，尤其是虚拟资本市场危机所具有的破坏性和杀伤力往往超乎人们想象。国家资本所具有的体现国家和全民意志的属性会对投机资本起到有效的制衡作用，会在投机资本兴风作浪时维持市场的稳定性和流动性，这就会在一定程度上避免或减轻危机的伤害。这已被我国在 1997 年爆发的亚洲金融危机、2008 年国际金融危机中的卓越表现所证明。不仅如此，继欧洲一些发达的资本主义国家为了应对 2008 年的国际金融危机实行了银行国有化后，美国政府也入股银行，借助国家的力量平抑金融市场的剧烈波动。所谓自由经济，政府不干预和参与经济，现实中根本不存在，只是干预和参与的程度有别而已。

再从实体资本角度看，产业资本本身也存在因为结构性失衡、产业升级不畅而陷于危机的可能性。在经济日益全球化的背景下，经济发达国家的跨国公司正在利用其规模优势、技术优势和制度优势，与所在国的企业展开生死之争。如果没有一种对应的制衡机制加以限制的话，后发国家的民族产业，乃至国家的战略产业等实体资本将难以生存。这个机制的核心只能是国家资本和国有企业。在产业资本及其市场一旦出现异动，比如某种要素极度短缺或过剩，某些要素被人为垄断时，就可以利用国家资本的规模优势平抑市场，打击投机，抵御外来资本的突然攻击，以确保国家经济、民族产业的安全。

4. 国有经济与产业结构升级

产业具有自身演进的规律，它总会不断地自我累积和完善，也会不断地由低级向高级方向延伸。事实充分证明，政府在产业演进过程中能够起到一定作用。而政府在推动国家产业结构升级的过程中，所采用的手段之一就是发挥国有企业和国家资本在这方面的独特作用。发展经济学的基本原理告诉我们，在经济发展的初级阶段，国家资本作为一种"诱致性"资本，具有十分重要的作用。通常在一国或一个地区经济发展的初级阶段，经济发展水平相对落后，私人资本积累能力有限，虚拟资本市场的功能也不健全，有效途径就是依靠政府的力量，借助国家资本创造市场，初步形成产业体系，并在此基础上实现国家和地区的产业结构升级。国家资本或国有经济在参与产业结构调整时，其功能主要在于诱致市场的产生，市场有了一定的规模，国有经济、国家资本就应当主动退出，再进入需要"诱致"的其他领域。国家通过国有企业过多地干预资源配置会扭曲要素市场和产品市场价格，导致资源浪费和经济竞争力下降，这是我们需要避免的。

5. 国有经济与区域经济协调发展

在推动区域经济发展方面，国家资本、国有经济经常充当着积极角色。由于私人投资的区域选择取决于地区的投资回报率，落后地区往往难以吸引到私人资本。而国家资本投资于这些地区的公共领域，如基础设施方面的港口、机场、城市供水、煤气、供电、城市公共交通、环保设施、公共文化事业等，以改善落后地区的"硬"条件，为吸引更多私人资本而提供条件。早在计划经济时期，特别是在20世纪60—70年代，国家通过"三线"建设，在我国中西部比较落后的"三线"地区，投资兴建了大批企业，极大地提高了这些地区的工业生产能力。改革开放以来，特别是中央于1998年提出"西部大开发"战略后，政府通过直接投资公共工程扩大对西部国有企业的投资，使广大西部地区的经济有了巨大改观。

6. 国有经济与政治和社会稳定

国家资本、国有企业是政府推行各项社会发展政策的重要手段。国家资本、国有经济作为社会资本的载体，不应以营利为唯一目标，而必须承担一定的非商业目标，要更注重社会责任。国有企业是政府直接掌握关键性生活资料，应付各种紧急状态，实施危机管理的必要工具。中外的经验表明，关系广大民众日常生活的行业需要保持一定的国有经济。粮食、成品油、自来水、天然气、电力等大众必需品，消费弹性比较低，如果这些部门完全由非国有经济来经营，那么一旦社会出现紧急状态，这些企业很可能会因牟取高额利润，而置国家、人民的整体利益和有关法律、法令于不顾，社会利益就会受到巨大损害。因此，由国有部门代表国家直接掌握一部分经济社会发展的关键资源和生活资料，应付各种紧急事态就是非常必要的。特别像我国这样一个发展中的大国，正处于全面转轨过程中，保留一定规模的国家资本和国有经济是完全必要的。

国家资本、国有经济除了承担经济和社会的功能外，它们还具有一定的政治性功能。国家资本、国有经济在维护国家主权方面发挥着重要作用。在日益全球一体化的背景下，国与国之间的竞争是全方位的竞争，包括政治、经济、文化等各个层面，但是经济竞争是最基本的。如果在经济领域不能自立、自强，那么在政治领域就有沦落为经济发达国家附庸的可能。这也是许多发展中国家都急于发展民族经济的根本动因。为了政权的稳定和国家的安全，国家通常通过建立国有企业在内的各种方式来控制整个国家的经济命脉，将关系到国家政治、经济命脉的一些战略性部门直接掌握在手中。

国家资本、国有经济具有执行国家安全等特殊使命的功能。在一些特殊产业领域，它们与国家经济发展关系密切，而且往往与国家在国际上的地位、威望和利益密切相关，有的产业与国家安全密切相关，是维护国家利益和安全的战略工具。国有产业还是国家主流文化意识形态的传播者。目前，包括一些发达国家的文化传播媒体产业都是由政府直接掌控的，如美国公共广播公司就是由国家经营的。因为新闻媒体产业具有社会公共产品的特征，必须受到政府严厉的监管，并且在必要时由政府直接控制。总之，国家资本、国有经济始终是社会主义上层建筑最重要的基础。

当今世界正处于一个剧烈动荡和变革的时期，各种利益关系错综复杂，但诸多利益关系最终都会集中反映在国家利益和民族利益上，相对而言，国家利益和民族利益具有恒久的性质。在全球化背景下，单个企业的影响力有限，市场竞争力越来越取决于众多企业叠加的综合经济实力，越来越有赖于国家的综合国力以及国家的支持和干预，有赖于国家资本的发展和参与。国家干预和参与经济的趋势正不断加强，中国也不例外。正如前面所分析的，这一点也可以说正是中国发展道路最显著最基本的特点。在中国，国家干预和参与经济的传统已持续两千多年，对此世人评价不一，贬褒毁誉皆有。其实说的都是不同时期的不同侧面，不管人们如何评价，也不管人们是否喜欢，这一传统仍将持续下去。国家资本的性质、行为和发展前景，取决于政权的性质、行为和前途。发展和停滞，兴盛和衰败，往往就是在政权失范和重大决策失误的过程中转换的，这方面的历史教训并不少。当前，改革日益深化，各种社会矛盾凸显，政府决策、国企行为、官员形象越来越成为公众关注的焦点。在新的国内外形势下，我们必须总结和牢记历史的经验教训，依据社会主义初级阶段的基本国情，以民为本，科学发展，坚持社会主义市场经济体制下的改革开放，大力改善经济和社会管理，不断提高国家资本干预和参与经济活动的正当性和有效性，努力做好应该做的和能够做的事情，切实将国有企业管理和经营好，国有经济和国家资本会有更加辉煌的发展前景。国家和人民则幸甚。

（原载《中国国家资本的历史分析》，中国社会科学出版社2012年版）

编选者手记

本文集的编选是以作者吴太昌先生意见为主的。收录的 10 篇文献依时间为序，涵盖了其三个主要研究领域：中国封建社会经济结构与资本主义萌芽和发展，近代国家资本主义，国民党政府时期资委会等机构对重化工业、矿业（特别是有色金属矿业）、交通运输业、商业贸易的垄断和经营。作者还担任了多部经济史著作的主编，如《中国近代商业史论》《中国国家资本的历史分析》《近代市场与沿江发展战略》《中国近代经济史（1927—1937）》，并在其中任主要作者。在其主编的《中国近代商业史论》中，就担任了下篇"导论"，第六、第七、第八、第九章和结语的撰稿工作，本集仅收录了"结语"。为较为全面地反映作者的学术研究信息和方便读者再了解，附主要著作目录（未注明者为独著）。

附录：主要著作目录

成果题目	类别	发表单位	时间	备注
国民党政府的易货偿债政策和资源委员会的矿产管制	论文	《近代史研究》1983 年第 3 期	1983 年 5 月	
论中国封建社会经济结构的基本特征	论文	《甘肃经济论丛》1983 年第 3 期	1983 年 7 月	
国民党政府资源委员会垄断活动述评	论文	《中国经济史研究》1986 年第 3 期	1986 年 7 月	

续表

成果题目	类别	发表单位	时间	备注
抗战时期国民党国家资本在工矿业的垄断地位及其与民营资本比较	论文	《中国经济史研究》1987第3期	1987年8月	
抗战时期国民党政府的贸易物资管制及国家资本的商业垄断活动	论文	《平准学刊》第5辑	1989年3月	
略论中国封建社会经济结构对资本主义发展的影响	论文	《中国经济史研究》1990年第1期	1990年2月	
抗战时期后方交通运输业的发展及国民党国家资本的垄断	论文	《开发研究》1992年第4期	1992年8月	
近代中国钨、锑、锡业发展简史	论文	《开发研究》1993年第3期	1993年6月	
《中国资本主义发展史》第三卷	专著	人民出版社	1993年8月	合著
近代市场与沿江发展战略	论文集	中国财政经济出版社	1996年7月	课题组长、副主编，合著
抗战期间的后方商业	论文	《货殖》第三辑	1999年3月	
中国近代商业史论	专著	中国财政经济出版社	1999年4月	主编之一，合著
中国企业史·近代卷	专著	企业管理出版社	2004年1月	合著
中国经济体制改革30年研究	专著	经济管理出版社	2008年11月	主编之一
中国近代经济史（1927—1937）	专著	人民出版社	2010年5月	主编之一
中国国家资本的历史分析	专著	中国社科出版社	2012年3月	主编之一，合著

徐建生

2018年10月

《经济所人文库》第一辑总目(40种)

(按作者出生年月排序)

《陶孟和集》	《戴园晨集》
《陈翰笙集》	《董辅礽集》
《巫宝三集》	《吴敬琏集》
《许涤新集》	《孙尚清集》
《梁方仲集》	《黄范章集》
《骆耕漠集》	《乌家培集》
《孙冶方集》	《经君健集》
《严中平集》	《于祖尧集》
《李文治集》	《陈廷煊集》
《狄超白集》	《赵人伟集》
《杨坚白集》	《张卓元集》
《朱绍文集》	《桂世镛集》
《顾 准集》	《冒天启集》
《吴承明集》	《董志凯集》
《汪敬虞集》	《刘树成集》
《聂宝璋集》	《吴太昌集》
《刘国光集》	《朱 玲集》
《宓汝成集》	《樊 纲集》
《项启源集》	《裴长洪集》
《何建章集》	《高培勇集》